ΣBEST
シグマベスト

親ナビつき

受験国語の読解テクニック

竹中秀幸　著

文英堂

JN237560

はじめに

〝国語ができない〟となると、まず言われるのは「問題をじっくり読みなさい」「大事なところに線を引きなさい」だと思います。しかし、問題をじっくり読むと、どこも同じように見えてきてしまいます。しかも、「大事なところ」がわからないので、線の引きようもありません。頭の中で、考えたことがぐるぐる回っていたとしても、考えるだけで何もできないと手が止まります。そして、気がつけば相当の時間を費やしたにも関《かか》わらず、空らんだらけの答案が残ります。

これでは「国語が好きになる」という以前の問題です。そこで、この本では二つのことを目指します。

1 「考えること」を「手を動かすこと」に変える

この本で、「読解テクニック」として紹介《しょうかい》しているのは、おもに本文への書きこみです。頭によぎったこと、目が動いた先、そういうところに線を引いていきます。頭にうかんだことは消えたり形を変えたりしますが、いったん線を引いてしまえば、いつまでも残ります。

この本で紹介する、線引きや印の記号の種類は単純《たんじゅん》です。単純な記号を組み合わせるほうが、思考が自由に広がります。そして、書きこみは「うすく・短く」を基本として、書いたり消したりしてもよいとしています。頭の中がどんなふうになっているかは、本人にもわからないものです。それを「線引き」という作業を通じて「見える化」することが、国語を攻略《こうりゃく》するカギなのです。文章を読む時、記号選択《せんたく》問題を解く時、記述問題を解く時など、あらゆる場面で手を動かして考えるようにします。そうすることで、自分の頭の動きが自分の目で確かめられるようになるはずです。

2 時間重視《じゅうし》の勉強を身につける

最近の受験勉強は時間との闘《たたか》いです。たくさんの宿題を解きこなそうとすると、時間が足りなくなります。そこで、時間を継《つ》ぎ足《た》していくと、時間があることに安心して、どんどんスピードが落ちていきます。平日なら、睡眠《すいみん》時間が削《けず》られていって、健康的であるとはとても言えない状況《じょうきょう》になります。夏休みは学校が休みなので、いつもより勉強時間が取れるかもしれません。しかし、勉強時間が倍になっても、やる量がふだんと一緒《いっしょ》なら、なんとスピードは半分になってしまうのです。

問題を解くスピードが落ちると、テストの時もゆっくりやるようになります。ふだんなら時間の継ぎ足しができるのですが、テストではできません。だから、「宿題をこなすためには時間をどんどんつぎこめばいい」という考え方では、なかなか点数は伸《の》びません。テストというのは「公平に与《あた》えられた時間で、各人の実力を発揮《はっき》する」ものだからです。

「じっくり考える」というのは、時間をかけることではありません。特にテストにおいては、五分考えてわからない問題は、三十分考えてもわからないものです。「じっくり考える」とは、「たくさんの項目《こうもく》を考える」ということです。前述の「読解テクニック」で紹介した項目をたくさんあてはめて、答えの道筋《みちすじ》をたどることこそ、「じっくり考える」ことにほかなりません。すると、スピードアップのコツとは、「一つ一つの作業をテンポよくやること」ということになります。

この本で、みなさんに目標にしてほしいのは「勉強にかかる時間を半分にする」ことです。長文一題に三十分かかるなら、それを十五分にしてください。国語の宿題に二時間かかっているなら、一時間にしてください。きっとできます。

それができたら、みなさんの手元には「自分だけの時間」が残るはずです。充実《じゅうじつ》した勉強ができるように一緒にがんばっていきましょう。

もくじ

第1章 読みの基本

第2章 傍線《ぼうせん》の手順と設問チェック

第3章 ぬき出し問題の手順

第4章 記号選択《せんたく》問題の手順

第5章 記述問題の手順

別冊「親ナビ」つき

本書では、保護者の方が学習をサポートできるように、別冊《べっさつ》として「**親ナビ**」を用意いたしました。

この「**親ナビ**」は、受験国語のテクニック・エッセンスをコンパクトにまとめたものです。受験国語を乗り切るための「**ハンドブック**」として、教科書の復習やテスト前のポイントチェックに活用することもできます。ぜひご利用ください。

＊本書は、実際の中学入試問題を使用していますが、構成に応じて、設問の一部を改変している場合があります。

第1章

読みの基本

時間管理テクニック

国語の勉強をスピードアップするために

「ていねいに」と「はやく」は両立できる

手順をとばさないように解いていくこと

この本の「**読解テクニック**」は、答えまでの道筋《みちすじ》を細かな手順に分けて説明するという形をとっています。確実に力をつけるために、**一つ一つの手順をとばさないように**しましょう。

書いて考えることで速くなる

この本では「**書く作業**」を重視《じゅうし》しています。そろばんにおける暗算のように、**手を動かしているという経験**があればこそ、考えるスピードが向上します。

かかった時間を計る

制限時間ではなく、かかった時間を記録する

一つ一つの課題について、**答えを仕上げるのにかかった時間を記録しましょう**。そうすることでスピードアップの目標が明確になります。

どうせなら半分の時間を目標にしよう

練習という意味では、**少し厳《きび》しい時間制限**を自分に課してみましょう。あわてるからこそミスも出てくるのですが、それもよい経験です。

学習ナビ

この本では、書きこみをたくさん紹介《しょうかい》していきます。**文章に書きこむことが、国語の勉強を支える土台**です。

学習ナビ

「**時間管理**」というと、タイマーを制限時間に合わせる方法が普通《ふつう》ですが、これからスピードアップをしていこうという勉強の場合は、まず「**普通にやって何分かかっているか**」を計る

勉強時間は短く区切って考えよう

自分の集中できる時間を知る

集中力が切れた状態で何時間勉強しても効果はうすいものです。一時間の勉強なら、**十五分刻《きざ》みで気持ちを仕切り直す**ことも大切です。

区切りの時間でふりかえりをしよう

小さな区切りがすんだら、**うまく取り組めたかどうか、ふりかえり**をしてください。学習計画を立て直すのもいいですよ。

早く終われば「したいこと」が見えてくる

やらなければならないことを早くすませる

二時間で宿題をする、と決めてしまうと、早く終われる時でものんびりとしてしまいがちです。前ページにも書いたように、いっそ半分で終えてしまおうと**目標を立てていけば成長につながります。**

「したいこと」をやってみよう

「やらなければならないこと」を早くすませることで、**「したいことをする」「弱点克服《こくふく》をする」**時間を手に入れましょう。**がんばればがんばるほど時間が生まれるのが「時間管理テクニック」です。**

ことが肝心《かんじん》です。

タイマーは、ひとまずは**ストップウォッチのようにゼロから増えていくように使いましょう。**

「まとめて読んで、後で考える」通読のすすめ

ポイント
■ 通読のコツは、一気に読んで後で考えること
■ わかるところをどんどんつなげて全体を見ぬく

通読のコツは一気にテンポよく

国語の問題を解く時には、まず、文章全体の流れをつかんでから取りかかりましょう。**文章を通して読むこと**を「**通読**」と言います。

通読をする時には、初めから本文中にいろいろな線を引いたり言葉で書きこみを入れたりしなくてもかまいません。**通読の時**はあくまでも「**全体をつかむ**」ことを目的にしましょう。

わかるところをどんどんつなげていけば全体は見えてくる

> 現代の日本語教育は、「文章を読む」ということと、「わかりやすい文章を書く」ということに、あまりにも偏《かたよ》りすぎていると、私《わたし》は思います。

こういう文であれば、真ん中（——線の部分）を（　　　）に入れてしまいます。

学習ナビ
「**通読**」は、**声に出して文章を読む時の二倍の速度**が目安です。慣れてくると、さらにその倍の速度を目指しましょう。

学習ナビ
わかるところにどんどん印を入れて読むのも効果的です。また、問題演習をすべて終えた後にもう一度、本文を読むことも大切なトレーニングです。

現代の日本語教育は、（　　　　）に、あまりにも偏りすぎていると、私は思います。

単語を一つ一つ読んでいくと、かえって全体がつかみにくくなるものです。手早く読んで内容もきちんとおさえるには、「全体読み」が必要になります。**「全体読み」をうまくやるコツは、「と」「て」「に」「を」「は」などの「つながりの働きを持つ言葉」(助詞《じょし》)に目をつけること**です。

では、次の文を（　）を使って整理してみましょう。そして、わかるところをつなげることで、全体を読み取ります。文のはじめと終わりに注目して、文章を手早く読んでみてください。

例題に挑戦

日本人は、自分たちの文化を米食文化、ないしは稲作《いなさく》文化だと考えてきました。この考えは歴史を勉強してみるといろいろ問題のある考えですが、それでもイネや米の文化は日本文化の中に深く浸透《しんとう》しています。

⇦

日本人は、（自分たちの文化を米食文化、ないしは稲作文化だ）と考えてきました。（この考えは歴史を勉強してみるといろいろ問題のある考えですが、）それでもイネや米の文化は日本文化の中に深く浸透しています。

日本人は、（　　　　）と考えてきました。（　　　　）それでもイネや米の文化は日本文化の中に深く浸透しています。

学習ナビ

文章のつながりを意識する目印は

- **「と」「て」「に」「を」「は」などの助詞**
- **「しかし」「だから」などの接《せつ》続詞《ぞくし》**
- **指示語(こそあどことば)**

があります。

学習ナビ

文章の内容がわかりづらい時は、**「わからないところに線を引く」**という方針《ほうしん》に変えてもいいでしょう。

考えこまずに、**手を動かすこと**を意識してください。

読解テクニック 2

「話題」と「結論《けつろん》」の基礎《きそ》知識

ポイント
- 「話題」は、くり返し述べられる
- 「結論」は、はじめか終わりにまとめとして出てくる

くり返し述べられる「話題」をつかもう

次の例題を見てください。「説明的文章」の例文です。

例題に挑戦

昔、私《わたし》たちは、「何でも良いから好きなだけ読みなさい」と言われました。乱読《らんどく》したところで、本の点数がそんなに多いわけではありませんから、どこから始めても到達《とうたつ》すべきところにだいたい到達できたのです。

たとえば史書を読んだり、マルクスを読んだり、夏目漱石《なつめそうせき》を読んだり、いったんは外れてしまっても、だいたいゴールは一緒《いっしょ》です。

昔の旧制高校がそうだったそうです。とにかく本を読ませて、先生と生徒が寮《りょう》などで侃々諤々《かんかんがくがく》、議論《ぎろん》をかわす。書を読み耽《ふけ》って、生とは何か、死とは何か、人生とは何かと論ずるのです。もちろん小説も読みます。一定の方向を目指したわけでもなく、ひたすら乱読したように思えても、振《ふ》り返《かえ》ってみると、何となく、皆《みな》が同じようなものを読んでいました。

（桜美林中・改　櫻井よしこ『日本人の美徳』）

学習ナビ
だいたいの「話題」がつかめたら、**意味が近い言葉**にも注目するようにしましょう。

学習ナビ
今の社会の様子と、**昔の社会の様子**を比べて、言いたいことをはっきりさせる文章の仕組みに注意しましょう。

ところが今はあまりにも点数が多すぎて、乱読をしていたら、とんでもない方向に行ってしまいます。「多すぎることによる不幸」なのかもしれません。「本を読みさえすればよい」といって、たとえばバイオレンス小説ばかり読んでいたら心がおかしくなります。マンガばかり読んでいても、到達してほしいと思うところにはなかなか行けないでしょう。

だからこそ、今の時代は、かえってきちんとした読書指導が必要な時代だと思います。

★語注　史書…歴史について書いた本　マルクス…経済《けいざい》学者
バイオレンス小説…犯罪や暴力をあつかった場面の多い小説

説明的文章の中で、**「何について」**にあたるものを**「話題」**と言います。**話題を見つけるにはくり返し出てくる表現、似た意味を持つ表現に注目すること**が必要です。

右の文章を見ると、「読みなさい・乱読・本・史書を読んだり〜・本を読ませて・書を読み耽って……」そうですね。すべて**本を読むことに関する言葉**ですね。そこから、この文章の**「話題」**は**「本を読むこと」**だとわかるのです。

はじめか終わりにまとめとして出てくる「結論」をつかもう

そして、最後の行に注目してください。

> だからこそ、今の時代は、かえってきちんとした読書指導が必要な時代だと思います。

この一文は、**筆者が伝えたいことを述べているところ**です。このような部分を**「結論」**と言います。特に**「結論」**は、**筆者が「読者に何をしてほしいか」**を考えると、内容がよくわかります。

学習ナビ
この例題の場合の「点数」は本の数という意味です。
例題に出てくる「バイオレンス小説」「マンガ」が、ともに**「どのような本の具体例か」**ということを考えましょう。
14ページでくわしく説明します。

学習ナビ
「結論」としてはっきりとした一文が見つからない時も、**最後の段落《だんらく》については読み直す**ようにしましょう。

読解テクニック 3

「具体例」と「理由」を見つける

ポイント
■「具体例」を見つけて何の例かを考える
■書かれていることの「理由」を探《さが》す

文章をわかりやすくする「具体例」を見つけよう

先ほどの例題には左のように「たとえば」が二回出てきます。○で囲んでみます。

学習ナビ
「具体例」については、まず**「どこから」「どこまで」**を意識して、文章に**「／」**を入れるところから始めてください。

例題に挑戦　線をなぞってみよう

1 たとえば史書を読んだり、マルクスを読んだり、夏目漱石《なつめそうせき》を読んだり、いったんは外れてしまっても、だいたいゴールは一緒《いっしょ》です。

（中略）

ところが今はあまりにも点数が多すぎて、乱読《らんどく》をしていたら、とんでもない方向に行ってしまいます。「多すぎることによる不幸」なのかもしれません。「本を読みさえすればよい」といって、2 たとえばバイオレンス小説ばかり読んでいたら心がおかしくなります。マンガばかり読んでいても、到達《とうたつ》してほしいと思うところにはなかなか行けないでしょう。

学習ナビ
「具体例」は、そこで使われている言葉になじみがないこともあります。聞いたことのないような品物やことがらが使われることもあるからです。
そのような時は、一つ一つの細かい内容は気にせずに、**「まとめ」の部分が出てくるまで、読み進めていきましょう。**

文章をわかりやすくするために、実際のできごとを取り上げて説明したところを**「具体例」**と言います。具体例を見つけたら**「何を説明するための例か」**ということを考えましょう。

1の「たとえば」＝いろいろな読書をしている例。

2の「たとえば」＝とんでもない読書をしている例。

結論への道筋を作る「理由」を探そう

また、文章の流れをつかむためには**「だから(から)」**を探します。そして、次の部分を「だから」を使ってまとめてみましょう。

> 昔、私《わたし》たちは、「何でも良いから好きなだけ読みなさい」と言われました。乱読《らんどく》したところで、本の点数がそんなに多いわけではありませんから、どこから始めても到達《とうたつ》すべきところにだいたい到達できたのです。

●昔は本の点数が多いわけではなかった。だから、乱読しても到達すべきところに到達した。

上と下を入《い》れ替《か》えると**「なぜなら」**でつなぐことになります。

●昔は乱読しても到達すべきところに到達した。なぜなら、本の点数が多いわけでなかったからだ。

このように、文章の流れを理解するためには、12・13ページで説明した「話題」「結論《けつろん》」のほかに、

文章をわかりやすくする……具体例（「たとえば」とまとめの「つまり」）

結論への道筋《みちすじ》を作る………理由（「なぜなら」）

を読み取ることが必要です。

通読では、「話題」「結論」「具体例」「理由」の四つを意識しながら、文章を短くまとめて全体をとらえましょう。

学習ナビ

文章中に**「だから」**を見つけたら、印を入れましょう。そして、その段落《だんらく》を「だから」を使ってまとめてみましょう。

学習ナビ

「だから」「なぜなら」を一文にまとめると、**「ので」「のは」**となります。

例 昔は本の点数が多くなかった**ので**、乱読しても到達すべきところに到達した。

例 昔は乱読しても到達すべきところに到達できた**のは**、本の点数が少なかったからだ。

読解テクニック
4
線引きの基本……うすく、短く

ポイント
- 記号の種類は少なめで、うすく短く、えんぴつで線を引く
- 常に「選ぶ」気持ちを持つ

線引きはうすく短く、えんぴつで

まずは「話題」「結論《けつろん》」「具体例」「理由」に気づくための線引きを学びましょう。次の文章の線引きを考えてみます。

例題に挑戦 線をなぞってみよう

たとえば史書を読んだり、マルクスを読んだり、夏目漱石《なつめそうせき》を読んだり、いったんは外れてしまっても、だいたいゴールは一緒《いっしょ》です。
昔の旧制高校がそうだったそうです。とにかく本を読ませて、先生と生徒が寮《りょう》などで侃々諤々《かんかんがくがく》、議論《ぎろん》をかわす。書を読み耽《ふけ》って、生とは何か、死とは何か、人生とは何かと論ずるのです。もちろん小説も読みます。一定の方向を目指したわけでもなく、ひたすら乱読《らんどく》したように思えても、振《ふ》り返《かえ》ってみると、何となく、皆《みな》が同じようなものを読んでいました。

線引きはえんぴつで行います。試験会場でも使えますし、消すのも簡単《かんたん》です。線引きはあくまで

学習ナビ
線は常に整理していきましょう。**線を引いたものが、全体の文章の三分の一をこえないようにしていくのがコツです。**
また、設問を解く時にも線を引くわけですから、通読の時は、あまり線を引くことにこだわらなくてもかまいません。

目印ですから、**うすく短い線**を引きましょう。線を引きすぎないことも大切です。また、あれこれと記号の種類を増やすのではなく、**シンプルな記号を使い回す**ことをおすすめします。

（線） 強く伝えたいところに線を引きます。
（まるがこい） キーワードや接続語を囲みます。でもかまいません。
（ななめせん） 文や段落《だんらく》を区切る時に使います。
（かっこ） 複雑な文を整理する時に使います。

だいたいこの四つでかまいません。はじめは段落ごとに最低一つは、右にあげた記号を書いてみるようにしてはどうでしょうか。右の文章では、

「『たとえば』があるから具体例にちがいない。『たとえば』を囲っておこう」

「とつぜん『旧制高校』の話が出てきたな。ななめせんで区切っておこう」

「後半の段落にまとめがありそうだ。線を引いておこう」

ぐらいの気持ちで引いていけばいいでしょう。

線引きはまちがってもかまわない

通読の時の線は、設問を解く時にはじゃまになって消すこともあります。**書きこみに正解はありません。大事なところに線を引くわけではなく、自分の頭を整理するために引いている**ことを強く意識して取り組んでください。

「まちがったら消せばいい」という気持ちで引いていけばいいでしょう。

学習ナビ

この本では、あまりたくさんの種類の記号を使いません。**単《たん》純《じゅん》な記号を使って、発想を自由にする**ことで、答えを思いつくと考えています。

学習ナビ

線引きはまちがってもかまいませんが、**答え合わせの時に線引きにも目を向けることを忘《わす》れないで**ください。

設問を解く時に活用するのが線引きですから、**設問とつながりのある線引き**を心がけましょう。

読解テクニック 5

文章の地図を作ってみる

ポイント
■ 通読の後に、文章の仕組みを考える
■ キーワードをうまく矢印でつなぐ

通読したら、文章の仕組みを考えよう

12・13ページの例題をまとめて、**文章の仕組み**を明らかにしましょう。16・17ページの四つの記号のほかに「＝」や「→」をうまく活用すると、文章の仕組みが目で見てわかるようになります。

＝は同じ意味や言いかえの時に使います。

→の向きはあまり難しく考えなくてもかまいません。たいていは「時間の順に並《なら》べる」というのがまちがえなくていいでしょう。

例えば

おなかがすいた → 戸だなを探《さが》した → おやつを見つけた

というように、時間の順に行動を矢印でつないでいくとわかりやすくなります。

ただし、原因と結果であれば、原因の方が先に来るのが普通《ふつう》なので、原因から結果に矢印を引きます。

学習ナビ

線引きと同じように、**文章のまとめを作る時**も、「＝」と「→」の二つの記号ぐらいで簡単《かんたん》にまとめるほうがいいでしょう。

学習ナビ

「→」は**「なぜなら」「だから」**など意味がさまざまにとられます。「→」の横に言葉を足してもいいでしょう。

結果
どうも体がだるい ← かぜをひいたようだ
原因

このように文章の順番が逆になっている場合もあるので、気をつけましょう。

キーワードをうまく矢印でつなごう

では、例題をまとめてみます。

昔の読書＝何でも良いから好きなだけ（本を）読みなさいと言われていた。＝乱読《らんどく》
乱読しても、到達《とうたつ》すべきところにだいたい到達できる。

ところが

今の読書＝（本の）点数が多すぎる
↓乱読をしていたら、とんでもない方向に行くことがある。

だから

↓今の時代は、かえってきちんとした読書指導が必要な時代である。

こうやって**短い文を、つながりをはっきりさせたうえで、結んでいく**のが**「読解」**という作業なのです。**「具体例」は文章中のどこにあるかがわかればいい**ので、このようにまとめる時には入れません。

学習ナビ

文章の内容が何となくつかみづらい時は、文章の語句を調べることに集中することも一つの勉強です。
まず難《むずか》しい語句を調べて、本文に書きこんでから、改めて読解に入るようにしましょう。

読解テクニック 6

文学的文章も線を引きながら読む

ポイント

■ 基本は説明的文章と同じ
■ 文学的文章は登場人物と時間の流れに注目

文学的文章でも通読は大切

文学的文章であっても通読は大切です。**文学的文章**とは、**物語文**と**随筆文**《ずいひつぶん》を指します。**説明的文章では「話題」、つまり「何の」文章か**を考えることで、内容がつかみやすくなりました。**文学的文章においては「人物」、つまり「だれの」文章か**を考えることで、内容がわかりやすくなります。

文学的文章では、次の三点を意識しましょう。

- 登場人物はだれか ……………「だれが」
- 登場人物はどんな場面にいるか ……「いつ」「どこで」
- どんな気持ちが表現されているか ……「何をした(どう思った)」

文学的文章は登場人物と時間の流れに注目しよう

文学的文章の通読では、まず**人物**に注目します。そして、**人物がどこにいるか**を読み取るように

学習ナビ

「場面」の基本は、「人物」「場所」「時間」です。ちょうどお芝居《しばい》の舞台《ぶたい》設定を考えるといいでしょう。

学習ナビ

「人物」については、「文章全体での登場人物」と「一つの場面における登場人物」というように、分けて考えると混乱《こんらん》しなくてすみます。

します。

また、**できごとは時間通りにしか起こりません**。文章のとちゅうで昔のことが出てきても混乱しないようしてください。

文学的文章を読むコツは**「出てくる人物みんなのことをわかってやること」**です。説明的文章とちがって、線引きは難《むずか》しくなりますが、**「うすく短く、消しても大丈夫《だいじょうぶ》」**を心がけてください。

例題には案内になるように、（　）をつけました。（　）を使って整理することで、文章を手早く読んでみましょう。まずは、**「人物」「場所」「時間」**を意識して読んでください。

例題に挑戦

（親和中・改　藤巻吏絵『美乃里の夏』入試では原文に一部変更があります）

あらすじ

「わたし」と「実《みのり》くん」は、（「木島の湯」の壁《かべ》に描《えが》かれた絵に何か秘密《ひみつ》があるのではないか）と疑《うたが》っている。それを二人でいっしょに確かめるためには、男湯と女湯両方の絵を見なければならない。そこで二人が考えたのは、（お風呂《ふろ》の掃除《そうじ》を二人で手伝うということ）だった……

翌朝《よくあさ》8時、わたしと実くんは、ふたたび『木島の湯』にのりこんだ。

「また来たのか。何度来てもだめなものはだめだ。さっさと帰れ」木島さんはモップを取り出しながら、こっちに目も向けずにそう言った。

「いいと言ってくれるまで帰りません」わたしは強気に出た。（木島さんの、しかめっ面《つら》じゃないほんとうの顔を、知ってるんだからね。前歯が一本欠けているのを、知ってるんだからね。）

「わたし、木島さんが（ほんとうはだれかに手伝ってほしいと思っていること）を、知ってるんです。木島さんは昔、どこかけがしたんでしょう？　えっと、そう、右腕《みぎうで》。右腕をかばっている

学習ナビ

文学的文章は線が引きにくい文章です。**「だれが何をした」**ということに注目して、**文章を短くする**ようにしてみましょう。

学習ナビ

まずは文章の構成を考えるだけですから、登場人物の心情や様子などに、**深入りしないように**気をつけましょう。

学習ナビ

ここでは、積極的に（　）を使って、文章を読みやすく分けています。

段落《だんらく》分けがあまり明確ではない物語文の場合、**文章をある程度のまとまりにしていくことで、読みやすくなります**。

みたいだもん」

木島さんは、動かしていた手をとめて、眉《まゆ》をひそめた。実くんのおばあさんが（古傷《ふるきず》があると言っていたけれど、木島さんが左手を上にしてモップをかけていたの）を思い出したのだ。左利《ひだりき》きじゃないみたいだし。（木島さんの動きが止まっているすきに、実くんは木島さんの手からモップを取って、入り口の木の床《ゆか》を掃除《そうじ》しはじめた。）実くんは器用に小まわりを利《き》かせて、床をふいていく。木島さんはさらに眉をひそめた。

そこへ最後の切りふだ登場だ。わたしは、（ガラス戸の外で待っていた実くんのおばあさん）を手招きした。おばあさんの姿《すがた》を見ると、（木島さんはあわてたように洗面台《せんめんだい》に置いてあったぞうきんを手に取り、）ふきはじめた。

「おはようございます」小さな声で木島さんはあいさつした。

「いい子たちですよ。お手伝いしてもらったらどうでしょうか。ほんとうはわたしがお手伝いしてさしあげたいくらいですもの。どうでしょう、わたしが手伝うっていうのは」わたしと実くんは顔を見あわせた。おばあさんはにこにこと笑っている。（朝の光の中で、おばあさんの顔は白くてつるつるして見える。）

「いやそれは」木島さんは口をもごもごと動かして、つっ立ったままだ。

すかさず実くんが言った。

「（ぼくたちが手伝わなかったら、おばあちゃんが手伝うっていうんだよ。）そんなの無理だよ。おばあちゃんの代わりに、ぼくたちが掃除します」

おばあさんは、まだにこにこしている。木島さんは、ぞうきんをにぎりしめて立っている。

「銭湯《せんとう》の掃除はそんなに簡単《かんたん》なものじゃない。（タイルもきちんとみがけないようなもんに、手伝わせるわけにはいかん）」しばらくすると、木島さんはそう言って女湯に入っていった。わた

学習ナビ

木島さんの様子を表す言葉に注意して読んでいきましょう。

学習ナビ

おばあさんと木島さんの様子を対比させている場面です。そして、木島さんの態度が変わっていく重要な場面でもあります。

学習ナビ

（　）は線を引いていく準備として使うことが多い書きこみです。この文章では、「〜と」の前（引用）や、「わたし」の心情を書いている部分での「実くん」や「木島さん」のしぐさなどに（　）をつけています。

したちはあわてて後を追った。すると、木島さんは（デッキブラシを取り出して、わたしたちの方にほうり投げた）。実くんがそれをうまくキャッチして、お風呂《ふろ》の床のタイルをごしごしと洗《あら》いはじめた。（小さい体のどこからそんな力が出てくるんだろう。）タイルはすぐにピカピカと光りはじめた。

「わたしにも貸して」わたしは（実くんからデッキブラシを受け取ると、）同じようにみがきはじめた。（わたしだって車洗いが大好きなんだから、これくらいお手のものだ。）木島さんは品定めするみたいに目を細めて、しばらくわたしたちの手つきをながめていた。

そして、うしろ向きになると言った。

「そんなに手伝いたいのなら、手伝っちゃいけないとはいわん」

「やった！」わたしと実くんは飛び上がって喜んだので、（もうすこしで二人そろってすべって転ぶところだった）。木島さんがため息をついて、ぞうきんを洗面台にほうり投げた。

「まずは、こっちがわのタイルをぜんぶみがいておけ。道具入れに、もう一本デッキブラシがある」木島さんは、脱衣所《だついじょ》に立てかけてあるモップを手にとって出ていった。脱衣所ののれんの前に実くんのおばあさんが見えたので、わたしは笑って手をふった。（しばらくのあいだ、木島さんと実くんのおばあさんは外で話をしているみたいだった。）

わたしと実くんはタイルをみがきながら、こんどは二人同時にくくっと笑った。

特に、二人の人物の動作が立て続けに並《なら》べられている時には、（　）を使って分けることが多いです。そして、周りの影響《えいきょう》が大きいと思える動作、せりふは（　）を〜線に変えていくといいでしょう。

学習ナビ

これより後の章の書きこみでは（　）を〜線や◯の書きこみへと「発展《はってん》」させたものにしています。

「大切なところとは思うけれど、どう書きこんでいいかわからない時」のとりあえずの手段《しゅだん》として、（　）を使うといいでしょう。

読解テクニック 7

「だれとだれ」場面ごとの主役を決める

ポイント

■文章を場面ごとに区切り、それぞれの主役を考える
■いちばん変化した人物に注目する

場面ごとの主役を考えよう

まずは、例題に出てくる人物を、ぜんぶ答えてください。そうですね。**「わたし」「実くん」「木島さん」「実くんのおばあさん」**の四人ですね。

主人公という言い方がありますが、大切なのは**場面ごとの「主役」**です。「だれが何をしているところ」という動作で文章をこま切れにしていきましょう。**その時に目立っている人が、その場面の「主役」**と考えてください。

登場人物の動作に注目すると、例題は、こんな文章です。

1 わたしと実くんは、ふたたび『木島の湯』にのりこんだ。
2 木島さんは相手にしてくれなかった。
3 実くんのおばあさんが登場した。
4 木島さんがあわてた。
5 木島さんは口をもごもごさせた。

学習ナビ

ドラマの一シーンのような、**場面ごとの登場人物に注目する**ことが大切です。せりふ、しぐさ、表情など、想像力豊かに考えてください。

学習ナビ

物語文は段落という切れ目がはっきりしないので、**登場人物を目印にして場面ごとに分けていく**といいでしょう。

6 木島さんは手伝うことを認《みと》めた。
7 わたしと実くんは同時に笑った。

例題の場合、
第一の場面1・2（1～13行目）「わたしと実くん」と「木島さん」
第二の場面3・4・5（14～26行目）「実くんのおばあさん」と「木島さん」
第三の場面6・7（27～44行目）「木島さん」と「わたしと実くん」
となっています。ちょうどお芝居《しばい》をするかのように、舞台《ぶたい》に上がっている人物はだれか、その場面で目立っている人物はだれか、を考えるといいでしょう。
登場人物がたくさん出てくる作品でも、一場面に出てくるのは二グループ程度しかありません。

いちばん変わった人物に注目しよう

文学的文章の仕組みをつかむコツは、**文章のはじめと終わりに注目すること**です。文学的文章は少しずつ変化していくので、明確な切れ目を見つけるのが難《むずか》しいものです。しかし、文章のはじめと終わりでは、ずいぶんちがっていることが多いので、それをヒントにします。
登場人物の中で、気持ちが大きく変わった人はいないか、できなかったことができるようになった人はいないか……。そんな変化を見つけるつもりで読んでください。

学習ナビ
文学的文章は明確な要旨《ようし》がないので、**設問の着眼点もさまざまです**。読み取りが難しいところは、かえって設問で聞かれることがないので、わからなくても気にせずに読んでいきましょう。

「なぜ」を考えるのが文学的文章

ポイント
- 文学的文章は「できごと」と「心情」が中心となる
- 登場人物の行動から理由(なぜ)を考える

文学的文章の中心は「できごと」と「心情」

文学的文章の大きな柱としては、次の「四つの要素」があります。

背景　本文で書かれているできごとの前に起こったことです。できごとが起こるきっかけになっています。意外な心情が起こる理由にもなっています。**あまり変化しません。**

できごと　登場人物の動作、その他の事件です。背景《はいけい》がもとになって起こることもあります。また、登場人物の心情が変化するきっかけにもなります。**文章中で次々に起こります。**

心情　登場人物の気持ちです。しぐさや表情、発言に現れます。直前のできごとがきっかけになります。また、どのような気持ちになるかは性格によって決まります。**心情の変化は、次の行動のきっかけになります。**

性格　登場人物の人がらです。できごとに対してどのような心情になるかを決めます。文章を通じて**あまり変化しません。**

学習ナビ
ここに出てきた**四つの要素は、必ずマスター**してください。今後、難問《なんもん》にぶつかる時に必要になります。

学習ナビ
「背景」「性格」など、あまり変化しないところが変化する時は、それが**主題(テーマ)**になることが多いので、注意しましょう。

この四つの中で、特に文学的文章を読む時に中心となるのは、**「変わっていくできごとと心情とを追いかける」**という作業です。そうした**「変化」に注意することが重要**です。

行動から理由(なぜ)を考える

なぜ「わたしと実くん」は「木島の湯」にのりこんだのでしょう。

なぜ「木島さん」は冷たく断るのでしょう。

行動には必ず理由があります。行動の理由は、心情につながるポイントなので、まずは**「だれかが何かをしたら、必ず理由(なぜ)を考える」**ようにしてください。これが**「登場人物に共感する」という文学的文章読解のいちばんのコツにつながる**のです。

先ほどの「なぜ」の理由を考えてみましょう。「わたしと実くん」が「木島の湯」にのりこんだのは、「男湯と女湯の両方の絵を見るため」ですよね。これは「あらすじ」に書いてあります。「木島さんが断る」のは「タイルもきちんとみがけないような他人に掃除《そうじ》を手伝ってほしくないから」ですよね。これは、木島さんのせりふから推理《すいり》できます。

文章からわかることは、読み取る。
文章からわからないことは、推理する。

このくり返しが文学的文章の読解だと言えます。

学習ナビ

文学的文章(物語文)であっても、常に**「なぜ」**という問いかけを忘《わす》れないようにしましょう。そして、前のページにある四つの要素は、それぞれ**「原因」「結果」で結ばれている**ことを忘れないようにしましょう。

学習ナビ

「推理」ですから、「本文のここにこう書いてあるから…」と、**理由も合わせて考えていく**ようにしましょう。

読解テクニック 9

性格はかくれた主役

ポイント
■心情と行動の結びつきを確かめて、性格を考えてみる

行動やせりふから性格を考えよう

登場人物がどんな人かというのを「性格」と言います。次の場面で、登場人物の性格について考えてみましょう。木島さんの行動やせりふに線が引いてあります。

例題に挑戦 線をなぞってみよう

「銭湯《せんとう》の掃除《そうじ》はそんなに簡単《かんたん》なものじゃない。タイルもきちんとみがけないようなもんに、手伝わせるわけにはいかん」しばらくすると、木島さんはそう言って女湯に入っていった。わたしたちはあわてて後を追った。すると、木島さんはデッキブラシを取り出して、わたしたちの方にほうり投げた。実くんがそれをうまくキャッチして、お風呂《ふろ》の床《ゆか》のタイルをごしごしと洗《あら》いはじめた。小さい体のどこからそんな力が出てくるんだろう。タイルはすぐにピカピカと光りはじめた。

「わたしにも貸して」わたしは実くんからデッキブラシを受け取ると、同じようにみがきはじめた。わたしだって車洗いが大好きなんだから、これくらいお手のものだ。木島さんは品定めするみたいに目を細めて、しばらくわたしたちの手つきをながめていた。

学習ナビ

「性格」は、それがもとになって心情や行動を生み出します。また、作者は心情や行動を通じて、登場人物の性格を伝えようとします。

設問で問われることがなくても、登場人物の性格を考えるようにしましょう。

学習ナビ

同じ場面、できごとでもその人物によって(特に人物の「性格」によって)しぐさが変わります。

常に「次はどうなるのか」を予測して「その人物らしさ」を

そして、うしろ向きになると言った。

「そんなに手伝いたいのなら、手伝っちゃいけないとはいわん」

「やった！」わたしと実くんは飛び上がって喜んだので、もうすこしで二人そろってすべって転ぶところだった。木島さんがため息をついて、ぞうきんを洗面台にほうり投げた。

「まずは、こっちがわのタイルをぜんぶみがいておけ。道具入れに、もう一本デッキブラシがある」木島さんは、脱衣所《だついじょ》に立てかけてあるモップを手にとって出ていった。脱衣所ののれんの前に実くんのおばあさんが見えたので、わたしは笑って手をふった。しばらくのあいだ、木島さんと実くんのおばあさんは外で話をしているみたいだった。

わたしと実くんはタイルをみがきながら、こんどは二人同時にくくっと笑った。


この文章は、木島さんが二人のお手伝いを認《みと》めるところです。この時、木島さんがどのようなせりふを言うかは、木島さんの性格によって決まります。例えば、

「しかたないなあ、少しだけだぞ」

「助かるよ。よろしくたのんだぞ」

「そんなに手伝いたいのなら、手伝っちゃいけないとはいわん」

実際は三つめのせりふを言うわけですが、それぞれのせりふでどんな性格かがわかります。

性格というのは、心情のもとになる部分です。**人物の性格を読み取る時**には、**どんな場面でどんなことをする人か、どんなことを言う人かを確かめていく**といいでしょう。**人間の気持ちは複雑**です。いろいろなことを同時に考えたりします。でも**一つの時間、場所でできる行動は一つしかありません**。どの行動を選んだかが性格を表しています。読み取るようにしましょう。

学習ナビ
登場人物の性格についてあれこれと考えてみましょう。**性格を表す言葉はいくつか覚えておく**といいでしょう。
例
・がんこ(かたくな)
・素直《すなお》
・きちょうめん
・はずかしがりや
・わがまま
・ひっこみじあん
・積極的
など

新しい人物、場所、時間の変化に注意

ポイント ■ 文学的文章も大きく分けて読むようにする

文学的文章も文章を分けて読もう

説明的文章では、話題の変化に注目して文章を分けていきますが、文学的文章では、人物、場所、時間の変化を手がかりにして文章を分けていきます。

つまり、「登場人物が増えたり減ったりするところ」「場所が変わったところ」「時間が変わったところ」に注目することになります。

例えば、例題ではこの部分に注目します。

例題に挑戦 **線をなぞってみよう**

そこへ最後の切りふだ登場だ。わたしは、ガラス戸の外で待っていた実くんのおばあさんを手招きした。おばあさんの姿《すがた》を見ると、木島さんはあわてたように洗面台《せんめんだい》に置いてあったぞうきんを手に取り、ふきはじめた。

「おはようございます」小さな声で木島さんはあいさつした。

「いい子たちですよ。お手伝いしてもらったらどうでしょうか。ほんとうはわたしがお手伝いしてさしあげたいくらいですもの。どうでしょう、わたしが手伝うっていうのは」わたしと実く

学習ナビ

場面が変わるということは、文章の流れの中で何かが変わるということです。

その場面に登場した人物の一人一人についての変化を考えてみるといいでしょう。

学習ナビ

ここは、かたくなに手伝いを断っていた木島さんの態度が変わっていく場面です。読み進めていくうちに、**このような変化を見つけたら、きっかけを探すようにしていくといい**でしょう。

んは顔を見あわせた。おばあさんはにこにこと笑っている。朝の光の中で、おばあさんの顔は白くてつるつるして見える。

「いやそれは」木島さんは口をもごもごと動かして、つっ立ったままだ。

すかさず実くんが言った。

「ぼくたちが手伝わなかったら、おばあちゃんが手伝うっていうんだよ。そんなの無理だよ。おばあちゃんの代わりに、ぼくたちが掃除します」

おばあさんは、まだにこにこしている。木島さんは、ぞうきんをにぎりしめて立っている。


ここで**実くんのおばあさんが登場**します。すると、**木島さんの様子が大きく変化します**。

「わたしと実くん」の二人は、何とか風呂《ふろ》の掃除を手伝いたいと思っているのですが、木島さんはがんこな態度をくずしてくれません。それを変化させてくれるのが、実くんのおばあさんです。

木島さんのがんこな態度は**「性格」**にあたるものですから、なかなか変化しません。ところが、その性格が、**実くんのおばあさんの登場**によってゆらいでしまいます。実くんのおばあさんとの間にどんなことがあったのか、それはこの文章ではわかりません。ということは、**実くんのおばあさんと木島さんとの間にあったこと**は**「背景《はいけい》」**にあたることだと考えられます。

このように、**新しい登場人物が現れたり、新しい場所へ移動したり、そして時間が大きく変化したりした時は、話の流れに何か変化がなかったかを確かめてください**。

ただし、今回の例題では、場所は銭湯だけしかありませんし、時間もそれほどたっていないので、場所・時間については変化はありません。

学習ナビ
「にこにこ」や「もごもご」など、**様子を表す言葉（擬態語）は登場人物の心情や性格がわかるポイント**です。文章を読む時に注意しておきましょう。

学習ナビ
ここでは、文章の読み取りに**「背景」**と**「性格」**を利用しています。

読解テクニック 11

文学的文章ほど語《ご》彙《い》力《りょく》が大切

ポイント
- 心情や様子を表す言葉に注目して読解をする
- 見直しの時には知らない語句を必ず調べる

心情や様子を表す言葉に注目して読解をしよう

文学的文章を読み取るうえで、**実際の動作をどう表現しているか**、というのは大きなポイントです。特に、**心情や様子を表す言葉に気をつけることが重要**です。

例題のこの部分に注目しましょう。線を引いている部分の意味がきちんととれますか。

例題に挑戦 **線をなぞってみよう**

「いいと言ってくれるまで帰りません」わたしは強気に出た。木島さんの、しかめっ面《つら》じゃないほんとうの顔を、知ってるんだからね。前歯が二本欠けているのを、知ってるんだからね。

「わたし、木島さんがほんとうはだれかに手伝ってほしいと思っていることを、知ってるんです。木島さんは昔、どこかけがしたんでしょう? えっと、そう、右腕《みぎうで》。右腕をかばっているみたいだもん」

木島さんは、動かしていた手をとめて、眉《まゆ》をひそめた。実くんのおばあさんが古傷《ふるきず》があると言っていたけれど、木島さんが左手を上にしてモップをかけていたのを思い出したのだ。左利《ひだりき》き

学習ナビ

それぞれの言葉がどんな心情につながるかは、実際の作品を通じて覚えていくのがいちばんです。また、類語辞典などを活用して、知っている言葉を増やしていくのもいいでしょう。

この例題では、せりふと説明の文(**「地の文」**と言います)、そして「わたし」の心の中のせりふ(**「独白」「モノローグ」**とも言います)に分かれています。

じゃないみたいだし。木島さんの動きが止まっているすきに、実くんは木島さんの手からモップを取って、入り口の木の床《ゆか》を掃除《そうじ》しはじめた。実くんは器用に小まわりを利《き》かせて、床をふいていく。木島さんはさらに眉をひそめた。

- **強気に出る**…負けないようにだいたんなことをする様子。
- **どうしても手伝いたいという「わたしの気持ち」を説明した言葉。**
- **しかめっ面**…不快そうに眉や額のあたりにしわを寄せた顔。

木島さんの気むずかしい性格の表れ。

- **眉をひそめる**…眉のあたりにしわを寄せる。心配事があったり不快な思いをしたりしている様子。

・古傷のことを「わたし」に指摘《してき》されていやな顔をする木島さんの様子。

・勝手に掃除をはじめた「実くん」を不快に思う木島さんの様子。

このようなくわしい意味がつかみきれなくても、実際の動作よりもくわしく(おおげさに)表されているところには、印をつけておくといいでしょう。

見直しの時は知らない語句を必ず調べよう

「強気に出る」「しかめっ面」「眉をひそめる」それぞれの意味がわかりましたか。

難しい漢字が並《なら》ぶ説明的文章とちがって、文学的文章は一見、簡単《かんたん》な言葉が並びます。でも、それぞれの意味がわからないと、文章は何となくしかわかりません。

知らない、うまく説明できないと思った言葉は、どんどん線を引いて辞書で調べましょう。納得《なっとく》できたら線を消してもかまいません。ただし、その言葉に心情がふくまれているなら、線は残しておきましょう。

学習ナビ

しぐさや心情を表す言葉は意外に難《むずか》しいものです。

例題で線を引いた言葉の意味を実際に辞書で調べてみましょう。

また、辞書的な意味だけでなく、それによって**どんな様子を表しているのか**、ということにも気をつけるようにしましょう。

読解テクニック 12

筆者と思いを共有するのが随筆文《ずいひつぶん》

ポイント

■ 随筆文では、体験を通じた筆者の立場（仕事など）を読み取る

随筆文では体験を通じた筆者の立場を読み取ろう

「随筆文」も文学的文章だと言えますが、「物語文」とは異《こと》なり、**筆者自身が見たり、聞いたり、行動したりしたできごと**を書いています。そして、そうした**体験を通じてどのように感じたかという、筆者の思い**が書かれています。次の例題を読んでみましょう。

例題に挑戦

動物園で働く前、ぼくは動物園に対し、「ちょっと不愉快《ふゆかい》だな」と思っていた。子どものころ、あんなに生き物に熱中していたのに、動物園に行っても、楽しくなかった。「なんでこんなところに閉《と》じこめておくのだろう。つまんないな」という感覚で見ていたからである。家の近くの雑木林や空き地など、もっと手の届《とど》く範囲《はんい》で生き物を直《じか》に見ていたから、オリの中に入っている動物に価値《かち》を見いだせなかったのだと思う。

動物園の獣医《じゅうい》になってから、この見方も変わった。

野生動物は、ペットと違《ちが》って、「食うか、食われるか」の連鎖《れんさ》の中でお互《たが》いがギリギリのところで生きている。動物園の動物たちは、まずその恐怖《きょうふ》から解放される、ということを知ったから

（お茶の水女子大附中・改　坂東元『動物と向きあって生きる—旭山動物園獣医・坂東元』）

学習ナビ

随筆文は筆者の体験を中心にして述べられる文章です。そのため、まず、**「筆者の立場（どんな人物か）を読み取ること」**が文章を読んでいく「背景《はいけい》」となります。

である。ぼくたちは、電車に乗ったとたん、他種の生き物にパクッと食われたり、歩いていたら突然《とつぜん》、巨大《きょだい》な鳥にさらわれたりしないから、その恐怖を実感できない。しかし、前にも書いたように、野生では四年しか生きられないエゾリスが、動物園では一二年も一六年も生きる。キリンが座《すわ》って寝《ね》る。野生では考えられないことだ。自然界でキリンが座って寝ていたら、すぐに狙《ねら》われてしまうだろう。

　動物園の動物たちは、その個体だけでいうのなら、決して〝かわいそう〟ではない。安全と食料が保証されているのは、彼《かれ》らにとってはパラダイスといってもいいほどだ。〝かわいそう〟だと思うのは、野生に生きていない人間の一方的な感情だといっていい。

　また近年の動物園で飼育されている動物の多くは、動物園生まれである。だから、一方的に〝かわいそうだ〟と決めつけることはできない。また、保護されてきた動物も多い。旭山《あさひやま》動物園の場合、エゾヒグマのトンコや、アザラシのガルなどが保護されてきた動物だ。他にも、エゾシカなどがいるし、野鳥では数え切れない。そうした〝いのち〟を飼育していくのも動物園の役割《やくわり》である。動物園に入りたてのぼくにとって、何から何までもが新鮮《しんせん》な驚《おどろ》きだった。そして、もっと動物園のことを知りたい、と思うようになった。

これを読むと、筆者は「動物園の獣医」で、「動物園の獣医になってから、この見方も変わった」とあります。まずこの部分で文章を分けましょう。くわしくは、これから説明していきます。

読解テクニック 13

物語文のように随《ずい》筆《ひつ》文《ぶん》を読む

ポイント
■ 筆者の心情の変化を読み取る

筆者の心情の変化を読み取ろう

「随筆文」では、すべて筆者の視点《してん》で書かれています。文学的文章の登場人物のように「主役」は変化せず、文章の「主役」は常に「筆者」です。

そして、**体験を通じて筆者の考え方が変わっていきます。**その考え方を読者に伝えたいという思いが　随筆文を生み出す力になっているわけです。

例題のはじめの部分を見てみましょう。筆者の心情に注意してください。

例題に挑戦 **線をなぞってみよう**

動物園で働く前、ぼくは動物園に対し、「ちょっと不愉快《ふゆかい》だな」と思っていた。子どものころ、あんなに生き物に熱中していたのに、動物園に行っても、楽しくなかった。「なんでこんなところに閉《と》じこめておくのだろう。つまんないな」という感覚で見ていたからである。家の近くの雑木林や空き地など、もっと手の届《とど》く範囲《はんい》で生き物を直《じ》かに見ていたから、オリの中に入っている動物に価値《かち》を見いだせなかったのだと思う。

動物園の獣医《じゅうい》になってから、この見方も変わった。

学習ナビ

物語文で、いちばん変化した人物に注目するというのがありますが、**随筆文の場合、いちばん変わったのは、もちろん筆者**です。

> 野生動物は、ペットと違《ちが》って、「食うか、食われるか」の連鎖《れんさ》の中でお互《たが》いがギリギリのところで生きている。動物園の動物たちは、まずその恐怖《きょうふ》から解放される、ということを知ったからである。ぼくたちは、電車に乗ったとたん、他種の生き物にパクッと食われたり、歩いていたら突然《とつぜん》、巨大《きょだい》な鳥にさらわれたりしないから、その恐怖を実感できない。しかし、前にも書いたように、野生では四年しか生きられないエゾリスが、動物園では一二年も一六年も生きる。キリンが座《すわ》って寝《ね》る。野生では考えられないことだ。自然界でキリンが座って寝ていたら、すぐに狙《ねら》われてしまうだろう。

筆者ははじめ、「動物園はオリの中に動物を閉じこめているところだと思っていたので、動物園はちょっと不愉快なところだと思っていた」のです。ところが、**動物園の獣医になって考え方が変わった**のです。何に対する考え方でしょうか。そうです。動物園に対する考え方ですよね。**筆者の考えは理由とワンセット**です。**「筆者は〜だから、〜と思っていた」という型を意識する**といいでしょう。

この後、「野生動物は」「動物園の動物たちは」と書いてあって、二つの動物を比べています。ここは説明的文章（論説文《ろんせつぶん》）を読む時と同じように、二つの例を比べながらちがいを考えるようにします。そして、短くまとめると、「野生動物はいつ食われるかわからないが、動物園の動物たちはその心配がない」ということです。

そのあとに、いろいろな具体例をあげて考え方を補強《ほきょう》しています。随筆文などでは、**「具体例」のこと**を**エピソード**とも言います。

学習ナビ

「不愉快」「つまらない」など**心情を表す言葉が重要**なところは、随筆文と物語文の共通点です。

読解テクニック 14

論《ろん》説《せつ》文《ぶん》のように随《ずい》筆《ひつ》文《ぶん》を読む

ポイント

- 筆者の考えの根拠《こんきょ》を読み取る
- 筆者の考えや人がら、読者への思いを読み取る

筆者の考えの根拠を読み取ろう

では、例題の続きを見ていきましょう。

例題に挑戦　線をなぞってみよう

　動物園の動物たちは、その個体だけでいうのなら、決して〝かわいそう〟ではない。安全と食料が保証されているのは、彼《かれ》らにとってはパラダイスといってもいいほどだ。〝かわいそう〟だと思うのは、野生に生きていない人間の一方的な感情だといっていい。また近年の動物園で飼育されている動物の多くは、動物園生まれである。だから、一方的に〝かわいそうだ〟と決めつけることはできない。また、保護されてきた動物も多い。旭山《あさひやま》動物園の場合、エゾヒグマのトンコや、アザラシのガルなどが保護されてきた動物だ。他にも、エゾシカなどがいるし、野鳥では数え切れない。そうした〝いのち〟を飼育していくのも動物園の役割《やくわり》である。動物園に入りたてのぼくにとって、何から何までもが新鮮《しんせん》な驚《おどろ》きだった。そして、もっと動物園のことを知りたい、と思うようになった。

学習ナビ

　随筆文は、説明的文章（論説文）のような構成であることが多いので、**「話題」**について読み取ることが必要です。この例題では「動物園」が話題となっています。

まとめの働きをしている部分ですので、線を引いているところは多くなります。

体験をもとに、筆者は自分の考えを述べています。ただ、論説文とちがうのは、随筆文では、読者や社会に変わってほしいと思うのではなく、**筆者の気持ちに共感してほしい**と思って書いているところです。

動物園の動物たちは決して〝かわいそう〟ではない。

このことを読者にわかってほしいという気持ちがあるのです。

ここは例題の最後の部分です。いろいろな具体例（エピソード）をあげながら、動物園に対する考え、動物に対する思いが書かれていることを読み取ってください。

随筆文は読者への思いを読み取ろう

随筆文は、いわゆる小説家や評論家《ひょうろんか》だけのものではありません。**いろいろな職業、立場の人が、自分の思いや考えを人に伝えようとして書くもの**です。

例えば、スポーツ選手が、自分のスポーツでの体験を通じて、広く伝えたいことがあるとすればそれが随筆文になることがあります。

まずは、**筆者がどんな人かを読み取る**つもりで素早《すばや》く読んでください。そして、**筆者がどんな体験をしてきたのか**をじっくり読んでみてください。これでたいていの設問に取り組めます。

最後に、**筆者が読者（つまりみなさん）にどんなことを伝えたいか**を考えるようにします。

随筆文は、筆者との対話のようなものなのです。

学習ナビ

結論《けつろん》は**「動物園はすばらしいところだ」**ということと、そのすばらしさを伝えようと思ったということです。

学習ナビ

筆者がどんな人かを読み取るのは通読の時ですが、一つ一つの体験は設問を解き進めながら読んでいくようにしましょう。

設問を解き終えた後、**見直しをする時に、「読者に伝えたいこと」を考える**といいでしょう。

一部の学校では、数ページにわたる長文が出題されることがあります。これをいちいち、ていねいに読んでいたのでは、時間がなくなるでしょう。そんな長文を読む時でも、**全体を数分で読む習慣をつけてください**。読み取れる内容は実に大ざっぱでしょうが、最後がどうなるかわかるだけでも、読み取りが変わってきます。

また、このあとの章でも、いろいろな書きこみを紹介《しょうかい》していきますが、基本はすべて同じです。**うすく、短く、そして記号だけ**を書きこんでいくことです。読む時のペースを乱《みだ》さないようにしてください。

問題を解く前の大切な準備運動ですから、手元にタイマーを置いて挑戦《ちょうせん》してみてもいいでしょう。

■ **解く前に必ず本文を通して読む**
■ **説明的文章では、くり返されている話題を考える**
■ **説明的文章は、話題、結論《けつろん》、具体例、理由に分ける**
■ **文学的文章は、人物、場所、時間の変化によって文章を分ける**
■ **文学的文章は、背景《はいけい》、できごと、心情、性格の四つを意識する**
■ **文学的文章は、常に「なぜ」を考える**
■ **文学的文章は、すべての登場人物(筆者も)に共感する**

こうしたことに気をつけながら、**「集中して読み通して、本文を自分の読みやすい長さに分ける」**というところから始めてみましょう。

それだけでも、長文に対する気持ちが少し楽になると思いますよ。

学習ナビ

文章の分け目や線引きはあくまで「考えるための道具」として取り組んで、**「正解」にこだわらない**ようにしてください。

また、**答え合わせが終わったら、本文への書きこみもふりかえりをしてください**。どこに線を引けばよかったかをふりかえることは、自分の問題への取り組みを修正していくよい勉強になります。

第2章

傍《ぼう》線《せん》の手順と設問チェック

時間管理テクニック

「手順」をパターン化すると迷わなくなる

設問をていねいに読んで、印を入れよう

設問の条件に印を入れる

テンポよく読むために、まず**設問の条件に印を入れましょう**。印を入れるのは設問文で**「聞いていること」**と**「答え方」**です。

パターン別　注目する部分

★記号選択《せんたく》問題　…　どんなことを　いくつ　選ぶのか
★ぬき出し問題　…　どんなことを　どこから　どれだけ　探《さが》すのか
★記述問題　………　どんなことを　どうやって　何字ぐらい　答えるのか

きちんと印を残しておくと、スピードを上げてもミスをしなくなります。

近くに指示語がないかを探そう

指示語（こそあどことば）に印を入れる

文章をすばやくたどる時のカギは**指示語**、つまり**「こそあどことば」**です。**傍線《ぼうせん》（——線）をのばしながら、指示語を見つけたら印を入れる**といいでしょう。

指示語は言いかえる

学習ナビ

設問を解く前に**「何を探すか」**をしっかりと考えましょう。

設問の種類には、

- **考えの根拠《こんきょ》（理由）**
- **登場人物の心情**
- **言いかえ（同じ意味）**
- **対比（反対の意味）**

などがあります。

くわしくは後で説明していきます。

学習ナビ

指示語は、まず、直前を確かめます。段落のはじめの方にある時は、念のために、前の段落を見た後、指示語の後ろも点検しましょう。

文章を読み進めている時に**指示語を見つけたら、言いかえるくせをつけましょう**。そうすると、なお文章をたどるスピードを上げることができます。

わからない問題は条件を見落としている可能性がある

設問の条件をもう一度確認《かくにん》する

時間の大きなロスになるのが、**「だいたいの内容はわかっているけれど答えられない」**という状況《じょうきょう》です。そういう時は、**設問の条件を見落としていることが多い**のです。

混乱《こんらん》したら設問と本文にもどる

問題を解いている時に「あせり」の心が生まれると、「そもそも何を答えようとしていたのか」を見失うこともあります。**頭が混乱してきたら設問と本文にもどりましょう。**

見直しは一つ一つの問題でやろう

一問ごとに見直す

国語のテストは、あとでまとめて見直しをするのが難《むずか》しいものです。**一問ごとに設問の条件に合わせて答えているかを確かめましょう。**

大問ごとに見直す

また、**文章題を一題解き終えたら、もう一度問1にもどって内容を点検してみましょう。**問題を解き始めた時より文章の理解が深まっているでしょうから、よりよい答えが見つかるかもしれません。

学習ナビ

設問文において、**「本文中の言葉を使って」はぬき出し問題ではないので、注意してください。**本文をそのまま使うとつながりが悪いので、一部を変えてくださいということです。

学習ナビ

見直しにおいても必ず本文にもどることが大切です。見直していて、まちがえたと思っても、あわてて消さずに、「何を書くのか」を決めてから、消しゴムを使いましょう。

「急がば回れ」の心です。

読解テクニック
1 傍《ぼう》線《せん》を整理する

ポイント
■ 短い傍線（――線）はのばす
■ ――線の中にあるキーワードと指示語に注意する
■ ――線をふくむ段落《だんらく》を読み直す

――線が短い時は一文すべてを読み直そう

問題はたいてい傍線（――線）を使って示されていますね。その――線にちょっと工夫《くふう》を加えて、問題の仕組みを見ぬきましょう。

――線が短い時、つまり、一文のとちゅうが――線になっている時は、――線を一文まるごとまでのばしてみましょう。あらためて一文すべてを読み返すと、ヒントに気づくことが多いのです。これは私《わたし》がいろいろな模《も》試《し》を作っている時の経験ですが、わざとキーワードの手前や後ろを問題にして受験生を試しているのです。

特に、**「これ」「それ」などの指示語に――線が引かれて問題となっている場合は、一文にして考えることで、文全体の意味を考えることができます。**

文章が確実に読めたら、問題はすらすらと解ける……。確かに「筆者の考えを読み取る」ということにおいては、そう言えるかもしれません。

学習ナビ
前後のつながりを意識するうえでも、**――線は必ずのばすよ**うにしましょう。

しかし、問題を作っているのは筆者ではありません。**問題を作る人が、その文章を読み、受験生に質問しているのです。**そういう**「作問者」**の考えもわかれば、問題はずいぶんと解きやすくなります。

――線をのばして、前後に注意が向くようになると、ずいぶんと問題が解けるようになります。はじめのうちは、どうしても――線ばかりに注目してしまいますが、そんな時はえんぴつをにぎって、――線をのばしてみてください。視野《しや》が広がって、問題がわかるようになりますよ。

――線をのばす

これが問題を解く時の基本です。

――線が長い時はその中にヒントがある

――線が長い時は、――線の中にヒントがあります。特に――**線の中に「指示語」があった時は要注意**です。作問者は、その指示語が言いかえられるかどうかを試しています。

また、「～が、～した」「～は、～である」というように、主語と述語の両方が書かれている場合は、主語・述語それぞれについての説明(言いかえ)を考えるようにしましょう。

――線をふくむ段落を読み直そう

少し難《むずか》しいと感じたら、**――線をふくむ段落全体を読み直して、段落の話題にもどりましょう。**

それでもわからない時は、第1章で紹介《しょうかい》した、「通読の時に分けたところ」を読み直すのです。

そうやって**集中して読むところは、少しずつ広げる**ようにしてください。

学習ナビ

――線が長い時は、――線を分けて考えます。――線の中にあるキーワードに○**をつけるようにしましょう。**

学習ナビ

――線に限らず、**設問を考える時は常に段落を読み直す習慣をつけましょう。**

文学的文章であれば、場面の切れ目まで読むようにするとよいでしょう。

読解テクニック

2

傍《ぼう》線《せん》をのばす

ポイント

■ ——線の近くにあるヒントを見のがさない

——線をのばしてヒントをつかもう

では、実際の例題を使って確認《かくにん》してみましょう。「**——線をのばす**」ことを忘《わす》れずに。

例題に挑戦

（桜美林中・改　岸本裕史『見える学力、見えない学力』一部変更がある。以下*p.53*まで同）

子どもが生きるための力をつけていく上で、①遊びの果たす役割《やくわり》は絶大です。まず、遊びは、体力を養い、運動技能を向上させます。戸外をかけ回る遊びは、全身の運動能力を高め、生きるための基礎《きそ》体力を強めます。遊びの機会に恵《めぐ》まれなかった子は、見かけは大きくても、がんばりの利《き》かない子になります。もろい体になるのです。体力の有無《うむ》は、将来《しょうらい》、仕事の成否《せいひ》を決するほどの重みをもつようになります。

また、遊びは、雑草のようなたくましい生命力を育てていきます。バイタリティのある子にします。一人遊びや、二人遊びのような、ちまちました遊びでは得られない対立や、葛藤《かっとう》の体験は、子どもを強靱《きょうじん》にしていきます。しかも、土と水と風、そして緑にじかに触《ふ》れる遊びは、野生的なたくましさを育てる上で著《いちじる》しい効果があります。洗濯《せんたく》したてのきれいな服を着せても、すぐどろどろにしてもどってくるという子は、生きぬく上でなくてはならない強さ、たくましさを身につ

学習ナビ

——線①の後ろの「**まず**」に注目します。その後ろには、「**また**」があります。このように、遊びの果たす役割を**順々に説明している**ということです。

けるための修業《しゅぎょう》をしているのだといえましょう。

遊びは子どもを豊かな人格に育ててくれます。遊びの上手な子、リーダーとなる子は、乱暴《らんぼう》な口をきき、粗雑《そざつ》で荒《あら》っぽいふるまいをしているようですが、実のところ、とてもやさしく親切な子なのです。その典型がガキ大将《だいしょう》です。ガキ大将は、子ども集団の組織者で、遊びの指導者であり、遊びについての博学者でもあります。

問1 ――線①「遊びの果たす役割は絶大です」とありますが、遊びの果たす役割としてふさわしくないものを一つ次から選びなさい。

ア 子どもを豊かな人格に育てる。　**イ** 子どもをバイタリティのある子にする。

ウ 子どもの運動能力を高める。　**エ** 乱暴な口をきき、粗雑な子にする。

ポイントは、**――線を上にのばす**ことにあります。――線を一文までのばしてみましょう。

子どもが生きるための力をつけていく上で、①遊びの果たす役割は絶大です。まず、遊びは、

つまり、――線の中の「役割」とは、**「子どもが生きるための力をつける上での役割」**です。

――線の上の文章とのつながりを意識することで、この設問はずいぶん解きやすくなります。

――線の後ろにいろいろと書いてありますが、文章を読まなくても、エだけは「リーダーとなる子（ガキ大将）」が大人から悪く見られるポイントについて述べているので、「子どもが生きるための力をつける上での役割」とは異《こと》なり、誤《あやま》りだとわかります。

学習ナビ

問1のように、答えるポイントがいくつかあるような問題ならば、明らかなまちがいを一つ入れることで、**「ふさわしくないものを選ぶ」**という問題形式になります。設問の条件には、気をつけるようにしましょう。

学習ナビ

問1のような問題は**「遊びの果たす役割を具体的に説明する問題」**だと言えます。くわしく説明している段落に注目して考えていきましょう。

例題の答え

問1 エ

読解テクニック
3
傍《ぼう》線《せん》の中のキーワードを探《さが》す

ポイント
■ ――線の中のキーワードを見のがさない

――線の中のキーワードを見つけて、印をつけよう

では、次の部分を読んでください。先ほどの例題の続きです。

例題に挑戦

彼《かれ》は、その集団の成員の一人一人の能力に応じた役割《やくわり》をふりあてたりします。責任感も強く、だれかがけがをしたとき、他の子は、「ぼく知らないよ」と責任回避《かいひ》をしがちですが、ガキ大将《だいしょう》は、おしまいまでめんどうを見ます。けがをした子を背負《せお》って連れ帰り、「おばちゃん、この子けがしたよ。……」とちゃんと知らせます。泣いている子がいれば、わけをきいて、適切な措置《そち》をとってやります。②おとなもときに驚《おどろ》くほどガキ大将は親切で、めんどうみがよいのです。こわいだけ、強いだけではガキ大将には絶対になれません。

問2 ――線②「おとなも～よいのです」とありますが、ここではどんな例が書かれていますか、簡単《かんたん》に二つ答えなさい。

学習ナビ
この段落は、「ガキ大将の長所」を**具体例をまじえて説明しているところ**です。

学習ナビ
――線を
おとなもときに驚くほど
ガキ大将は
親切で
めんどうみがよい
というように**分けておく**と考えやすいでしょう。

こういう問題では、——線の中にキーワードがないかを探します。——線が長い時は、——線の中にヒントがあるのでしたね。**「親切」**と**「めんどうみがよい」**を○で囲んでみましょう。

例題に挑戦　線をなぞってみよう

> てやります。②おとなもときに驚くほどガキ大将は親切で、めんどうみがよいのです。こわいだけ、強いだけではガキ大将には絶対になれません。

つまり、**「ガキ大将が親切である例」**と**「ガキ大将はめんどうみがよいという例」**を答えるという方針《ほうしん》が見つかります。

では、**——線をふくむ段落《だんらく》を読み直してみましょう**。すると、「ガキ大将」の二つの行動に気づきます。

① だれかがけがをしたとき、おしまいまでめんどうを見ること。

② 泣いている子がいれば、わけをきいて、適切な措置もとってやること。

の二つが正解となります。このように**——線の中に答えにつながる言葉を見つけたら○で囲む**ようにしてください。

学習ナビ

内容がわかったら、**本文中の言葉を積極的に使って**答えてください。——線の中に「ガキ大将は」という主語が入っているので、**答えの中では「ガキ大将は」という主語を入れなくてもかまいません。**

答えの中に主語を入れなければいけないのは、設問の主語と異《こと》なる場合です。ですから、答えの中の「だれかがけがをした」や「泣いている子がいれば」は、主語を省略せずに書いているのです。

例題の答え

問2 例　・だれかがけがをしたとき、おしまいまでめんどうを見ること。
・泣いている子がいれば、わけをきいて、適切な措置もとってやること。

読解テクニック
4
傍《ぼう》線《せん》の中に指示語がある場合

ポイント
■ ――線の中の「指示語（こそあどことば）」は大きなヒント

――線の中にある指示語は言いかえよう

――線の中に「指示語（こそあどことば）」があれば、それは大きなヒントです。次の部分を読んでください。

例題に挑戦

ガキ大将《だいしょう》のいる集団でよく遊んで育った子は、さまざまな人間として生きていくためのさまざまなモラルや知恵《ちえ》を身につけていきます。子ども集団の中で、体力や知力がどんどん伸《の》びてきて、ガキ大将と拮抗《きっこう》するまでになってくると、きまってきびしい処遇《しょぐう》を一時的に蒙《こうむ》ることがあります。出る杭《くい》は打たれるの諺《ことわざ》どおりです。泣かされたり、村八分にされます。それは子ども社会の中で、りっぱに一人前になってきたからこそ受ける試練なのです。③親はこのときこそ、わが子を祝福し、激励《げきれい》してやればよいのです。ガキ大将を怨《うら》むことなど、まったくおかどちがいと言えましょう。

問3　――線③「親は～よいのです」とありますが、それはなぜですか。

学習ナビ

――線にかぎらず、指示語（こそあどことば）は、読解のリズムを作る時に、重要な役割を果たします。

通読のスピードがいまいち上がらない人は、まず「こそあどことば」に印をつけて、それをつなぐ気持ちで読んでいってもいいでしょう。

学習ナビ

説明的文章では「こ」で始まる指示語が活躍《かつやく》します。「このとき」「このような」「こうして考えると」など、前に書いたことをまとめた形で紹介《しょうかい》する時に、ここでは**「このときこそ」**が大きなヒントになります。**――線の中に「指示語」がある時は、必ず言いかえてください。**指示語なので前の部分を読むと、「このとき」とは、「ガキ大将に泣かされたり、村八分（＝仲間はずれ）にされているとき」ということがわかります。

次のように**――線の中に指示語がある時には、――線の指示語に印をつけ、指示語の指すところに線を引きます**。

例題に挑戦 線をなぞってみよう

> 出る杭は打たれるの諺どおりです。泣かされたり、村八分にされます。それは子ども社会の中で、りっぱに一人前になってきたからこそ受ける試練なのです。③親はこのときこそ、わが子を祝福し、激励してやればよいのです。ガキ大将を怨むことなど、まったくおかどちがいと言えましょう。

つまり、設問は「親は『ガキ大将に泣かされたり、村八分にされている』ときこそ、わが子を祝福し、激励してやればよいのはなぜですか」ということになります。ここで、**――線をふくむ段落《だんらく》全体を読み直してみましょう**。

なぜ、ガキ大将に泣かされたり村八分にされたりするのかというと、「体力や知力がどんどん伸びてきて、ガキ大将と拮抗するまでになってくる」＝「子ども社会の中で、りっぱに一人前になってきた」からでしたね。そうすると、「子どもが成長したこと」＝「親が祝福するべきこと」となるので、答えがわかります。

「こ」で始まる指示語が出てくることが多いので、発見した場合は、印をつけるようにするとよいでしょう。

学習ナビ

「祝福」「激励《げきれい》」もこの設問では**キーワード**になります。

言葉はわかっていても、辞書を引いてみると、それが**ヒント**になることがあります。「祝福」は「幸福をいわうこと」、「激励」は「はげまし元気づけること」ですから、子どもにとって、何か幸福なことがあったということです。しかも親としては子どもを元気づけなければならないということです。

例題の答え

問3 例 子どもがりっぱに一人前になってきた証拠だから。

穴《あな》埋《う》めだって傍《ぼう》線《せん》である

ポイント

■ 穴埋め問題も――線と同じように考える

穴埋め問題も□をふくむ一文まで線をのばそう

穴埋め問題も――線と同じように考えて答えを見つけましょう。次の文章を見てください。こういう時に□だけをじっと見ていたのでは、いっこうに答えにたどりつきません。**少なくとも□をふくんだ一文には――を引いておく**ようにします。

例題に挑戦　線をなぞってみよう

　ガキ大将《だいしょう》は、遊びの名人です。個々の子どもの心理を敏感《びんかん》にとらえる能力は、親以上です。子ども集団の卓越《たくえつ》した組織者で、生活の知恵《ちえ》や技《わざ》に長じ、勘《かん》もよく、いうなれば子ども社会の[1]です。親の及《およ》ばない教育力も持っています。

　子どもは、ガキ大将の統率《とうそつ》する集団での遊びを通して、人と喜びや哀《かな》しみをわかち合う共感能力や、いろんなタイプの人と短期間にとけ合える能力、さらには、事にあたっては、ともどもに手を取って進むという連帯心も養われていきます。ガキ大将は、子どもたちが将来《しょうらい》生きていく上で、ぜひとも身につけなければならないさまざまな心性や資質、技能の生きたモデルでもあります。小さいときから、どろんこになって、ときには仲間はずれにされたり、泣かされたりしなが

学習ナビ

穴埋め問題の基本は、空らんが文の中でどのような位置にあるかを確かめて、**設問を書きかえる**というものです。

学習ナビ

ここでは、次の言葉を調べてみましょう。

卓越《たくえつ》＝ほかのものより飛びぬけて、すぐれていること。

統率《とうそつ》する＝全体をまとめて、ひきいる。

らも、集団の中で力いっぱい遊んで育った子は、成人してからでも、いろんな階層《かいそう》や職業の人と、わけへだてすることなく、容易にとけあえる力が備わっていきます。また、人の心を察知し、その場にふさわしい表現形式で、共感してもらえるような話術もおのずと培《つちか》われていきます。もし、遊びに恵《めぐ》まれないままに大きくなれば、どうしても社会的能力が発達せず、組織的能力の未熟《みじゅく》な、ひよわで、なかなか人になじめない人間になりがちとなります。子ども集団の中での遊びは、人間としての生き方やあり方を、実践《じっせん》と行動を通じて会得《えとく》していく［2］でもあります。ガキ大将は、その師範《しはん》であり、お手本なのです。

問4 ［1］、［2］に入る言葉として最も適当なものを次から選び、記号で答えなさい。

ア 政治家　**イ** 芽　**ウ** 道場　**エ** 雑草

□をふくんだ一文をまとめると

1 子ども集団の卓越した組織者（＝ガキ大将）は、生活の知恵や技に長じている＝［1］です。

2 子ども集団の中での遊びは、人間としての生き方やあり方を、実践と行動を通じて会得していく＝［2］です

というふうに考えることができます。このことから、

1は、ガキ大将＝組織の中で、生活の知恵や技に長じている者、つまり、アの「政治家」。

2は、子ども集団での遊び＝人間としての生き方やあり方を会得できる場所、つまり、ウの「道場」がぴったりときます。

穴埋め問題も――線と同じように考えて、□をふくむ一文には――を引いておくことが重要です。

学習ナビ

問4では、□をなるべく文の終わりの方において書きかえています。文章の流れを意識して、**空らんを後ろのほうに移動させる**と、答えがわかりやすくなります。

例題の答え

問4 1 ア　2 ウ

傍《ぼう》線《せん》を読み解いて、設問のパターンを見ぬく

ポイント ■――線と設問を整理して、答えることの目安をつける

設問を整理して答えの目安をつけよう

問題を考える時には、**細部にこだわるより、聞かれていることを大きくとらえてから考える**習慣をつけましょう。次に随筆《ずいひつ》文を読んで学んでいきます。

例題に挑戦　線をなぞってみよう

（青山学院中等部・改　村上春樹『走ることについて語るときに僕の語ること』以下*p.65*まで同）

①長編小説を書くという作業は、根本的には肉体労働であると僕《ぼく》は認識《にんしき》している。文章を書くこと自体はたぶん頭脳《ずのう》労働だ。しかし一冊《いっさつ》のまとまった本を書きあげることは、むしろ肉体労働に近い。もちろん本を書くために、何か重いものを持ち上げたり、速く走ったり、高く飛んだりする必要はない。だから世間の多くの人々は見かけだけを見て、作家の仕事を静かな知的書斎《しょさい》労働だと見なしているようだ。コーヒーカップを持ち上げる程度の力があれば、小説なんて書けてしまうんだろうと。しかし実際にやってみれば、小説を書くというのがそんな②穏《おだ》やかな仕事ではないことが、すぐにおわかりいただけるはずだ。机《つくえ》の前に座《すわ》って、神経をレーザービームのように一点に集中し、無の地平から想像力を立ち上げ、物語を生みだし、正しい言葉をひとつひと

学習ナビ

この文章では、「肉体労働」と「頭脳労働」が、**対比の関係**になっています。

学習ナビ

「コーヒーカップを持ち上げる程度の力」というのは、「簡《かん》単《たん》な肉体労働」、または「頭脳労働」の**たとえ**です。

つ選び取り、すべての流れをあるべき位置に保ち続ける――そのような作業は、一般的《いっぱんてき》に考えられているよりも遥《はる》かに大量のエネルギーを、長期にわたって必要とする。身体こそ実際に動かしはしないものの、まさに骨身《ほねみ》を削《けず》るような労働が、身体の中でダイナミックに展開《てんかい》されているのだ。もちろんものを考えるのは頭（マインド）だ。しかし小説家は「物語」というアウトフィットを身にまとって全身で思考するし、その作業は作家に対して、肉体能力をまんべんなく行使することを――多くの場合酷使《こくし》することを――求めてくる。

問1 ――線①「長編小説を書くという作業は、根本的には肉体労働である」とありますが、筆者がそのように認識しているのは長編小説を書くことがどのようなことであると考えているからですか。次の文の（　　）に入る表現を本文中から二十二字で探《さが》し、はじめと終わりを五字ずつ答えなさい。

※ 長編小説を書くということは、肉体労働のように（　　）ことであると考えているから。

問2 ――線②「穏やかな仕事」とありますが、「穏やかな仕事」を言いかえた言葉を本文中から十字以内でぬき出して答えなさい。

この問題を考えるためには、設問の文章をきちんと整理して、聞かれている内容をとらえなくてはなりません。

まず、――線部のキーワード、そして設問文で聞かれているポイントに印をつけます。例題の設問文に線を引いてある部分が、この設問文の「キーワード」であり、「ポイント」となる部分です。

学習ナビ

主語と述語の関係に注目すると、文には**三つのパターン**があります。

例えば、「話題」を主語とした次の文を見てください。

① **「話題」は何だ。**

話題となっているものを別の言葉に言いかえている場合です。

② **「話題」はどうする。**

話題となっているものが何かをしている場合に使います。

③ **「話題」はどんなだ。**

話題となっているものを、筆者がどう考えているかがわかる時に使います。

問1では、「小説を書くという作業」を「肉体労働」というように言いかえていると考えるといいでしょう。

学習ナビ

問2の前に**指示語**があるので、注意して読みましょう。

傍《ぼう》線《せん》の前にあるか後ろにあるかを考える

ポイント
- 設問の内容を分析《ぶんせき》して、本文の後ろで答えを見つける
- 指示語などをたどって、本文の前で答えを見つける

設問の内容を分析して――線の後ろで答えを見つけよう

問1で――線が引いてある場所に注目してください。いきなり**本文の先頭**にありますから、この**問題は――線より後ろに答えがあることが明らか**です。こういう時は、設問文で聞かれていることをしっかり念頭において、本文を読み進めることを意識してください。

解き方としては――線①「長編小説を書くという作業は、根本的には肉体労働である」の中の「作業」という言葉を目印にして、小説を書くということを説明している部分を探《さが》すことになります。

例題に挑戦 線をなぞってみよう

> つ選び取り、すべての流れをあるべき位置に保ち続ける――そのような作業は、一般的《いっぱんてき》に考えられているよりも遥《はる》かに大量のエネルギーを、長期にわたって必要とする。身体こそ実際に動かし

答えにつながる一文は「そのような作業は、一般的に考えられているよりも遥かに大量のエネルギーを、長期にわたって必要とする。」ですが、制限字数と設問との言葉のつながりに注目すると、

学習ナビ

――線より前を探すのか、後ろを探すのかという判断は、入試において合否《ごうひ》を分ける大事なポイントです。

文章を整理しながら――線部分を読んで、今まで読んだ中でわかるように思えば前にもどります。そこでわからないのなら、問題点を整理して、先に読み進めることになります。

いずれも通読をきちんとしていないとできないことです。このことからも、通読の大切さがわかると思います。

答えの部分が決まります。

※　長編小説を書くということは、肉体労働のように（**大量のエネルギーを、長期にわたって必要とする**）ことであると考えているから。

指示語をたどって——線の前で答えを見つけよう

では**問2**はどうでしょう。本文の、——線②の部分を見てみましょう。

例題に挑戦　線をなぞってみよう

する必要はない。だから世間の多くの人々は見かけだけを見て、作家の仕事を静かな知的書斎《しょさい》労働だと見なしているようだ。コーヒーカップを持ち上げる程度の力があれば、小説なんて書けてしまうんだろうと。しかし実際にやってみれば、小説を書くというのがそんな②穏《おだ》やかな仕事ではないことが、すぐにおわかりいただけるはずだ。机《つくえ》の前に座《すわ》って、神経をレーザービームのよ

この問題ですと、**——線の前に「そんな」という指示語**がありますから、**——線より前の本文を見ればいい**とわかります。また、——線をのばすことで「小説を書くという仕事」が話題とわかりますから、「小説」「仕事」「作家」などをキーワードにしておくといいでしょう。

このように、**設問のパターンに注目して、答えを探す場所が、——線の前にあるか後ろにあるかを判断していくことが、手早く問題を解いていく大きなポイントになる**のです。

学習ナビ

答え合わせの時に**「答えと関連した部分が——線の前にあったか後ろにあったか」**は、必ず確認《かくにん》しましょう。学習の際に、前か後ろかのメモを残してもいいですね。

例題の答え

問1　はじめ　大量のエネ　終わり　必要とする

問2　静かな知的書斎労働（9字）

読解テクニック 8

注目する表現を決める

ポイント
■「比喩的《ひゆてき》」「具体的」など設問のパターンを確認《かくにん》する

設問のパターンを確認しよう

次の文章を読んでください。そして、ヒントとなる部分に線を引いたり、文字を囲ったりしてあるので、なぞってみましょう。

設問のパターンによって、設問文のどのような言葉に注目するかが変わります。

例題に挑戦 **線をなぞってみよう**

才能に恵《めぐ》まれた作家たちは、このような作業をほとんど無意識的に、ある場合には無自覚的におこなっていくことができる。とくに若《わか》いうちは、ある水準を超《こ》えた才能さえあれば、小説を書き続けることはさして困難《こんなん》な作業ではない。③様々な難関は易々《やすやす》とクリアしていける。若いというのは、全身に自然な活力が充《み》ち満《み》ちているということなのだ。集中力も持続力も、必要とあらば向こうからやってくる。こちらからあえて求めるべきことは、ほとんど何もない。若くて才能があるということは、背中《せなか》に翼《つばさ》がはえているのと同じなのだ。

しかしそのような自由闊達《じゆうかったつ》さも多くの場合、若さが失われていくにつれて、次第《しだい》にその自然な勢いと鮮《あざ》やかさを失っていく。かつては軽々とできたはずのことが、ある年齢《ねんれい》を過ぎると、それ

学習ナビ

設問の指示はさまざまです。

①**具体的に答えなさい。**
→具体例の部分を**要約して**答えを作ります。

②**簡潔《かんけつ》に答えなさい。**
→具体例を**言いかえて**答えを作ります。

この二パターンは、「具体例」と「まとめ」の関係を見ぬけているかどうかを聞いている問題です。

ほど簡単《かんたん》にはできないようになっていく。速球派《そっきゅうは》のピッチャーの球速が、ずるずる落ちていくのと同じことだ。もちろん人間的成熟《せいじゅく》によって、自然な才能の減衰《げんすい》をカバーしていくことは可能だ。速球派のピッチャーが、ある時点から変化球を主体にした頭脳的《ずのうてき》なピッチングに切《き》り替《か》えていくように。しかしそれにももちろん限界というものがある。喪失感《そうしつ》の淡《あわ》い翳《かげ》もそこにはまたうかがえるはずだ。

問3 ——線③「様々な難関は易々とクリアしていける」ということを比喩《ひゆ》している表現を本文中から十字でぬき出して答えなさい。

ここでは**「比喩している」**という部分に注目します。**言いかえの問題で設問の中に指示がある時は印を付けておきましょう。**言いかえの問題の表現としては、次の二つがよく出てきます。

● **具体的に**表現した ——→ **実際の例を使って**わかりやすく表現する

● **比喩（たとえ）を使って**表現した → **別のものにたとえて**表現する

まず、——線③を上にのばして前の行を確認してみましょう。すると、——線③と、その前の行の「小説を書き続けることはさして困難な作業ではない」は、同じような内容を示していることがわかります。そこで、もう一つ前の行を確認して表現を補《おぎな》うと、——線③は「若くて才能のある作家が、楽々と小説を書き続けること」と同じような意味だと言うことができます。

つまり、問3は**『若くて才能のある作家が、楽々と小説を書き続けること』をたとえを使って表現している部分を探《さが》しなさい**」ということになります。

たとえですから、「〜ような」「同じ」という表現に注目すれば解きやすいですね。

学習ナビ

比喩表現にはいくつかの方法があります。

● **「ような」「ようだ」を使ったを比喩を「直喩《ちょくゆ》」**といいます。

例 氷のように冷たい鉄棒《てつぼう》。

● **「ような」「ようだ」を使わない比喩を「暗喩《あんゆ》」**といいます。

例 雨上がりの空には、七色のリボンが描《えが》かれていた。（虹《にじ》のことをリボンにたとえています）

例題の答え

問3 背中に翼がはえている

読解テクニック

9

設問のパターンを知ることで部分点を取る

ポイント

■設問の形で解法が決まることを理解する

説明的文章（論説文）はまず「理由」が中心

ここで、さまざまな設問パターンを説明しておきましょう。このパターンを知っておくことで、部分点をねらいやすくなります。

説明的文章（論説文）は、「筆者の考えを理解すること」が中心ですから、それにともなって、さまざまな設問が作られます。基本的なものを紹介《しょうかい》します。

①「なぜですか。」

記述問題で答えるなら「～だから。」となる問題です。

まずは、同じ段落《だんらく》を読み直して、理由がないかを確かめてください。ぬき出し問題や記号選択《せんたく》問題であっても、本文のどこから答えを作るかを探《さが》す作業は同じです。

②「どういうことですか。」

これは、「言いかえ」の問題です。——線の内容と同じことを言っている部分を探します。

——線の中があっさりしすぎてわかりにくい時は、「具体例」「まとめ」のつながりを使って探し

学習ナビ

記述問題、ぬき出し問題、記号選択《せんたく》問題などといった答える形式に関係なく、「聞かれていることを点検する作業」は、必ずやっておかなくてはならないことです。

学習ナビ

説明的文章（論説文）では、特に「何についての問題か」という「主語」にあたるものを意識しましょう。

ます。

また、――線の中に難《むずか》しい言葉がある時は、答えにその意味を答えることもふくまれています。

③ **「反対の意味を答えなさい。」**

説明的文章で、反対の意味になるのは、**「筆者の考えと、それに対立する考え」**の組み合わせになることが多いので、あらためて「――線はだれの考えか」を確かめていくようにします。

文学的文章(物語文)は「心情」が中心

文学的文章(物語文)は、**「登場人物の心情を味わい、作品の主題(テーマ)を読み取ること」**が中心ですから、心情を中心とした設問が作られます。基本的な例を紹介します。

① **「なぜですか。」**

文学的文章でもっとも注意するパターンです。第1章(→p.26)で説明した**「背景《はいけい》」「できごと」「心情」「性格」のつながりを聞いている**と考えられます。少なくとも**「文学的文章で『なぜ』と聞かれたら登場人物の心情を考える」**というのは覚えておいていいでしょう。

② **「気持ちが最もよくわかる部分を答えなさい。」**

まず、気持ちを大きく分けます。**「喜怒哀楽《きどあいらく》(よろこぶ・おこる・かなしむ・たのしむ)」**でも、**「いい感情、悪い感情(プラス・マイナス)」**でもかまいません。そして、**そんな気持ちになった場面を探していく**といいでしょう。

③ **「気持ちを答えなさい。」**

ストレートに心情を聞いている問題です。心情を表す言葉は単純《たんじゅん》なものでかまいません。大切なのは、**その心情になった原因となるできごとを答えるようにしなければならないこと**です。

学習ナビ

文学的文章(物語文)では、常に**「だれが」「だれの」「だれに」「だれを」**ということを考えます。

設問においても**「だれについての問題か」ということを意識する**ようにしましょう。

学習ナビ

上に上げた問題の種類以外に、**「文章の種類に関《かか》わらない問題」**があります。つまり、文章の内容には関わらない問題です。

わからない時は、とばしてしまうことしかできません。

または、文脈から推理《すいり》するしかありません。

読解テクニック 10

すぐやることと、後回しにすること

ポイント ■——線近くのキーワードを手がかりに答えを作る

キーワードを手がかりにして答えを考えよう

では、——線から答えをたどっていく方法を練習しましょう。次の文章を読んでください。ヒントとなる部分には線を引いたり、文字を囲ったりしてあるので、なぞってみてください。

例題に挑戦 線をなぞってみよう

その一方で、才能にそれほど恵《めぐ》まれていない——というか水準ぎりぎりのところでやっていかざるを得ない——作家たちは、若《わか》いうちから自前でなんとか筋力《きんりょく》をつけていかなくてはならない。彼《かれ》らは訓練によって集中力を養い、持続力を増進させていく。そしてそれらの資質を（ある程度まで）④才能の「代用品」として使うことを余儀《よぎ》なくされる。しかしそのようにしてなんとか「しのいで」いるうちに、自らの中に隠《かく》されていた本物の才能に巡《めぐ》り合《あ》うこともある。スコップを使って、汗水《あせみず》を流しながらせっせと足元に穴《あな》を掘《ほ》っているうちに、ずっと奥深《おくふか》くに眠《ねむ》っていた秘密《ひみつ》の水脈にたまたまぶちあたったわけだ。⑤まさに幸運と呼《よ》ぶべきだろう。しかしそのような「幸運」が可能になったのも、もとはといえば、深い穴を掘《ほ》り進《すす》めるだけのたしかな筋力を、訓練によって身につけてきたからなのだ。晩年《ばんねん》になって才能を開花させていった作家たちは、多かれ少なかれこのようなプロセスを経《へ》てきたのではあるまいか。

問4 ——線④「才能の『代用品』」とはここではどのようなものを指していますか。本文中のことばを使って、二十五字以内で答えなさい。

問5 作家にとって、——線⑤「まさに幸運と呼ぶべき」なのはどのようなことですか。本文中から二十三字で探《さが》し、はじめと終わりを五字ずつ答えなさい。

問4は記述問題です。どのように考えていけばいいでしょうか。まず、——線④を一文までのばしてみましょう。すると、「それらの資質」という指示語をふくんだ言葉が見つかります。「それらの資質」＝「才能の代用品」と整理できるので、「それら」を探して、前の文を見ていきます。

こうやってキーワードをたどると、——線④の前の行をまとめた**「訓練によって身につけた集中力や持続力。」**(19字)という答えができました。ただ、指定字数からは少し足りません。

次に、「彼ら＝(才能にそれほど恵まれていない作家)」に注目することで、もう一つ前の行の「若いうちから」というキーワードが見つかります。そこで、**「若いときの訓練によって身につけた集中力や持続力。」**(24字)という答えを導き出すことができます。

このように、**——線近くをしっかり読んで答えの骨組《ほねぐ》みを作り(＝すぐやること)、ポイントが足りないところは、キーワードをたどりながら徐々《じょじょ》に足をのばしていくことが大切**です。

そして、**あまりにも遠くまで読み進めなければならない時は、その設問は「後回し」にすること**が大切です。ときには先に次の設問を考えることすらあります。

ただし、**「後回し」にする時には、その時考えた答えの骨組みを、きちんとメモしておく**ことを忘《わす》れないでください。

学習ナビ

記述問題では、このように、**本文で使えそうな部分をぬき出し、それに足りない部分を追加する**、という手順で解くことが多くなります。これらについては、第5章(→p.115)でくわしく説明していきます。

学習ナビ

通読して分けた部分よりも、遠くまで読まなければわからない時は、**後回し**にします。

例題の答え

問4 例 若いときの訓練によって身につけた集中力や持続力。(24字)

読解テクニック 11

見直しは後回しにしない

ポイント
- 設問の条件は一問ごとに見直す
- 文章題を一問解いたら見直しをする

設問の条件は一問ごとに見直そう

問5は、まず——線⑤の一文前まで——線をのばしてみると、「ずっと奥深《おくふか》くに眠《ねむ》っていた秘密《ひみつ》の水脈」が見つかります。そこで「幸運」＝「ずっと奥深くに眠っていた秘密の水脈」と言いかえられます。また、この文章でずっと述べられてきたことは、「小説を書くこと」だったので、これは何かのたとえであると考えられます。

——線⑤は文章の終わりの部分にあるので、——線⑤の後ろを点検します。二行後ろにある**「才能」**がキーワードとなります。「晩年《ばんねん》になって才能を開花させていった」は十七字ですが、きちんと印をつけておきましょう。そして、**「才能」**というキーワードを念頭において、段落《だんらく》全体を読み進めてください。

例題に挑戦 **線をなぞってみよう**

その一方で、才能にそれほど恵《めぐ》まれていない——というか水準ぎりぎりのところでやっていかざるを得ない——作家たちは、若《わか》いうちから自前でなんとか筋力《きんりょく》をつけていかなくてはならない。

学習ナビ

見直しとは、**「解いた道筋《みちすじ》を確かめること」**です。効率よく見直すためには、**道筋をしっかりメモの形で残しておくこと**です。

彼《かれ》らは訓練によって集中力を養い、持続力を増進させていく。そしてそれらの資質を（ある程度まで）④才能の「代用品」として使うことを余儀《よぎ》なくされる。しかしそのようにしてなんとか「しのいで」いるうちに、自らの中に隠《かく》されていた本物の才能に巡《めぐ》り合《あ》うこともある。スコップを使って、汗水《あせみず》を流しながらせっせと足元に穴《あな》を掘《ほ》っているうちに、ずっと奥深くに眠っていた秘密の水脈にたまたまぶちあたったわけだ。⑤まさに幸運と呼《よ》ぶべきだろう。しかしそのような「幸運」が可能になったのも、もとはといえば、深い穴を掘《ほ》り進《すす》めるだけのたしかな筋力《きんりょく》を、訓練によって身につけてきたからなのだ。晩年になって才能を開花させていった作家たちは、多かれ少なかれこのようなプロセスを経《へ》てきたのではあるまいか。

すると、「自らの中に隠されていた本物の才能に巡り合うこと」が見つかります。

設問も**「どのようなこと」**と聞いているので、答えの文末も**「こと」**になっていますよね。**字数や設問条件などは一問答えるごとに確かめる習慣をつけてください。**

大問を一問解いたら見直しをする

ここで**見直し**についてお話ししておきます。

正しく答えるためには、**一問ごとの見直しが不可欠**です。あとでまとめて見直しをすると、見落としが生じます。

また、テストなどでは**大問一つごとに見直し**をしましょう。これについては第6章（→p.151）で説明します。

学習ナビ

国語の場合、「テスト終了《しゅうりょう》間《ま》際《ぎわ》に全体を見直す」というのは意外に難《むずか》しいものです。

大問ごとに見直すと、本文の記憶《きおく》がきちんと残っているうちに見直しができます。

例題の答え

問5 はじめ 自らの中に
終わり り合うこと

章末問題

次の文章を読んで、後の問いに答えなさい。

（女子学院中・改　石井桃子「ハッコマ山登山」）　答え▼別冊 p.18

中学一年になったとたんに、シンサクは、がぜん、働き者になって、家じゅうをびっくりさせた。だれもなんとも言わないのに、日曜日になると、朝早くから、べんとうを持ってとびだし、夕方、札《さつ》をにぎって帰ってくる。去年、洪水《こうずい》で落ちた橋の修繕《しゅうぜん》の土方《どかた》、よその家のこやしの運搬《うんぱん》、なんにでも出かけていった。

このごろは、百姓《ひゃくしょう》も不景気で、家に入れば、小言《こごと》きり出ない父ちゃんも、「やっぱす、中学に入ると、べつだな」という感想をもらし、母ちゃんなどは、ときどき、「シンサク、帰りにナットウ三十円買ってきてけろな」とたのんだりする。

そういうときは、母ちゃんは、金をよこさない。母ちゃんのサイフに金がないからだ。シンサクは、自分の箱から三十円出しながら、①ちょっといい気もちになる。父ちゃんたちは、小さい子ばかりの家のなかに、シンサクというかせぎ人がでたことを、うれしく、重宝《ちょうほう》に思っているのだ。けれども、シンサクにしてみれば、そう重宝がられてばかりもいられないのだった。②シンサクには決心したことがあるのだ。

四月十日、新築された中学校のりっぱな講堂で、盛大《せいだい》な落成式兼《けん》始業式があった。村長さんはじめ、えらい人の演説があったあとで、シンサクたちもお祝いの菓子《かし》包みをもらった。それからわいわい言いながら、二階の新しい教室へ上っていった。

先生も小学校のときのタケシ先生が、生徒といっしょに中学の先生になったのだから、みんなの意気は、天をつくようだった。先生は、もったいないほどきれいな黒板に字を書いて、中学生たる心得、新しい教室の掃除《そうじ》のしかたをいって聞かせたあとで、

通読時間を計ってみよう　□分□秒

読解ナビ　本文は一五〇〇字あります。二分で読み通せるようにしましょう。

読解ナビ　——線①はシンサクの心情を答えるので、——線をのばして、シンサクが何をしている場面かを考えます。

読解ナビ　——線②の中の「決心」がキーワードとなります。

「さあ、何かまだ聞きたいことあるか」と聞いた。

「ハイ！」勉強のときには手をあげたことのない、愛嬌者《あいきょうもの》のトキオが言った。

「おい」と先生が指すと、

「先生、今度の遠足、どこっしゃ？」

シンサクをぬかして、みんなが笑った。

「おめえ、遊ぶことばかり考えてるな」先生も笑いながら叱《しか》ったあとで、少しまじめな顔になり、「今度の春の遠足は、金のかからないように近いところにする。そのかわり、夏はハッコマ山登山だ。人生には、たのしいことも、苦しいこともある。おめえたちも、これから、人生の坂をのぼりはじめるところだ。それで、先生、考えて、記念のために登山を計画したんだ。みんな、夏までよく家の手つだいしろ」

教室のなかは、ちょっとま、息をのんだように静かになって、それから、まえより大きくわア……という声があがった。

③シンサクは、胸《むね》のなかが、スウと寒くなった。遠足と聞くと、いつもそうなるのだ。遠足といえば、いつも「いかせる、いかせない」で、家のなかがもめて、けっきょく、いままで一度も遠足というものにいったことがない。

「ああ、父ちゃん、なんと言うべや」

先生は、説明を続けていた。登山だけなら、食い物のほかは、金はかからない。だが、帰りに温泉《おんせん》で一泊《いっぱく》したい。それには、三百五十円くらいあれば、いいだろう。

「よし、おら、自分で金ためる！　五百円ためる！」

みんながガヤガヤさわいでいるなかで、シンサクは、ひとり、深い穴《あな》のなかに座《すわ》っているように、だまりこみながら、こう決心したのだ。

読解ナビ

――線③も前後のできごとを確かめていきます。

問1 ――線①「ちょっといい気もちになる」とはどんな気持ちですか。最も近いものを次から選びなさい。

ア お金をよこさない母ちゃんと、文句も言わずにだまって箱からお金を取り出すことができる自分とを比べて、優越感《ゆうえつかん》にひたっている。

イ 自分のわずかなかせぎでも両親にたよりにされていることを自覚し、また家族の役に立っていることに、ほこらしさを覚えている。

ウ 母ちゃんのサイフにはお金がないのにもかかわらず、自分の箱には大人のかせぎ以上の金額が入っていることをうれしく感じている。

エ 自分が働いてかせいだお金をナットウ代に使われてしまうのはいやだが、家族が喜んでくれていることに、おおかた満足している。

問2 ――線②「シンサクには決心したことがあるのだ」とありますが、それはどのようなことですか。十字以上十五字以内で書きなさい。

こと

問3 ――線③「シンサクは、胸のなかが、スウと寒くなった」のはなぜですか。簡単《かんたん》に説明しなさい。

読解ナビ

問1は、――線①の後に注目しましょう。

読解ナビ

問2は、――線②の「決心」をキーワードにして、本文の後半を探《さが》していきます。

読解ナビ

問3は、――線③の後に注目しましょう。

第3章

ぬき出し問題の手順

時間管理テクニック

ぬき出し問題を速く解くために

● 下準備をしてからぬき出しをしよう

設問から「だいたいの内容」を考える

解く前に「何を探《さが》すか」をしっかりと考えましょう。第2章で学んだ「設問のパターン」(→p.60)にしたがって、**「考えの根拠《こんきょ》(理由)」「登場人物の心情」「言いかえ(同じ意味)」「対比(反対の意味)」**に分けます。**「喜怒哀楽《きどあいらく》」「プラス・マイナス」**でもかまいません。

「だいたいの内容」から「だいたいの場所」を決めよう

文章の構成にしたがって、答えを探す場所が**「——線より前か後か」**を考えましょう。また、「話題」「結論《けつろん》」「具体例」「理由」などの構成に注目して、探すポイントを決めましょう。

● まずは設問がある段落《だんらく》、次に近くの段落を探す

「うろうろ探す」ことをさける

答えが見つからなくて、文章をうろうろと探すことになると、思いがけない時間のロスになります。探す時は**「キーワードをしっかり決めて」「場所を限定して」**を心がけましょう。

問題になっている段落を決めてキーワードを囲む

問題になっている段落をきちんと決めて、キーワードを○で囲みます。次にキーワード

学習ナビ
解く前に**「ぬき出す場所」**や**「字数制限」**などを確かめておきましょう。慣れないうちは、**設問に印を入れる**ようにするといいでしょう。

学習ナビ
迷わないために、**探すべき場所に先に印を入れる**といいでしょう。

学習ナビ
「音符型の線引き」とは、キーワードとなる単語を、

につながる部分を線でつなぎ、**「音符型《おんぷがた》の線引き」**（↓p.75）をします。

文章の切れ目をこえて探す時は「後回し」

どこまでが探す範囲《はんい》かを決める

答えを探していて、文章の切れ目をこえるようであれば、**「後回し」**にするのが得策《とくさく》です。次の設問に進んでください。その設問を解き終えたら、改めて考え直すようにするといいでしょう。

「後回し」とは次の設問の後にすること

「後回し」とは、**次の設問の後に考える**ということです。一問解き進めたら、とばした問題を考え直してみましょう。

ぬき出しの精度をあげるテクニック

同じような表現を並《なら》べてから選ぶ

ぬき出し問題は字数が決まっていることが多いものです。文章中に同じような表現がくり返されている時は、**候補《こうほ》をあげて選ぶ**ようにしましょう。

いったん記述問題として考える

いったん**記述問題**のように考えて、自分なりの答えを作ってみます。内容をしっかりと把《は》握《あく》したうえで、あらためて本文にもどってみましょう。

◯で囲んで、その説明のところに〜線をつける線引きです。「♪」《おんぷ》みたいに見えるので、私《わたし》が勝手にそう呼《よ》んでいます。

例　庶民《しょみん》の文化

学習ナビ

後回しにする時でも、キーワードに気づいたり、だいたいの答えがわかったりした時は**メモを残す**ようにしてください。また、後回しにした時は、**全体の解くスピードを意識的に上げる**ようにしましょう。

「ぬき出し」は「話題」と「構成」の発《はっ》展《てん》形《けい》

ポイント
■「話題」と「構成」を確かめてから解く
■ことばのつながりを確かめてから答える

「話題」と「構成」を確かめて解けば答えは見つかる

どの問題でも、まず**「話題」**と**「構成」**を確かめるようにします。どこに何が書いてあるかを考えて、**大きく文章を分ける**、というのが基本の作業でしたね（第1章→p.7）。

そして、――線や空らんを組み直して、**設問で聞かれていることをまとめます**（第2章→p.41）。

探《さが》す前に内容がまとめられるならよいのですが、わからない時でも、設問からキーワードを決めて（それが答えかどうかは別として！）手がかりをはっきりさせると、時間のロスがなくなります。

また、もちろん、構成のために文章を分けたという印（╲）や、キーワードの印（○）、注目した部分（〰）などを、**実際に本文に書きこむことが大切**です。

「5W1H」を読解に役立てる

次の例文を見てください。

学習ナビ

通読の時に気をつけるのは、**「話題」**と**「結論《けつろん》」**でしたね。そして、**「具体例」**があれば、線を入れて本文を分けておくことが大切です。くわしくは第1章を復習してください。

学習ナビ

設問チェックは**「何をきいているか」**を確かめるために行います。第2章を読み直してください。

ぼくはがんばった。

この文を見ると、何か物足りない気分になりますよね。文から何かを知るためには、**「5W1H」**が必要です。「5W1H」とは、「いつ」「どこ」「だれ」「なに」「なぜ」「どのように」という言葉を英語で表した時の頭文字《かしらもじ》です。これを国語の問題を解く時に役立てましょう。

この文ですと、

だれが	どうした
ぼくは	がんばった。

しかありませんよね。何かを伝える文としては足りないことだらけです。

いつ	だれが	どのように	なにの	なにを	どうした
今日、	ぼくは	がんばって	国語の	宿題を	やりおえた。

こうやって、**決められた字数の中で、「なるべくくわしく書く」**ということを心がけるだけでも、ぬき出し問題のまちがいは少なくなります。

ぬき出し問題において**字数は絶対条件**です。少しちがうけどいいか、というのは許されません。

そして、ぬき出し問題で、もっともくやしいのは、ぬき出しまちがいです。答案用紙と本文とを見比べて、**正確に写す**ようにしましょう。

学習ナビ

「5W1H」は

・When	いつ
・Where	どこ
・Who	だれ
・What	なに
・Why	なぜ
・How	どのように

の頭文字です。

学習ナビ

「5W1H」を考えるのが難《むずか》しいという人は**「〜が」「〜に」「〜を」「〜で」**を補《おぎな》う、と考えましょう。

「行った」→(どこに？)

「学校でしかられた」→(だれが？)

と考えるとよいでしょう。

ぬき出しで使った部分には線を引く

ポイント
■ ヒントになるところにどんどん印を入れる
■ キーワードとその説明で「音符型《おんぷがた》の線引き」を作る

ヒントを見つけたらとりあえず印を入れよう

ぬき出し問題を正確に解くためには線引きが必要です。この文章を見てください。

例題に挑戦　線をなぞってみよう

（成城学園中・改　清水義範『行儀よくしろ。』以下 *p.83* まで同）

縄文《じょうもん》時代や弥生《やよい》時代にはそれぞれの文化があり、室町《むろまち》時代には今につながる食事や芸能《げいのう》の文化が始まり、江戸《えど》時代には庶民《しょみん》の文化が生まれた。そういう文化の話と、教育との間にどういう関連があるのか。

そう思うかもしれないが①文化という言葉を、そんなにこむずかしく考えることはないのだ。

★私《わたし》がここで言っている文化は、それぞれの国や民族にとっての、生活習慣《しゅうかん》の規範《きはん》というほどの意味である。そういう生活習慣の規範が民族ごとに守られているというのは、美しいことだ、と言っているのだ。文化を、生活習慣の美と言いかえてもいい。

問1　――線①について筆者は「文化」をどのような意味として使っていますか。文章中から七

学習ナビ
線引きは、はじめと終わりが大切です。定規を使う必要はありませんが、ていねいに引きましょう。

学習ナビ
ここでは**「文化」**というキーワードに注目してどんどん印をつけていきましょう。

字でぬき出して答えなさい。

まず、設問を見ましょう。すると**「文化」という言葉がキーワード**だと考えられますよね。そう気づいたら、**すぐ**設問の**「文化」**を◯で囲ってください。さらに、**「意味」**という言葉も◯で囲みます。**「どのような意味ですか」と聞かれたら「〜意味」という形で答えるから**です。**ヒントだと思ったらすぐに線を引くようにしてください**（いらなければ後で消せばいいのです）。

キーワードとポイントが一つにまとまる「音符型の線引き」

「文化」「意味」に注目すると、本文中の重要な文がわかります。――線①がある段落《だんらく》の第二文（★をつけました）は「私がここで言っている文化は〇〇というほどの意味である。」という形になっていますよね。〇〇は何でしたか？　そうです。「生活習慣の規範」です。これを「生活習慣の規範」という形で印をつけます。

また、最後の行にも同じように、「文化を□□と言いかえてもいい」とありますから、□□の「生活習慣の美」にも「生活習慣の美」というように印をつけます。

ただし、設問文に「文章中から七字でぬき出して答えなさい」とあるので、問題条件は**「七字」**です。**字数制限は絶対**なので、七字の「生活習慣の規範」が正解となるのです。

こうして線引きを見ると「　説明　＋キーワード　」が音符のように見えると思います。これを**「音符型の線引き」**と、私が勝手に呼《よ》んでいます。

「音符型の線引き」は、ぬき出しのはじめと終わりを確かめるには、非常に役に立つ線引きのやり方です。こうすることで、**キーワードがより明確になり、ぬき出しのまちがいも防げます。**

なお、先ほどの設問文の「どのような意味」も「どのような意味」と引くことができます。

学習ナビ

キーワードは文章だけでなく、設問からも見つかります。ここでも「意味」という言葉が大きなヒントになりそうなので、印をつけています。

学習ナビ

「答え」と考えられるものを見つけても、**あわてて解答らんに書いてしまわない**ようにしましょう。まずは落ち着いて線を引いてみることです。

例題の答え

問1　生活習慣の規範

ぬき出し問題を見直すテクニック

ポイント

■ ぬき出した流れを残しておく
■ 答えの候補《こうほ》をいくつも作る

解いた手順を残しておけばいつでも見直しができる

ぬき出し問題では、**何をキーワードにして、どのようにぬき出す言葉を探していったか、の手順を残しておくと、見直しが容易**になります。次の例題を見てください。

例題に挑戦　線をなぞってみよう

日本では、正式な場では正座《せいざ》するというのが生活習慣上の美である。②私《わたし》などは足が軟弱《なんじゃく》で、お葬式《そうしき》のお経《きょう》の時ですら、一分もするともう限界《げんかい》です、ごめんなさい、とばかりに足をくずしてしまうのだが、文化が守れていないのであり、恥《は》ずかしく思う。

そういう時に、喪服《もふく》を着たお婆《ばあ》さんなどが、腰高《こしだか》にならないでこぢんまりと正座し、背筋《せすじ》がすっとのびている姿《すがた》を見ると、ああ、美しいな、と思う。その姿は日本の文化の中にあるものだからだ。

もちろん、日本文化だけが美なのではない。韓国《かんこく》のお婆さんは、片膝《かたひざ》を立ててあぐらをかいてすわってこそ美しいのだ。その地の人はその地の文化の中にいなくちゃいけない。

学習ナビ

国語の問題を解くのが上手な人は、キーワード、段落《だんらく》のしぼりこみなど、とにかく書きこみやメモを取るのがうまい人です。正解がわかったあとでも、**答えの根拠《こんきょ》や道筋《みちすじ》を確認《かくにん》するように**すると、めきめきと実力がつきます。

我々《われわれ》は、自分でも気がついていないようなところで、文化のくくりの中に生きている。日本人として知らず知らず守ってしまっていることが、ちゃんとあるのだ。そういうことがだんだんなくなっていくのは、文化の崩《くず》れである。

問2 ——線②「私などは足が軟弱で〜とばかりに足をくずしてしまう」とありますが、筆者は自分のこの行動をどのようなこととしてとらえていますか。文章中から五字でぬき出して答えなさい。

——線②は「正座ができないこと」なので、**具体例**です。つまり、**問2**は「この具体例が示す内容を短い言葉で表しなさい」という問題だと考えられます。

——線②を一文までのばしてみましょう。すると、——線②のすぐ後ろ「文化が守れていない」に気づくと思います。つまり、「正座ができないこと（筆者の行動）」は「文化が守れていない」（九字）ということになるのですが、これでは字数が合いません。ぬき出し問題ではいくら内容が正しくても、字数が合わなければ正解ではないのです。

さあ、この設問もキーワードは「文化」となりますから、キーワードの「文化」にどんどん印をつけていきましょう。

キーワードをもとに答えの候補をたくさんつくる

この例題では、「文化」というキーワードをもとに、「答え」の候補をたくさん作っています。「答え」候補には、内容において似たものが出てくることがあります。字数をヒントに答えを選ぶようにしましょう。見直しの時は、答えとして選んだもの以外のところを確認《かくにん》するといいですよ。

学習ナビ

迷ったら候補以外の部分をもう一度読んでみましょう。文章のつながりや要旨《ようし》を再確認できます。

学習ナビ

キーワードはその文章で重要な言葉ですから、よく似た表現がくり返し出てきます。

その中から、**答えを一つに決めるために字数制限があるの**です。いくつか候補を選んで、最後は字数で答えを決めてしまいましょう。

記述問題と考えるとわかることもある

ポイント
- わからない時は記述問題のように考える
- あてはめて見直しをする
- 自信がない時こそ見直しをていねいにする

ぬき出しにこだわらず記述問題だと考えれば答えが出る

先ほどの「文化が守れていない」を仮の答えとして、本文と設問を確かめてください。本文中に「文化を守る、守らない」という部分があるでしょうか。「文化を守らない」＝「文化がこわれる」と考えてみてください。そうすると本文の最後に「文化の崩《くず》れ」という部分が見つかりますね。

正座《せいざ》ができないことは**文化が守れていない**ということである。

↓

文化が守れていないということは、**文化の崩れ**である。

ということになります。字数ばかりにこだわると、かえって探しにくいことがあります。そんな時は、記述問題のように考えて、キーワードを手がかりに、本文のつながりをたどると、案外簡単《かんたん》に見つかるかもしれません。こうやって手順を決めておけば、見直しは「解いた手順と逆のこと」をするだけ。ぬき出しまちがいはずいぶんと少なくなるはずです。

学習ナビ

字数が合わなかったり、段落《だんらく》をしぼりこめなかったりした時は、まず**字数を気にせず、自由に書いてみましょう。**

ここでは「文化」がキーワードとわかった後、答えが見つからないとします。つまりは「文化の崩れ」という表現が理解できなかったということです。

こういう時は、いっそのこと「文化が守れていない」と書いてしまうことです。解答らんに書かずとも、**プリントのはしっ**

見直しの基本は「あてはめ」を作ること

ぬき出したものが正しいかどうかは、**問いと答えをつなげてみる**ことです。記述問題や記号選択《せんたく》問題にも応用できることなので、**あてはめて確認《かくにん》**してみましょう。

問いと答えを一つの文のように並《なら》べてみます。

★　正座ができないことは**文化の崩れ**である。

おかしくありませんね。頭の中だけではわからない時は、実際に書いてみましょう。

また、条件にあった答えを正しく選べているかについては、**字数やぬき出す場所、ふくめるキーワードなど、設問をもう一度よく見て考える**ようにしてください。

自信がない時こそ、手順を守り、見直しをていねいにする

ぬき出し問題にかぎりませんが、**答えに自信がない時こそ、「字数をきちんと数える」「キーワードを入れているかどうかなどを確認する」という手順や見直しをていねいに**やってください。

国語のテストの場合、「これが答えにちがいない」と確信したものがまちがいであることもある反面、「これは自信がないな」「字数からするとこれしかないけれど、おそらくまちがいだろう」と思ったものが正解であることも少なくありません。しかし、自信がない答案を書く時には、答えが雑になることがあるようです。せっかく内容があっているのに、ぬき出しのミス（漢字のとめはね、突《つ》き出る突き出ないといったまちがいならまだしも、ちがう字を書いてしまうと×になりますよ！）で失点する答案は、案外多いものです。

自信のないものこそ、ていねいさを忘《わす》れないこと。

これが国語のテストのかくれた極意《ごくい》です。

こに書いておくことをおすすめします。そうすることで、後で見直しをした時に力がつきます。

学習ナビ

「答え」に自信がない時でも、**キーワードや段落について考えた手順**を残しておきましょう。

上に書いたように、「自信がない」ということは、「絶対にまちがい」ということではありません。それが『答え』であるかどうかがわからないということです。

例題の答え

問2　文化の崩れ

ぬき出しのテクニックは記述の基本

ポイント

■ ぬき出しから簡単《かんたん》に答えが作れる記述問題がある

記述問題の大半は本文中の言葉を使って答えが作れる

ぬき出し問題は、すべての問題の出発点です。読解問題では「答えを本文のどこから作ればいいのか」と考えるので、**記述問題もぬき出しを工夫《くふう》すれば答えを作れます**。次の例題を見てください。

例題に挑戦　線をなぞってみよう

二十年ぐらい前に、テレビの中である評論家《ひょうろんか》の言ったことをきいて、ああそうか、と納得《なっとく》したことがある。③私《わたし》たちは半ば無意識《むいしき》のうちに私たちの文化の中に生きている、ということの一例を、その人がズバリと指摘《してき》したのだ。

女子の長距離走《ちょうきょりそう》（マラソンか、一万メートル走かだった）のゴールのシーンをカメラが映《うつ》し出《だ》していた。そして、ありったけの力をふりしぼってゴールした日本人選手は、ゴールしたとたんに、ヨレヨレになって崩《くず》れ落ちるか、誰《だれ》かに肩《かた》を支《ささ》えられてようやく歩けるというふうだった。肩を支えられて歩いていても、今にもぶっ倒《たお》れそうである。

ところが、外国人選手はそういう様子ではないのだ。その人も全力を出しきって走ったのだろうに、軽く筋肉《きんにく》をほぐすための走りをしたり、屈伸《くっしん》運動をしたりしている。いい走りだったと祝

学習ナビ

入試問題においても、いちから自分で表現を決めなければいけない記述問題は、それほど出題されません。**まずは本文のぬき出しから始める**のが普通《ふつう》です。

学習ナビ

例題で注目してほしいのは、□で囲んでいる**「ところが」**の部分です。日本人選手と外国人選手が対比を使って書かれていることがよくわかります。

福されれば笑顔《えがお》で応《おう》じたりしている。
なのに日本人選手は、表情《ひょうじょう》を作る余力《よりょく》もなく、失神寸前《すんぜん》という様子なのである。それは成績《せいせき》には関係ない。一着だったとしても、残念なことにビリだったとしても、同様に、ぶっ倒れそうなのである。
それを見て、その評論家（スポーツ評論家ではなく、社会評論家）はこう言った。
「あんなふうに、日本人選手がフラフラの様子を見せるのは、それが日本の文化だからなんですね」
そう言われてすぐには納得できなかった。あれは別に演技《えんぎ》でやってることじゃないだろう、と思ったのだ。そんな計算ずくのものではなくて、本当に、疲《つか》れてぶっ倒れる寸前まで頑張《がんば》ったので、ゴールしたらもうヨレヨレなんだろうと。

問3　——線③「私たちは半ば無意識のうちに私たちの文化の中に生きている、ということの一例」とありますが、「一例」として取り上げられている女子長距離走での出来事とは、どのようなことですか。次の空らんにあうように、文章中の言葉を用いて二十五字以内で答えなさい。

◎　女子長距離走で（　　　　　　）こと

設問を見ると、女子長距離走で、日本人選手がどのようなことをしているかを書けばいいとわかります。記述問題については、第5章（→p.115）でくわしく説明しますが、記述問題においても、まず「ぬき出すとしたらどこだろう」と考えるといいでしょう。ここでは、「女子長距離走」をキーワードにして、線を引いていきます。この場面はゴールの様子ですね。例の〰〰線は本文の通りです。言いかえる必要がない限り、本文の言葉をそのまま使うようにします。

例　ゴールした日本人選手が、ヨレヨレになって崩れ落ちる　（25字）

学習ナビ

答え合わせをしている時でも、**模範《もはん》解答が本文のどこから作られているかを確かめる**ことは非常に大切です。

「答え」がわかったら、設問（——線部）と「答え」が書かれている場所の距離《きょり》を確かめてみましょう。**距離が離《はな》れている問題ほど難問《なんもん》**となります。

例題の答え

問3　例「女子長距離走で」ゴールした日本人選手が、ヨレヨレになって崩れ落ちる「こと」（25字）

問題を補《おぎな》って手がかりを探《さが》す

ポイント

■ 指示語・主語を補ってヒントを見つける

指示語をたどりながら文脈を理解する

先ほどの文章の続きですが、指示語の指示する内容に注目しながら読んでみてください。

例題に挑戦 線をなぞってみよう

でも、同様の事例を何回も見ているうちに、私《わたし》にもだんだんその人の言ったことが当たっているように思えてきた。欧米人《おうべいじん》は体が大きくて基礎身体能力《きそしんたいのうりょく》が高いのに対して、小柄《こがら》な日本人はありったけの体力を使いきるからああなる、と考えたこともあるのだが、体格が日本人とそう変らないアジアの国々の選手も、日本人のようには倒《たお》れ込《こ》まないのである。

日本人選手だけが、医者を呼《よ》べ、と言いたくなるほどにヨレヨレになる。日本人の運動能力がよほど低いのかと考えたくなるところだが、それにしては成績《せいせき》はそう悪くないのである。決してビリではなく、一着とか二着だったとしても、立っていられないくらいにグロッキー状態《じょうたい》なのだ。

つまり、日本人がスポーツマンに何を求めるか、という文化の中から、あのフラフラ状態というのは出てくるのだろう。日本人はスポーツに、死ぬほど頑張《がんば》って、その精神力《せいしんりょく》のおかげでいい成績をあげる、という物語を求めるのだ。選手たちももちろん、そういう精神力神話の信奉者《しんぽうしゃ》で

学習ナビ

□で囲っている指示語は、設問を解くことには、直接関係がないものもあります。しかし、このような読解力をつけるためには、この**指示語は、出てくるたびに言いかえるようにしておきた**いものです。

ある。彼《かれ》らは心から、気力で闘《たたか》い抜《ぬ》きます、と思っているのだ。

そうすると走り終えた時、作為《さくい》でも演技でもなく、気力を出しきった姿《すがた》になってしまうのだ。

④だからゴールするともう、立っていることもできないのである。

そういうことに、無意識のうちに文化の美が原因《げんいん》しているのだ。

だからあれは、韓国《かんこく》の人が身内の人の死に号泣《ごうきゅう》するのと同様のものなのである。韓国人は決して、うそ泣きをしているのではない。悲しみが大きければ大きいほど、大きな声で泣くはずだ、という文化の中にいるから自然にああなるのだ。

そして日本人は、気力で頑張り抜いて勝つ、ということを尊《とうと》ぶ文化の中にいるから、決して計算してそうするのではないが、ヨレヨレになるのだ。

我々《われわれ》はそんなふうに、文化の美に左右されて生活している。

問4 ——線④「だからゴールするともう、立っていることもできない」とありますが、それはなぜですか。本文中から三十字以内の言葉をぬき出して答えなさい。

設問文に **「なぜですか」** とあるので、**「〜から（〜ので）」** とぬき出します。そして、——線の主語、つまり「立っていることもできない」のは、だれでしょうか。「日本人選手」ですね。わかりにくい時は、——線にどんどん質問しましょう。どんな質問かというと、73ページで学習した **「5W1H」**、つまり **「いつ」「どこ」「だれ」「なに」「なぜ」「どのように」** という質問です。

それから、——線の中の **「だから」** と、後ろの **「そういうこと」** に注目しましょう。前後を続けると、「気力を出しきった姿になってしまうから、ゴールをすると立っていることができないことに、無意識のうちに文化の美が原因しているのだ」という文脈になります。これを一文で表している部分をぬき出すことになります。

学習ナビ

——線④は **「だから」** という接続語で始まっています。「だから」は、前に述べたことがらが理由となり、その順当な結果があとにくることを表す接続語です。つまり、**——線の前を確認する必要がある**ということです。

学習ナビ

ここでもキーワードであった「文化」が出てきました。**話題とキーワードはすべての設問に影響《えいきょう》する重要な要素**だということです。

例題の答え

問4　気力で頑張り抜いて勝つ、ということを尊ぶ文化の中にいるから（29字）

読解テクニック 7

文学的文章でのぬき出しの注意点

ポイント

■場面に分けてから解き始める

文学的文章はまず場面に分ける

文学的文章は改行が多いので、段落《だんらく》で分けるといっても段落がたくさんある場合があります。ぬき出し問題を解く時に効率よく作業するなら、**場面ごとに分けておく**のがいちばんです。

例題に挑戦　線をなぞってみよう

ヤスは足を速める。意地になっている感じだ。上り口まで来ると、ヤスは足を止め、後ろを振《ふ》り返った。少し離《はな》れた場所をデカが歩いている。足の運びは重く、落ち着きなく左右を見回し、後ろを振り返っている。

こっち、と言って、ヤスはぼくの手をつかみ、道の端《はし》にある大きな石の柱の陰《かげ》に駆《か》け込《こ》んだ。しゃがむと、木の幹と石の柱に隠《かく》れて、道からは見えなくなる。デカの足音が近づいてくる。

おーい、とデカが呼《よ》んでいる。待ってくれよ、そんなに早くいくなよ。

デカはぼくたちが先にいってしまった、と思い込んだようだ。ぼくたちが隠れているあたりを捜《さが》そうともせずに、お城《しろ》への坂道を上り始めた。

「どういうことなんだ?」

（桐蔭学園中・改　川西蘭『夏の少年』）

学習ナビ

文学的文章は形式段落がはっきりしないので、登場人物や場面を基準にして分けるといいでしょう。

第1章で見たように、文学的文章では、**人物**、**場所**、**時間の変化**を手がかりにします。つまり、**「登場人物が増えたり減ったりするところ」「時間が変わったところ」「場所が変わったところ」**に注目することになります。

デカの姿《すがた》が見えなくなってから、ぼくたちは道に戻《もど》った。草が触《ふ》れて腕《うで》が少しかゆかった。ヤスが半ズボンのポケットの中から虫さされ用の薬を取り出して、渡《わた》してくれた。

「実はね」とヤスは言った。「ちょっとデカをこらしめてやろうと思って。あいつ、近頃《ちかごろ》、すごく横暴だろう?」

ぼくは腕に薬を塗《ぬ》りつける。たしかにデカは横暴だけれど、それは今に始まったことではない。小学校に上がった頃からずっと横暴だったのだ。

「どうして?」

「コーヘイをいじめるし」ヤスはちょっと顔をしかめた。「ぼくも自転車を倒《たお》された」

「知らないよ。ふざけてやったんだ。自転車が倒れて、ぼくは頭にケガをした。いたかったよ、結構」

「それが理由か?」

まあね、とヤスはうなずいた。

「デカは、本当は怖《こわ》がりなんだ。幽霊《ゆうれい》なんか見たら、おしっこちびってしまうよ。それで、コーヘイと相談したんだ。肝試《きもだめ》しをする時に、幽霊を見せてやろうって。この先にコーヘイが潜《ひそ》んでいるんだよ。デカが来たら、うらめしや、って白い布を巻《ま》いたコーヘイが出ていくことになってるんだ。びっくりするだろうな、デカは」

ヤスはにやにや笑う。

問1 ——線「デカは、本当は怖がりなんだ」とありますが、「デカ」の「怖がり」な態度を最もよく表している一文を、——線より前の本文中からぬき出して、はじめの三字を答えなさい。

第1章で確認したように、**人物、場所、時間を手がかり**にして文章を大まかに分けましょう。

学習ナビ

文学的文章を読み取るうえでは、実際の動作をどう表現しているか、というのは大きなポイントです。特に、**心情や様子を表す言葉に気をつけることが重要**です。ヒントとして、そうした部分に線を引いています。

学習ナビ

それぞれの場面で、**5W1H**(「いつ」「どこで」「だれが」「なにを」「なぜ」「どのように」した)**を意識しながら読む**と、話の変化を敏感《びんかん》に感じ取ることができます。

読解テクニック

8 何についての問題かを意識する

ポイント

■ 文学的文章は人物が目印になる
■ 聞かれていること、だれについての問題かを確かめる

文学的文章は人物を目印にして分ける

本文では、目立つ動作をした登場人物に印を入れています。ただし、通読する時にあまり深く考えては時間がかかりますから、大ざっぱに分ければいいと思って分けてください。

簡単《かんたん》な目安は「ヤスは」「デカは」となっている**「〜は」**です。これを目印にして場面の変化をとらえてください。　　を入れて分けています。

1 ヤスとぼくが隠《かく》れようとするところ
↓
2 デカが先にお城《しろ》への坂道を上り始めたところ
↓
3 ヤスが事情を話し始めるところ

という場面になっていますね。**場面に分けて、つながりを考えることがぬき出しのスピードを上げるこつ**です。

学習ナビ

この例題の「場所」はお城への坂道だけで、「時間」もそれほどたっていません。したがって、「人物」を目印にして分けるのがよいでしょう。

第1章で確認しましたが、文学的文章で大切なのは、**場面ごとの「主役」**です。**その時に目立っている人が、その場面の「主役」**と考えてください。

学習ナビ

「は」は他と区別をすることで、**話題を示す働き**を持っています。

聞かれていること、だれについての問題かを確かめる

設問をチェックしてみましょう。設問文を整理すると、

① **「デカ」の「怖《こわ》がり」な態度**を最もよく表している**一文**をぬき出すこと。
② **――線より前の本文中**からぬき出すこと。
③ **はじめの三字**を答えること。

となります。つまり、ずいぶんたくさんのヒントをあたえてくれているということです。

この設問の――線部は「ヤス」の発言ですが、「デカ」の態度、つまり行動を探《さが》す問題です。キーワードは「デカ」であることに注意して、84・85ページにもどって確かめてください。

「デカ」が出てくるのは、先ほど分けた**1・2**の部分です。その部分にある「デカ」の態度を確《かく》認《にん》してみましょう。本文の「デカ」の行動に〰〰をつけています。その中に

足の運びは重く、落ち着きなく左右を見回し、後ろを振り返っている。

とありますね。

なお、答えを書く前には、設問で決められている条件に合っているどうかを、しっかりと確かめてください。たとえば、①「一文」なのに、「落ち着」とぬき出したり、②「――線より前」なのに「――線の後ろ」から見つけてきたり、③「はじめの三字」なのに「終わりの三字」を答えてしまったり、という、**うっかりまちがいをしないように**しましょう。

「ぼくは、」と始まると、ここから「ぼく」についての**場面が始まる**ということです。

● **ぼくは**、弟が来るのを待っていた。

を

● **ぼくが**、弟は来るのを待っていた。

とすると、文がおかしくなりますよね。

例題の答え

問1 足の運

章末問題

次の文章を読んで、後の問いに答えなさい。（本文には一部改めたところがあります）

（共立女子第二中・改　暉峻淑子『社会人の生き方』）　答え▼別冊 p.26

「社会人入学」や「社会人野球」「社会人のマナー」というような言葉をよく目にする。コーラスのコンクールに、「社会人の部」というのもあるし、図書館の閲覧室《えつらんしつ》には「社会人席」というのもある。

①社会人とはいったい何だろう？

社会人という言葉は、たぶん学校を卒業して就職《しゅうしょく》し、自立した社会生活を始める時に、とりわけ意識されるのではないだろうか。その逆に定年退職して勤《つと》め先《さき》を去り、社会の中の個人に戻《もど》って暮《く》らすときに、また違《ちが》った意味で再び意識される言葉かもしれない。

現在は社会人になる第一歩としての就職が難《むずか》しい時代である。安定した職に就《つ》いた人は、ほぼ六割《ろくわり》弱《じゃく》という推計《すいけい》もある。それでは就職できなかった人は社会人ではないのだろうか。失業者や、定年退職した人や、主婦や高齢者《こうれいしゃ》、障害《しょうがい》を持った人は社会人ではないのだろうか？

［②］。この社会に生きている人は、ともに社会をつくっていく仲間として、社会の構成員の一人として、みな社会人なのである。

私《わたし》たちは、個人であると同時に社会人であり、自然の一部として生きている自然人でもある。この三つはどれも切り離《はな》すことができない一体のものとして、③人間を人間たらしめている要素なのだ。この三つが偏《かたよ》りなく撚《よ》り合わされて私たちの人生の意味と目的を支えているときに、私たちは、たぶん豊かな幸福感を持つことができるのだと思う。

社会的動物である私たちは意識してもいなくても、社会とのかかわりの中でしか生きていけない。現実に個人が、どんな人生を全《まっと》うするかは、社会のあり方によって大きく左右される。

現在では特に地縁《ちえん》・血縁《けつえん》が弱まり、非婚《ひこん》の人が多くなり、［④］社会と重なって、一人暮らし世帯

通読時間 を計ってみよう　□分　□秒

読解ナビ　本文は約一三五〇字あります。二分で読み通せるようにしましょう。

読解ナビ　――線①のキーワードは「社会人」です。本文にある「社会人」に印をつけてみましょう。

読解ナビ　――線③は同じ段落をしっかり読めば解けますよ。

読解ナビ　［④］について。一人暮ら

が、全世帯数の過半をしめるようになっている。他方では会社員としてのつながりもない非正規労働者が四割に迫《せま》る。まさに個人化社会である。もし、思わぬ人生の事故に見舞《みま》われた時、社会からの支えがなかったら、生き延《の》びることも人生の建て直しも不可能だろう。

しかし、その社会を作っているものこそは、私たち個人なのである。とくに、民主主義社会が必要とするのは、自由の中にしっかりと立つ⑤個人の積極的な社会参加であり、同じ人間としてのつながりを大切に思う社会人としての連帯意識である。

資本主義社会は、自分の暮らしや、人生計画をより良いものにしたいという個人的欲望《よくぼう》―とりわけ所得に関心と努力を集中させる。自己《じこ》責任や競争を基本的価値《かち》とする市場経済《けいざい》の社会は、経済や個人の行動を表面的には活性化させるが、その反面、共同して社会をより良くしていこうとする意志や、人間的な相互扶助《そうごふじょ》にたいする関心を希薄《きはく》にする。

もし、自由主義市場経済が国民所得の総額を効率的に増やしたとしても、格差社会がひろがれば、貧困《ひんこん》から抜《ぬ》け出せず、「私はこのように生きたい」という希望さえも語れない社会になるのだ。

問1 ――線①「社会人とはいったい何だろう?」とありますが、それに答える一文を本文中より探《さが》し、はじめの六字をぬき出しなさい。（句読点などがあれば一字とします）

□□□□□□

問2 ② に最もあてはまるものを選び、記号で答えなさい。

ア そのとおりである　イ そうかもしれない

ウ そんなことはない　エ そうにちがいない

□

しが増えるのはどんな社会でしょうか。

読解ナビ

問1のキーワードは「社会人」です。先ほど入れた印を参考にしましょう。

読解ナビ

問2は選択肢《せんたくし》の文章をそれぞれを言いかえてヒントをつかみましょう。

問3　――線③「人間を人間たらしめている要素」にあてはまる語句を本文中より三つぬき出しなさい。

問4　④にあてはまる語句として最も適するものを選び、記号で答えなさい。

ア　高学歴化　イ　高層化　ウ　高度情報化　エ　高齢化

問5　――線⑤「個人の積極的な社会参加」について、このほかに民主主義社会が必要とするものを本文中より十一字でぬき出しなさい。（句読点などがあれば一字とします）

読解ナビ

問3は――線③を一文にのばして考えましょう。

読解ナビ

問4の空らんも一文にのばして考えましょう。

読解ナビ

問5の――線⑤の前後は、難《むずか》しい言葉が並《なら》んでいますが、基本作業ができれば簡単《かんたん》に解ける問題です。

まず、――線⑤を一文にのばして考えましょう。

第4章

記号選《せん》択《たく》問題の手順

時間管理テクニック

記号選択《せんたく》問題を速く解くために

聞かれていることをまとめてから解く

注目している「話題」「人物」をおさえる

答えに迷う原因は、おおもとの「話題」にあるかもしれません。説明的文章なら「何についての問題か」、文学的文章なら「だれについての問題か」はきちんと確認《かくにん》しましょう。

本文の答えに関連する部分に線を引く

本文に線を引くのは、「読解」というより、「スピードアップ」のテクニックです。考えるポイントがずれるというのが、いちばんの時間のロスにつながります。ひと手間をおしまないことが、スピードアップのポイントです。

選択肢《せんたくし》の文章の一つ一つに○×をつける

迷うことなく、選択肢の文章の言葉に○×をつけていく

選択肢の文章の**一つ一つに○×をつけていきます**。四つの記号で構成されている問題なら、多い時には十個ほどの○×がつきます。

×が入っているものは候補《こうほ》から必ず外す

最後の二つで迷った時は、あらためて「×」の部分を探《さが》しましょう。正しい部分がどれだ

学習ナビ

「設問チェック」で**聞かれている内容をチェック**しましょう。文章を確かめずに解こうとすると、この**「聞かれている」ことを見落としがち**です。

学習ナビ

まちがいと思った選択肢にも、**○となる部分があります**。

読み取りを深める時に役立ちますので、すべての選択肢の文章は必ずチェックしてください。

けあっても、「×」がついているなら答えではありません。

記号選択問題を使って読解を加速する

記号選択問題は「作問者の解釈《かいしゃく》」がわかる

記号選択問題は、文章の細かい読み取りができていなくても解けるので、記号選択問題を解くことで、**「作問者」の解釈の方向**がわかります。

前後の問題を見直してみよう

記号選択問題を通じて、一つの問題に答えられたら、**前後の問題も見直してみましょう。**問題の理解が少し深まって、いっそうテンポよく、解くことができるようになります。

記号選択問題に「即答《そくとう》する」トレーニングを積む

わからない時は「まずア」と考える

どれが答えかわからない時は、アが答えだとしたら、どこがおかしいのかを考えてみます。そうすることで、ばくぜんと考えることを防ぐことができ、**「何についての問題か」「だれについての問題か」といったポイントに気づく**ことができます。

直感で解けた問題で練習しよう

少し簡単《かんたん》な問題で、記号選択問題を即答してみましょう。そして、答えを確認した後に道《みち》筋《すじ》を考えてみます。目標は**「即答するけどすぐには答えを書かない→選択肢に○×をつける作業に集中する→答えを決める」**という流れが自然にできることです。

学習ナビ

記号選択問題のように、答えやすい問題をいくつか解いた後、本文全体を見直してみましょう。

記述の基礎《きそてき》的な実力をつけていかなくてはならない時は、設問の中からまず、記号選択問題、ぬき出し問題を解いて答え合わせをした後、記述問題に取り組むという方法をとることもあります。

記号選択《せんたく》問題の基本テクニック

ポイント
■記号選択問題の書きこみを学ぶ

記号選択問題の書きこみをマスターしよう

簡単《かんたん》な例題で**記号選択問題の線引き**を確認《かくにん》しましょう。まず、通読をしてください。そして、線を引くポイントをうすく示していますので、なぞって「体験」してください。

例題に挑戦　線をなぞってみよう

（六甲中・改　小松田勝『人の心に魔法をかけるディズニーランドの教え』）

「申《もう》し訳《わけ》ありません。お持《も》ち込《こ》みになったお弁当は、ゲートの外にありますピクニックエリア（専用《せんよう》の食事場所）でお召《め》し上《あ》がりいただくことになっています。お食事中申し訳ありませんが、ご案内いたします」

「えー、なんでですか」

「申し訳ありません。多くのお客様がご飲食するものをお持ち込みになられると、長い時間をかけてお越《こ》しになった場合、食中毒が発生することもあります。万が一そのようなことになりますと、保健所に届《とど》けなければなりませんし、場合によってはパーク内の飲食施設《しせつ》のすべてを何日間か休業しなければならなくなり、多くのお客様にご迷惑《めいわく》をおかけすることになりますので」

「本当はレストランの売り上げを上げようとしているだけじゃないの？」

学習ナビ

「申し訳ありません」とありますから、お客さんに謝《あやま》っているわけです。**どのような理由で断っているか**を読み取りましょう。

学習ナビ

「レストランの売り上げを上げようとしている」＝「お客さんに飲食物を持ち込《こ》ませないということは、**レストランでお金を使ってもらおう**ということだ」という考えです。

「申し訳ありません。多くのお客様がパーク内でお弁当を広げると、芝生《しばふ》に新聞を敷《し》いたり、ビニールシートを持ち込んだりするようになり、『夢の国』ではなくなってしまうのです。また、お弁当の中身で競《きそ》い合うような雰囲気《ふんいき》になってしまえば、楽しい場所でなくなるからです」

「……」

問1 ――線部で、「『夢の国』ではなくなる」とはどういうことですか。それを説明したものとして最も適当なものを、次の中から選び、記号で答えなさい。

ア 日常とは違《ちが》う楽しさを提供《ていきょう》しようとしているのに、日常のありふれたものを持ち込まれると、現実に引きもどされてしまう。

イ 日常とは違う高級感を体験してもらおうとしているのに、日常の安っぽいものを持ち込まれると、すべて台無しになってしまう。

ウ 日常とは違う清潔感を味わってもらおうとしているのに、日常のつまらないものを持ち込まれると、見栄《みば》えが悪くなってしまう。

エ 日常とは違う理想の世界を見せようとしているのに、日常の現実的なものを持ち込まれると、くだらないものになってしまう。

どうですか？ 入試の一部を抜粋《ばっすい》しているので、本当の意味では、正解にたどりつくのは不可能ですが、線引きの感覚はつかめたのではないでしょうか。

解く手順は、ぬき出し問題といっしょです。**設問から手がかりを探《さが》し、問題文のどの場所を見ながら考えるのかを決めます。**

そして、**すべての選択肢の記号について、○×を書きこんでいく**のです。

学習ナビ 再び「申し訳ありません」といって、**持ち込みができない理由**をあげています。

学習ナビ 選択肢の記号への書きこみを練習しましょう。**すべての記号に書きこみがあることに注目し**てください。

学習ナビ この例題は、お客様に対するていねいな言葉遣《ことばづか》いをしている場面ですから、**敬語**《けいご》がひんぱんに登場します。この機会に**敬語**を復習するのもいいですね。

読解テクニック 2

いきなり正しいものを選ぼうとしない

ポイント

■いきなり正しいものを選ぼうとしない

■「最後の二択《にたく》」はちがうところに注目する

まずはおかしいものを消すことから始めよう

では、まず、——**線をのばしてみましょう**。「多くのお客様がパーク内でお弁当を広げると」「『夢の国』ではなくなってしまう」ということがわかります。

次に、選択肢《せんたくし》を見てみましょう。例題の場合ですと、イ・ウをまちがいだとして、×をつけることから始めます。×になる条件は、**「本文に逆のことが書いてある」「本文には書いていない」**の二つが基本となります。特に、**「正しいのかもしれないけれど、本文にはない」といういやらしいワナもありますから、本文にもどって確かめる習慣をつけてほしい**ものです。

選択肢の後半の文章にある◯で囲ったキーワード、お客様の持《も》ち込《こ》んだものに、イ「安っぽいもの」、ウ「つまらないもの」はおかしいですよね。**記号選択問題では、いきなり正しいものを決めようとせずに「明らかにおかしい」と感じたものに×をして消しておきます。**

そして、正しい選択肢を選ぶために、本文には何度ももどりましょう。今、考えるのは「なぜパーク内にお弁当を持ち込んではいけないのか」です。本文の——を引いているところをヒントにして、ちょっとだけ考え直してください。なぜ持ち込んではいけないのか、それは**「パーク内が楽しい場**

学習ナビ

直感的にまちがっているものを消去する場合、**「+(プラス=よいイメージ)」か「−(マイナス=悪いイメージ)」かという判断の仕方**があります。ここではお客さんの持ってきたものを悪いもののように表現しているところを×にする理由としています。

学習ナビ

まちがっているものを消した段階《だんかい》で、**本文の内容を一度まとめる**ようにしてください。

所ではなくなるから」です。本文に（　）がありましたよね。
記号選択問題でも、きちんと下準備をしたうえで、選択肢を考えていくようにしましょう。特に、
——線をのばしておくこと
段落《だんらく》全体を見て、——線につながっていることがらをまとめておくこと
は、忘《わす》れないようにしてください。

正しいところにこだわっていると正解が見えなくなる

ア・エの判断は難《むずか》しいです。イ・ウで考えた「お客様の持ち込んだもの」については、ア「ありふれたもの」、エ「現実的なもの」のどちらも正しいように思えます。こういう時は、その**正しく見える部分で、正解を決めない**ようにしてほしいのです。

決め手は、選択肢の前半の文章にあるア「楽しさ」なのか、エ「理想の世界」なのかです。先ほど見たように、パークはいつもと違《ちが》う(＝非日常的な)楽しい場所なのです。そこに注目すれば、アが正解であるとわかります。エの「理想の世界」なのではありません。このように、**まちがいの選択肢の文章中の、すべての部分がまちがいというわけではない**のです。

まず、**おかしいものを二つ消すのは、本文全体と結びつけるため**です。ですから、**ぱっと感覚で消した時にも、その消した選択肢のどこがおかしいかを、必ず考える**ようにしてください。

その後、**「最後の二択」**に挑戦《ちょうせん》しますが、この時は**「似ているところ」ではなく、「ちがうところ」に注目する**ことで、本文とのつながりを意識しやすくなります。

記号選択問題がわからない、まちがえるというのは、**たいてい手間をおしむため**です。ていねいに見ていくようにしてください。次にもう少し難度《なんど》をあげた問題で考えてみましょう。

ここでは、「お客さんが飲食物を持ち込むことは、結果としてお客さんに迷惑《めいわく》がかかるのだ」という内容がわかることが大切です。

学習ナビ

すべての**選択肢の文章の最後に注目**しても解ける問題です。

ア　現実に引きもどされる。
イ　台無しになってしまう。
ウ　見栄《みば》えが悪くなってしまう。
エ　くだらないものになる。

こうまとめると、ウ・エがはじめに消える記号になることがわかります。

例題の答え

問1　ア

選ぶ前にまとめる

ポイント

■ぬき出し問題と同じ手順をふんでから解く
■選択肢《せんたくし》の記号を見る前に簡単《かんたん》な答えを作る

ぬき出し問題と同じ手順で解こう

では、次の例題に挑戦《ちょうせん》してみてください。実際の入試では、――線部の隼人《はやと》の気持ちを記号で選ぶようになっていますが、まずは、**それぞれの隼人の気持ちを考えてみてください。**

記号選択問題でもぬき出し問題と同じように、**設問から手がかりを探《さが》し、本文のどの場所を見ながら考えるのかを決める**ので、**本文をきちんと読むことが重要**です。

例題に挑戦　**線をなぞってみよう**

（日本大学第一中・改　桂望実『ボーイズ・ビー』以下*p.107*まで同）

次の文章は、桂望実『ボーイズ・ビー』の一部で、母を亡《な》くした隼人《はやと》と父の正和《まさかず》との、ある夜の会話の場面です。これを読んで、後の問いに答えなさい。

隼人は正和の声に全身を緊張《きんちょう》させた。

「隼人、お兄ちゃんがしっかりしてくれなきゃ、パパは安心して仕事ができないんだよ。わかるだろ？」

学習ナビ

作品によっては、家族を名前で書くことがあります。ここでは「隼人」が兄、「正和」が父です。**人物の関係がわかるように**、兄・父などと本文に書きこむのもよい方法です。

学習ナビ

「安心して仕事ができない」

仕事を邪魔《じゃま》していると知り、恐怖《きょうふ》を感じた。「うん」

「なんだ、この部屋は。泥棒《どろぼう》が入ったのかと思ったぞ。直也《なおや》に注意して片付《かたづ》けさせなきゃだめだろ」

「直也の勉強も見てくれてるね？」

片付けさせることは難《むずか》しいと思ったが、①とにかく隼人は謝《あやま》った。「ごめんなさい」

「えっ？」

「小六なんだから、小一の勉強なら見られるだろ？」

「うん。でも…直也は勉強が嫌《きら》いみたいなんだ」

隼人は必死だった。②がっかりさせたくない。でもわかって欲《ほ》しい。直也をいつも見てるのはたいへんだってことを。

正和は屈《かが》み、隼人と視線《しせん》の高さを合わせた。「皆《みな》そうだよ。でも勉強の楽しさを教えてやればいいんだ。そうすれば直也も喜んで勉強するようになる。パパはローテーションによっては直也と顔を合わせられないこともあるんだ。わかるね？」

「うん。まーくんは消防士だから」

「そうだ」笑顔《えがお》で頷《うなず》いた。

隼人はほっとする。

問1 ――線①、②のときの隼人の気持ちをそれぞれ答えなさい。

ここでは、**隼人くんのおかれている状況《じょうきょう》をまとめてから、答えを考える**ようにしましょう。

リード文を読むと、隼人くんはお母さんを亡くしていることがわかります。そこで、仕事で帰りが遅《おそ》いお父さんを手伝って、弟（直也くん）の世話をしなければならない…というわけです。


など、何かの理由を述べているところは、いったん言葉通りに読み取りましょう。何か別の理由をかくしていることもありますが、その時は必ず後で反対の行動が出てきます。

想像することは大事ですが、**書かれていない、逆のことを勝手に考えてはいけません。**

学習ナビ

ここは、隼人と正和の場面です。**物語文は情景を具体的に思《おも》い浮《う》かべることが重要**です。正和は決して怒《おこ》った顔はしていないはずです。できるだけ冷静に隼人に「兄としてするべきこと（してほしいこと）」をわかってもらおうとしている場面です。それは屈んで隼人と視線の高さを合わせていることからもわかります。

読解テクニック
4
設問を分析《ぶんせき》すると選択肢《せんたくし》も分析できる

ポイント
- 書かれていないものはどんなに正しくてもダメ
- 設問をチェックすると選択肢の文章も分析できる

まずは本文を確かめよう

まず、今までと同じように、――線部からわかることをまとめましょう。

――線①についてですが、「謝《あやま》った」とありますから、隼人《はやと》が悪いことをしたと思っていることはわかります。ただし、「とにかく」という言葉がひっかかりますよね。隼人の気持ちとしてはここが大切なポイントになるのです。ていねいに本文をたどると「仕事を邪魔《じゃま》していると知り、恐怖《きょうふ》を感じた」があります。本文に線を引いていますね。

こうやって、**手がかりになるところに――を引いていきます**。**記号を見るのはその後**です。

――線①の前から、このような手がかりをつかむことができます。

Ⅰ　隼人は父親に謝っている。

Ⅱ　隼人は「直也《なおや》に片付《かたづ》けさせるのは難《むずか》しい」と思っている。

Ⅲ　隼人は父親の仕事を邪魔しているとわかりこわくなっている。

選択肢の文章を分けてみよう

学習ナビ

最初のうちはやや手間ですが、「とにかく」という言葉を辞書で調べてみましょう。**「やはり」「とにかく」「むしろ」**などは、選ぶ時の手がかりになることが多い言葉です。

Ⅱ「片付けさせるのは難しい」、**Ⅲ**「父の邪魔をしてはいけないと思った」の二つを頭において、選択肢の記号を見ましょう。

また、記号選択問題を考える時は、それぞれの**選択肢の文章を「/」を使って分けてみましょう。**そうすることで○、×を考えるのが楽になります。分けるところは、**「、」(読点)のあるところ、接続語などが入って明らかに文章が変わっているところ**を目安にすればよいでしょう。

ア　早く謝っておかないと、/この後もっと強くしかられてしまうので/こまるという気持ち。
イ　仕事の邪魔などしたつもりはなかったが、/とにかく父の怒《いか》りをしずめようという気持ち。
ウ　父の要求にはうまく応《こた》えられそうにないが、/仕事の邪魔をしてはいけないという気持ち。
エ　なまけて弟の世話をしなかった自分が注意されるのは当然だと、/強く反省している気持ち。

下準備をきちんとしておかないと、——線部の「謝った」を誤解して、**イ**の「とにかく父の怒りをしずめよう」や**エ**の「強く反省している気持ち」を選ぶかもしれません。しかし、この二つは、本文から読み取れないことを書いていることに気づいてください。こういう

「もっともらしいけど本文にない表現」

というのが、記号選択問題ではワナになります。

また、こうやって分けることによって、考えることがはっきりします。

例えば、**ア**の「この後もっと強くしかられてしまうので」や**エ**の「なまけて弟の世話をしなかった」などは、本文の内容から大きく外れるので、答えの候補《こうほ》から外れます。

そして、よく似ている**イ**と**ウ**を比べてみると、**イ**の「父の怒りをしずめよう」が、本文と比べておかしいので、選べないということがわかるのです。

学習ナビ

この線引きで、ア・イを消去するのも、一つの方法です。つまり、**正和が隼人に対して怒るという点**がおかしいという考え方です。

ウ・エを比べると、**父に関する記述がないエ**がおかしいことに気づきます。

父の仕事に関することという考え方で、ア・エを消去してから、**父の怒り**という視点《してん》で**イ**を消すということもできます。

例題の答え

問1　①　ウ

読解テクニック 5

すべての選択肢《せんたくし》をチェックする

ポイント
- すべての選択肢の○×を考えてから答える
- まちがいの選択肢にも読解のポイントがある

すべての選択肢の○×を考えてから答えよう

では、――線②の方を考えましょう。――線①と同じように、選択肢を見る前にまとめてみます。

> 隼人《はやと》は必死だった。②がっかりさせたくない。でもわかって欲《ほ》しい。直也《なおや》をいつも見てるのはたいへんだってことを。

「隼人が父をがっかりさせたくない」場面であることはわかりますね。では、どうなれば、父ががっかりするでしょうか。「弟が勉強嫌《ぎら》いだということ」では、父はがっかりしません（――線の後ろのセリフにヒントがあります）。

「隼人が直也のめんどうを見られない」とわかること。ここではこれが、父ががっかりするポイントです。逆に言えば、「父は隼人が直也のめんどうをみることを期待している」のです。

では、ここで選択肢を見てみます。選択肢の文章を分けて、記号を選んでみましょう。

例題に挑戦　**線を書きこんでみよう**

学習ナビ

学習の視点《してん》から見ると、この設問を通じて、「父が隼人に寄せる期待」と、「それに応《こた》えようとはするがなかなかうまくいかない隼人のあせり・不安」を読み取ってほしいところです。

設問ごとに読み取りのポイントがあることに気をつけてください。

学習ナビ

「がっかりさせたくない。でもわかって欲しい」とありますが、ここはどちらも**「何を」**という言葉を補《おぎな》って考えます。

ア　弟の世話をするのは、本当はいやでやりたくないということを、父にばれたらまずいという気持ち。
イ　父の期待通りに弟のめんどうを見るのは難《むずか》しいということを、父に気づかれたくないという気持ち。
ウ　父の期待にもかかわらず、実は弟は勉強ができないということを、父に知られたくないという気持ち。
エ　小六の自分には、弟に勉強の楽しさを教えられないということを、父に知られたくないという気持ち。

選択肢の文章を分けたあと、**○×をつけて選択肢を評価**しましょう。**特に本文と合わないところや、本文には書いていないところを見つけたら、×をつけて選択肢の文章に線を引く**ようにするのです。**一度×がついた答えは、絶対に正解にはなりません。**

また、判断がつかないところは、とばしてかまいません。いくつか×がつくだけでも、迷うことが少なくなります。

四つのうち正解は一つですが、**すべての選択肢に読み取りのポイントがかくされています。すべての選択肢を確認することで、本文の読み取りが強化され、他の問題の正答率も上がってきます。**

アは、難しいと思いながらも、必死に家のことをしている隼人の気持ちをくみとっていません。

ウは、隼人が知られたくないものが「弟は勉強ができないということ」になっているので、まちがいです。**イとエでは、**隼人が父をがっかりさせたくないと思っているのは、勉強のことだけではありませんから、**イを選ぶのが正解です。**

学習ナビ

アは見るべきところのない選択肢です。ただし、「弟の世話をすることへの気持ち」と「父に対する気持ち」を見る設問、という観点はつかめます。

難しい記号選択問題では、**「まずアを正解と考えてみる」**という方法もあります、それによって読み取りの方向性がわかるということです。

学習ナビ

イは「気づかれたくない」というところに難しさがあります。**「自分ができないことは知られたくないが、それが自分にとってかなり難しいということはわかってほしい」**という隼人の心情を理解するチャンスです。

例題の答え

問1　②　イ

読解テクニック 6

本文のどこから選択肢《せんたくし》を作ったのか

ポイント

- 選択肢のテーマを考える
- 選択肢の表現は、本文をもとにして作成されることが多い

本文から記号選択問題のテーマを考えよう

では、本文の続きを読んでいきながら、**選択肢のテーマ**について考えてみましょう。

例題に挑戦 線を書きこんでみよう

父をまーくん、母を美穂《みほ》と呼んでも許されるのは隼人《はやと》だけだった。特別に自分だけが許されていること。二人だけのときに限られていたが。弟の直也《なおや》が生まれたとき、これからはパパ、ママと呼ぶようにと言われた。理由を尋《たず》ねると、お兄ちゃんになったのだからと言われた。パタンと目の前でドアが閉《し》まったと感じた瞬間《しゅんかん》だった。隼人はびっくりして泣いた。それを見た両親は二人っきりのときには、今まで通りまーくん、美穂と呼ぶ許可を与《あた》えた。直也には内緒《ないしょ》だと念を押《お》された。まーくんと美穂と自分だけの秘密《ひみつ》——満足した。

「パパの仕事は月曜から金曜まで働いて、土曜日曜は休みっていうんじゃないんだ。三日働いて一日休む。泊《と》まりもある。そうすると直也と話せない日もある。③でもパパは安心してるんだ。隼人がいるからって」励《はげ》ますように水色のパジャマの両肩《りょうかた》を抱《だ》いた。「頼《たの》むよ。パパの期待に応《こた》

学習ナビ

正和のせりふ全体を読んで、正和の心情をとらえてから解いていきましょう。まず、仕事がいそがしくて子どものめんどうを十分に見られない自分を情けなく思っているということです（正和に共感しましょう）。

さらにその前の段落《だんらく》では、隼人を大人のグループに入れたということがわかります。

その場面での隼人のとまどいも理解できると、**問3も解ける**と思います。

えてくれ。いいな」
「うん」
正和は満足そうな笑《え》みを浮《う》かべて頷《うなず》いた。

問2　――線③「でもパパは安心してるんだ」とありますが、この時の父の気持ちとして最も適当なものを次の中から選び、記号で答えなさい。
ア　隼人に弟に対する責任を持たせようとする気持ち。
イ　自分の仕事を理解している隼人に感謝する気持ち。
ウ　隼人に兄として自信を持たせようとする気持ち。
エ　隼人が理解してくれてほっとしている気持ち。

問2は――線③をのばすと大きなヒントが見えます。後ろの「隼人がいるからって」です。そして、父がどのような不安をもっているのかも――線③のすぐ前からわかります。「直也と話せない」ことですよね。つまり、**「弟のめんどうをみてくれる隼人」**というのが、**この問題のテーマ**となっているわけです。

では、選択肢を見てみましょう。選択肢の文章を分けて、大切なところに線は引けましたか。**イとエ**は**「父の立場を理解している隼人」**が中心となっているので誤《あやま》りです。アとウが迷うところですが、**ウ**の**「兄として」**という表現が手がかりです。「兄として」の手がかりは前の場面にあります。「お兄ちゃんになったのだから」という言葉が出てきます。そして、「自信を持たせよう」というのは、――線③の後ろの「励ますように」からつくられた言葉です。

このように、**選択肢の表現は、本文をもとにして作成されることが多い**のです。

学習ナビ

それぞれの記号のキーワードはア**「責任」**、イ**「感謝」**、ウ**「自信」**、エ**「理解」**です。

ア・ウは隼人の**「兄としての立場」**、イ・エは正和の**「父としての立場」**が話題です。作問者としては、まず大きく二つに分けて、次に父の気持ちをもとにしぼりこませる意図があったのだと思われます。

例題の答え
問2　ウ

選《せん》択《たく》肢《し》を短く言いかえる

ポイント

■ 選択肢を短く言いかえて決め手を作る

選択肢を短く言いかえよう

長い選択肢の場合は、選択肢の文章を分けて、短く言いかえることでわかりやすくなります。

例題に挑戦　線を書きこんでみよう

隼人《はやと》は迷った。今日、直也《なおや》がアニメを見ていて突然《とつぜん》泣き出したことを父さんに言うべきか。そのとき、燃えている建物に飛《と》び込《こ》んで行く父さんの姿《すがた》が頭に浮かんだ。だめだ。父さんに言っちゃだめだ。父さんは凄《すご》いんだ。たいへんなんだ。命を懸《か》けてる。隼人は正和《まさかず》の顔を見上げた。夜勤《やきん》の続いた父さんは疲《つか》れているように見えた。大丈夫《だいじょうぶ》だよね。僕《ぼく》にもできるよね、直也を守ること――やってみるよ。隼人は大きく一つ息をした。もっと頑張《がんば》らなきゃ。父さんは自分に期待しているんだから。

隼人の頭を撫《な》でた。「もう寝《ね》なさい。パパも風呂《ふろ》に入ったら寝るよ」

「おやすみなさい」

「おやすみ」

隼人はそっと自分の部屋に入った。二段《にだん》ベッドの下で直也が眠《ねむ》っている。直也の寝顔《ねがお》を見てい

学習ナビ

この場面では、短い文を積み重ねながら、**隼人の心情の動き**を表現していることに気づいてほしいところです。

直也をどのようにしていいかわからなくなったり、父親の仕事のことを思いやってとまどったり、母親のことを思い出してさびしくなったりと、**ゆれうごく隼人の心情**は、ぜひ読み取らなければならないところです。

たら④急に泣きたくなった。直也のように苛々《いらいら》して泣きたい。でもそれはしちゃいけない。母さんにも頼《たの》まれた。直也をよろしくねって。病院の母さんはどんどん白くなっていった。ベッドもふとんも白くて、シーツのなかに消えてしまいそうに見えた。

はしごを上り、ベッドに腹《はら》ばいになった。目覚まし時計の隣《となり》にある写真立てを手に取った。右手で掴《つか》み窓《まど》へ近づける。カーテン越《ご》しに入る街灯で写真が見える。母さんが光りながら笑っている。

問3 ——線④「急に泣きたくなった」とありますが、この時の隼人の気持ちとして最も適当なものを次の中から選び、記号で答えなさい。

ア 部屋で寝ている弟を見ると、これからいつまで世話をしなければいけないのかと思い、そのつらさから悲しい気持ちがわきあがってきたから。

イ 実際に弟の寝顔を見ると、兄として父の期待には、やはり応《こた》えられそうにないという情けない気持ちがこみ上げてきたから。

ウ 一度は父の期待に応えようと思ったが、弟の寝顔を見ていると、自分がなぜそれをしなければいけないのかという不満の気持ちでいっぱいになったから。

エ 自分が世話をしなければいけない弟の寝顔を見ていると、母はもういないのだという切ない思いがこみ上げてきてしまったから。

「母さん」についての回想シーンが鍵《かぎ》です。選択肢は、次のように短くすることができます。

ア 悲しい　**イ** 情けない　**ウ** 不満だ　**エ** 切ない

「母がいないこと」に注目しているのは**エ**だけです。自分が弟の世話をすることが、母を失った悲しみを呼《よ》び起《お》こしたのです。「苛々して泣きたい」時にあまえさせてくれる母は、いないのです。

学習ナビ

アの「そのつらさ」、ウの「それを」という**指示語にも注目**です。選択肢の文章の分析《ぶんせき》も読解ですから、指示語を言いかえなければなりません。

「そのつらさ」とは、「弟の世話をしなければならないつらさ」、「それを」とは「父の期待」、つまり「隼人が弟の世話をすること」となります。

例題の答え

問3 エ

「はずれ」のものを考えるのが力をつけるコツ

ポイント

- 「はずれ」の選択肢《せんたくし》も確かめる
- まちがえた書きこみを確かめる
- 消した順番がわかるようにしておく

「はずれ」の選択肢も確かめよう

記号選択問題では、**「はずれ」の選択肢を確認《かくにん》することも重要**です。問3の「はずれ」の選択肢を確認してみましょう。

アは「これからいつまで世話をしなければいけないのかと思い」がおかしいですね。弟の世話がずっと続くという内容は出てきません。

イは「期待に応《こた》えられそうにない」がずれています。本文を読み返すようにしていればひっかかりません。自分の部屋に入る前に、隼人《はやと》は「大丈夫《だいじょうぶ》だよね。僕《ぼく》にもできるよね、直也《なおや》を守ること——やってみるよ。隼人は大きく一つ息をした。もっと頑張《がんば》らなきゃ。父さんは自分に期待しているんだから」と思っているのです。

ウは「急に泣きたくなった」のを、「苛々《いらいら》した気持ち」(=不満)につなげているので、まちがいになります。

学習ナビ

記号選択問題は、たびたび本文の内容を確かめることになります。通読で、しっかりと本文を分けて、問題を解く時に「あれ、これはどこの内容を聞いているのだろう」と迷わないようにしておいてください。

まちがえた書きこみは後で役に立つ

ところで、答え合わせをした時に、自分の書いた答えがまちがっていたら、どうしていますか。

記号選択問題の場合は、**選択肢の書きこみを必ずチェック**してください。

例えば、**問3**の問題で、**ウ**を選んでまちがえたとすれば、**ウ**には×の書きこみがないはずです。そのかわり、**エ**のどこかに×がついているはずです。

答えがちがうということは、それが思いちがいであることがはっきりしていますから、文章を読んで考え直せばいいのです。

もちろん、文章を読んでも納得できない場合は、先生に質問するわけですが、その時にも、自分がどのように考えたかがはっきりしているので、先生も知りたいことに答えてくれるでしょう。

どんな順番で消していったかも大切

また、記号選択問題では、四つあるうちの二つにしぼりこむのはけっこう簡単《かんたん》です。たいてい、最後の二つで迷うのですね。そういう手順は、解く時に残しておくといいですよ。

「**ア**か**ウ**で迷ったけれど**ア**にした」→「答えが**ウ**だった」となれば、「**ア**」が、なぜまちがいなのかを考える、よいチャンスですよね。

ところが、「**ア**か**ウ**で迷ったけれど**ア**にした」→「答えは**エ**だった」はどうでしょう。「**ア**」が、なぜまちがいなのかを考えることも大切ですが、それよりもまず、最初に「**イ**・**エ**はまちがっている」と考えたことが、誤《あやま》りだということになります。つまり、文章の内容をつかみそこねているということなのです。

実力アップのためにも、記号を選んでいった順番は残しましょう。

学習ナビ

「時間管理テクニック」でもふれましたが、**記号選択問題の書きこみの練習をするためには、少し簡単な問題や、ある程度自信のある問題で、○×をつけてみるといいでしょう。**

学習ナビ

ふだんのテストなどでも、解いた手順や書きこみを残しておくと、答え合わせのときに自分の考えを点検できるので、実力アップにつながります。

章末問題

次の文章を読んで、後の問いに答えなさい。

（女子聖学院中・改　茂木健一郎『ひらめき脳』）　答え▼別冊 *p.*34

ひらめきについては、多くの誤解《ごかい》があるように思います。まずあげられるものは、ひらめきはある種の天才にだけ起こるもので、発明家や、科学者、芸術家といった特殊《とくしゅ》な職業の人々の特権《とっけん》である、という思《おも》い込《こ》みです。

実際には、誰《だれ》にでもそれと気づかずにいるたくさんのひらめきがあります。「ああ、そうか！」と世界について新しい何かをつかんだ時に、私《わたし》たちはまた一つひらめきの階段《かいだん》を上っているのです。

次に多い誤解は、ひらめくためには、考えることを脳《のう》に強制し無理やり何かひねり出す必要があるのではないかというものです。しかし、実際にひらめきやすい環境《かんきょう》というのは、脳への強制とは無縁《むえん》で、まったく正反対のものなのです。

脳は、どんな時にもつねに自発的に活動しています。生きているかぎり、心臓《しんぞう》が決して止まることがないように、脳の神経細胞《さいぼう》も、ぼんやりしている時も眠《ねむ》っている時も、全体としては一瞬《いっしゅん》も止まることがありません。強制して活動を促進《そくしん》させるよりも、むしろその活動をいかにおさえるかの方が難《むずか》しいのです。

ひらめきが生まれやすい環境とは、脳がリラックスできる状態のことなのです。極端《きょくたん》に言うと、ひらめきは、脳に対する抑制《よくせい》を外しさえすれば勝手に起こってしまうものなのです。

松下幸之助《こうのすけ》さんは、「松下電器」の創業《そうぎょう》時代、まだまだ貧しかった日本にモノをあふれさせようと、「水道哲学《てつがく》」を唱えました。私たちの脳はひらめきにあふれています。［ I ］、脳は、その気になればいつでもひらめきを起こすことができるのです。

問題は、そのような自分の潜在《せんざい》能力に気づくかどうかという点にあると言えるでしょう。何よりも、

通読時間を計ってみよう　□分　□秒

読解ナビ

本文は二八〇〇字くらいあります。これだけ長くても三分で読み通すことを目指しましょう。

読解ナビ

説明的文章では「一般《いっぱん》の人の考え」と「筆者の考え」が対立することがよくあります。

この文章では「ひらめきは特殊な職業の人々の特権である」という考えが「筆者の考え」と対立するものです。「思い込み」という言葉に注目しましょう。

ひらめきは一部の特権的な人たちだけが持つ能力であるという思い込みを消し去る必要があるのです。①ひらめきは、リラックスすることによって簡単《かんたん》に引き起こすことができます。

私が、そのことを説明する時にしばしば持ち出すのは、京都の東山にある銀閣寺《ぎんかくじ》から南に下る「哲学の道」の話です。「哲学の道」は、近くに住んでいた哲学者《てつがくしゃ》・西田幾《き》太《た》郎《ろう》の散歩コースでした。西田がここを歩きながらよくインスピレーションを得ていたことから「哲学の道」と名づけられました。

私も京都を訪《おとず》れた時、そこを歩けば何か良いアイデアが浮《う》かぶのではないかとよこしまな考えを抱《だ》いて、たびたび歩いたことがあるのですが、そうしたことはこれまで一度もありませんでした。私は西田に比べて筋《すじ》が悪いのかなあなどと思ったこともあったのですが、ある時ふと気づきました。〔a〕

過去に自分がひらめいた瞬間《しゅんかん》がどういう環境であったかを繰《く》り返《かえ》し考えていたのですが、そうした瞬間というのは、自宅《じたく》から最寄《もよ》りの駅に行く道や、いつも歩き慣れている道をリラックスして歩いている時が最も多かったのです。歩き慣れていない京都の「哲学の道」を歩くと、私はきょろきょろと周りの風景に目を奪《うば》われてしまって、脳がリラックスできなくなってしまいます。つまりリアルタイム・オンラインで、時々刻々《じじこっこく》と周囲から入ってくる情報の処理《しょり》に脳が手いっぱいの状態になっている。

〔b〕

要するに、西田にとって東山のその道が「哲学の道」であったというのは、西田がそこを毎日散歩し、リラックスできる道であったからこそ、というわけです。東山のその道そのものに何か特別なしかけがあったわけではありません。

つまり、ひらめきやすい環境というのは、外部からどういったインスピレーションが与《あた》えられるかではなく、いかに自分の脳がリラックスできるかということが大事なのです。毎日自分が通っている道が、すべての人にとって「哲学の道」となるわけです。

なーんだ、と思うかもしれませんが、「ひらめき」のためには特別な環境や、才能は必要なく、た

読解ナビ

「哲学の道」という具体例が出てきたので、本文を分けておきましょう。

インスピレーション＝着想、ひらめきです。

「ひらめきは脳がリラックスしているときに起こる」ということを伝えたかった具体例だということです。

このように「具体例」が出てきたら、その例で伝えたかった内容を確認《かくにん》します。第1章(→p.14)を参考にしてください。

だリラックスすることが必要である、という事実に目覚めるために、「哲学の道は特別な道ではない」というこの話は、とても大切なメッセージを含《ふく》んでいると思うのです。

「哲学の道」のエピソードは、ひらめきについて重要なことを教えてくれます。ひらめきを外の環境から促進させることはできないということです。むしろそういった外部からの情報は、ひらめきにとってじゃまになってしまう。いかにリラックスした状態を作り出すか、脳に空白を作るか、このことこそが重要なのです。〔c〕

よく、この絵を見ると、あるいはこの音楽を聴《き》くと、インスピレーションがわいてくるという人がいますが、これもそうすることでリラックスができるから、脳に空白を作ることができるから大事なのです。その絵や音楽の「情報」自体に、ひらめきを促《うなが》す特別な性質があるわけではないのです。モーツァルトの音楽でも、それを聴いてさえいればひらめくというものではないでしょう。むしろ、モーツァルトの音楽がもたらす「うるわしいリラックスという空白」がひらめきを促すものと思われます。〔d〕

自分がふだん歩く道というのは、おもしろいものがない場合が多い。しかしその方が、オンラインで処理する情報が少なく、よりリラックスできるとも言えます。何も、特別な刺激《しげき》的な風景が広がっている必要はないのです。どんなに刺激的な繁華街《はんかがい》といえども、車がビュンビュン走っているところや、人が多くてガヤガヤそうぞうしいところでリラックスできる人はあまりいないでしょう。

リラックスできる環境は、表現を変えると退屈《たいくつ》な時間、退屈な場所でもあります。しかし②どうやら脳は退屈がきらいではないようなのです。むしろ「退屈という空白」を補《おぎな》おうと何かを自発的に作り出そうとします。だからこそ、ひらめく。

そう考えると、退屈というのもひらめきにとってとても重要な要素なのです。退屈だからこそ、何かを作り出そうと脳が活動する。退屈はひらめきの近道なのかもしれません。

読解ナビ

44行目の「このことこそが重要なのです」のように、「こ」ではじまる指示語は読み取りのリズムを作るうえで大切です。難しい説明的文章を攻略《こうりゃく》する時は、「こ」ではじまる指示語にうすく〇をすることも有効です。

読解ナビ

57行目の「むしろ」とは、「前に書いてあることと比べて、後ろの方がよい」という意味です。

例えば、真夏に冷たいお茶をすすめられた時に、「冷たいお茶もありがたいですが、冷房《れいぼう》が効いているので、むしろ熱いお茶がほしいです」と思う時を考えてみてください。

「しかし」と混同しないようにしましょう。

一般《いっぱん》にネガティブだと思われている感情も、それなりの意義があるから進化の過程で消えることなく存在《そんざい》し続けているわけですが、「退屈」にもまた、ひらめきを促すという効用があるのです。

◎本文を一部省略してあります。また、表記を変更《へんこう》しているところがあります。
※インスピレーション　瞬間的な思いつきやひらめき　※リアルタイム　同時
※オンライン　中央本体とつながっている状態

問1　[I]に入れるのにふさわしいものを次から選び、記号で答えなさい。

ア　水道の蛇口《じゃぐち》をひねればどこでも水が出てくるように
イ　水道が、都会ならどこにでも設置されているように
ウ　水道の水が、いつでも飲めるとはかぎらないように
エ　水道の水が、私たちをうるおしてくれるように

[　　]

問2　——線①「ひらめきは、リラックスすることによって簡単に引き起こすことができます」とありますが、その理由としてもっともふさわしいものを次から選び、記号で答えなさい。

ア　脳にひらめきのきっかけを強制的に与えることで、誰でもいつかはひらめきを手にすることができるから。
イ　脳はつねに自発的に活動しているので、脳が手いっぱいの状態でなければ、誰にでもひらめきは起こるから。
ウ　ある種の天才は、つねにひらめきの能力を持っているので、リラックスできる環境を与えれば、ひらめきは生まれるから。
エ　脳はつねに自発的に活動しているので、外部からの少しのインスピレーションを与えてやれば、すぐにひらめきが起こるから。

[　　]

読解ナビ

通読を通じて、「この文章は読者にとってどんないいことがあるか」を考えてみてください。そうすると「ひらめくにはどんなことが必要か」という筆者の考えがわかるようになります。

説明的文章の要旨《ようし》と考えると難しく感じますが、要は読者（つまり自分）にとってどんなメリットがあるかを考えるということにもなります。

読解ナビ

問1　空らんを一文までのばして考える、たとえの問題です。

読解ナビ

問2　——線①の前までの話を確認してみましょう。また、——線①の後ろの「哲学の道」の具体例も参考にしましょう。

問3 つぎの文が文中からぬけています。文中の〔a〕～〔d〕のどこに入りますか。記号で答えなさい。

そんな時にひらめく余裕はさすがに誰の脳にもありません。

□

問4 ――線②「どうやら脳は退屈がきらいではないようなのです」とありますが、どうしてですか。その理由としてもっともふさわしいものを次から選び、記号で答えなさい。

ア 私たちは、退屈するとエネルギーがたくわえられ、活動することができるから。
イ 私たちは、退屈するとそれをまぎらわすために、活発に様々な活動をするから。
ウ 私たちの脳は、退屈することによって余裕ができて、活動できるようになるから。
エ 私たちの脳は、退屈することによって刺激され、強制的に活動が促進されるから。

□

問5 本文の内容に合っているものには○、合っていないものには×を、それぞれ答えなさい。

ア 「ひらめき」は、いつも何かを考え、脳を働かせることによって可能になる。
イ 京都の「哲学の道」にはすべての人に「ひらめき」を起こさせる何かがある。
ウ 初めての道より、いつも歩いている道の方が「ひらめき」が起こりやすい。
エ モーツァルトの音楽でひらめく人は、その音楽でリラックスできる人である。

ア□ **イ**□ **ウ**□ **エ**□

読解ナビ
問3 挿入文《そうにゅうぶん》の問題ですが、指示語に注目すると解ける問題です。

読解ナビ
問4 選択肢《せんたくし》の文章を短くしてみましょう。

読解ナビ
問5 ○×問題は本文のどこに書いてあるかを確かめます。

第5章

記述問題の手順

時間管理テクニック

記述問題を速く解くために

内容を考えるのは後でよい

設問チェックをきちんとすれば「わく」が決まる

問い方によって、答えの終わり方が決まっているものは暗記します。内容であやふやな部分は「〜」を使えばいいので、「太郎《たろう》の〜という気持ち。」や「国際社会は〜なのに、日本は〜ということ。」というふうに、**答えの流れを下書きとして書く**ようにしましょう。

本文を活用した答えを作る

まずは**「本文をそのまま使う」**ぐらいの気持ちで答えを作ります。**使用した部分には必ず線を引いてください。**その後、言いかえるべきポイントが見つかれば、手を入れていきます。

字数をもとに方針《ほうしん》を立てよう

字数のないものは解答らんから字数を決める

字数制限がない場合は、**解答らんを見て字数を決めます。**字数が決まったら、いくつの部分に分けるかを考えましょう。

制限字数の半分は下準備で作る

例えば五十字の記述問題なら、二十五字程度は下書きで作ってしまいます。**下書きは答え**

学習ナビ

ぬき出した本文を答えの土台にして、説明不足のところを補《おぎな》います。また、その部分に**指示語**などがふくまれている場合は、**別の言葉に言いかえます。**

のベースとしてそのまま使えるようなものにしましょう。

下書きをもとに一気に答えを仕上げるテクニック

下書きをそのまま解答らんに書く

下書きで作ったものは、そのまま解答らんに書けるようにします（手を加えない）。その後、**下書きに足りないものを考えて、メモをします。**

字数調整は真ん中でする

全体の半分まで書き進んだら、見直しをします。これから書こうとすることを確かめて、**半分の位置で字数調整**をします。

ひとまず部分点をもらえる答えを作る

じっくり練った答えは作れない

テストの制限時間を考えると、一つの記述問題に使える時間はそれほど長くはありません。まずは、**減点されてもいいつもりで、答えを書いてみましょう。**答え合わせの時に、減点ポイントに気づいたら、必ず書き直しをします。

時間を意識する

制限時間を意識して問題演習をする時は、十分かけて満点をもらえる答えではなく、**三分で五十点もらえる答え**を目指しましょう。

学習ナビ

実際のテストでも、余白を活用して下書きをします。下書きの字数を確かめた後、その下書きが解答として、前にくるか、後にくるかを考えます。

学習ナビ

テストにおいては制限時間が絶対です。百パーセント読み取った自信が持てなくても、答えを書き上げる練習をしましょう。

問題演習を重ねているうちに、読解の深さが増していきます。

読解テクニック 1

記述問題の基本テクニック

ポイント

- まずは設問を分析《ぶんせき》して答えの「わく」を作る
- わからないところは「〜」にしておく
- わかったところをはっきり書く

設問を分析して答えの「わく」を作ろう

記述式の問題がわからない、書けないという声をよく聞きます。ここでは、書きこみを通じて、記述問題の基本を学んでいくことにします。

筋道《すじみち》を立てて、答えを作っていけば、部分点は必ず取れるようになります。また、答え合わせの後に、その筋道を見直し、考え直すことでも着実に力がついていきます。

実は、記述問題の答えの「わく」は、本文の内容がわからなくても作ることができます。なぜなら、**設問の問い方によって、答えの終わり方が決まっているものがある**からです。これは暗記しておいて、**答えのわくとして余白に下書き**をします。

問「気持ちを答えなさい。」→答「〜気持ち。」

問「どういうことですか。」→答「〜こと。」

問「なぜですか。」→答「〜から。」

学習ナビ

答えの「わく」は一種の知識問題です。知っているか知らないかで差がつきます。答え合わせなどで、どういう「わく」があるか確認《かくにん》していくようにしましょう。

問「どのような人物ですか。」→ 答「〜人物。」

このように本文の内容にかかわらず、設問をきちんとチェックすれば、答えのわくが決まります。文末をまちがえると減点されますから注意しましょう。

わからないところは「〜」にしておこう

細かいところがわからなくても、答えのわくさえ作っておけば読解が進められます。わからない部分は、「〜」を使って表しておくとよいでしょう。そして、本文を読みながら「〜」にあたる部分を探《さが》します。

答 〜ので、腹《はら》が立ったから。（腹が立った理由を考えよう…）

答 リレーに出られなかったので、〜気持ち。（この時の気持ちを表す言葉を考えよう…）

わかったところをはっきり書こう

たとえ制限字数にはるかおよばないような短い答えでも、わかったところは書いておきましょう。手を動かして書くことで考えるポイントがはっきりします。

ポイントがはっきりすれば、これまで学習してきた構成やぬき出しの知識を使って、本文中から必要な部分をぬき出し、部分点を取ることができるかもしれません。また、ほかの設問を解いているうちに、足りなかった部分を補《おぎな》う何かがひらめくことだってあるかもしれません。

学習ナビ
「〜」をうまく使うということは、「時間管理テクニック」でもふれました。

学習ナビ
まずは書いてみるという姿勢《しせい》が大切です。はじめのうちは満点はとれないものです。

読解テクニック 2

ぬき出しがきちんとできたら書ける

ポイント
- ぬき出し問題と同じ手順をふんでから解く
- 常に理由を考えながら解く

構成を確かめ設問をチェックするのは、ぬき出し問題と同じ

まずは説明的文章です。次に文学的文章をあつかいますが、考え方は共通しています。

例題に挑戦 線をなぞってみよう

（灘中・改　池上彰『伝える力2』以下p.133まで同）

NHKに報道記者として入局した私《わたし》は、人事異動《いどう》で一九八九年からキャスターを務めることになりました。この人事に、私は少々戸惑《とまど》ってしまいました。記者にはなりたかったけれど、テレビに出たいという希望は少しも持っていなかったからです。しかし、キャスターの仕事はその後も続き、一九九四年から一一年間は『週刊こどもニュース』のお父さん役を務めたりしました。

NHKの『週刊こどもニュース』には、ありがたいことに「わかりやすい。」「これまでわからなかったニュースが初めてわかるようになった。」などという声をたくさんいただきました。

①こうした評価をいただいた理由はどこにあったのか、私なりに分析《ぶんせき》してみると、主な理由は二つあるようです。

学習ナビ

読み取るリズムを作る時は、指示語の「こ」に注目します。

「この人事」…私がキャスターになったこと。

「こうした評価」…問1で聞かれていること

や

指示語には敏感《びんかん》になりましょう。

設問を見る前に、ちょっと――線①を分析してみましょう。まず注目するのは――**線にある指示語をふくんだ「こうした評価」**という言葉です。

これは「『週間こどもニュース』に『わかりやすい。』『これまでわからなかったニュースが初めてわかるようになった。』などという声をたくさんいただいたこと」、つまり、「『週刊こどもニュース』が得た高い評価」ですね。

今、文章を読み始めたばかりですが、ちょっと、目を――線①より前にもどしてみます。前の段落《だんらく》は「私」が「『週刊こどもニュース』のお父さん役」を務めるまでの話です。これは評価の「理由」とは結びつきませんね。

「なぜ?」という問いかけは「万能薬」

「なぜ?」という問いかけは、問題になっていなくとも、常に持っていたいものです。ただし、――線①には**「理由」**という言葉があるので、この部分の理由**「なぜ~なのか」**が聞かれると予想できます。そして、――線①の後ろに「主な理由は二つあるようです」とあるので、――線①の問題は、この二つの理由をまとめて答えるか、ばらばらに二つ答えるかという問いであるという予測が立ちます。答え方(記号選択《せんたく》か、ぬき出しか、など)はこの時は気にしなくてかまいません。

このように**通読している時に、少しだけ――線の部分に気をつけながら読むことで、設問を解く時に注目すべき場所の目安をつけることができます。**

第3章でも書きましたが、**ぬき出し問題が、すべての問題の出発点**になります。「ぬき出し」が「基本」ということは、つまり、**どんな問題でも、「文章の仕組みを理解して、ぬき出す場所を探す」ことにつながる**ということです。

学習ナビ

常に文章に**「なぜ」**と問いかける感覚を持ってください。そうすることで文脈をつかみとるのが容易になります。

答えの「わく」とキーワード

ポイント

■ 設問から答えの「わく」を作る

設問から答えの「わく」を作ろう

先ほどの文章の続きは次のようになっています。

例題に挑戦 線をなぞってみよう

一つは、番組の制作スタッフにニュースの素人《しろうと》が入っていたことです。『週刊こどもニュース』は報道局と制作局が共同で作っていた番組で、報道局に所属《しょぞく》していたのは私だけでした。ほかのスタッフは制作局で主に教育テレビの子ども向け番組を作ってきたディレクターたちでした。おそらく子ども向けのニュース番組を始めるにあたって、子ども向けの番組を作っているスタッフとニュースの取材をしているスタッフを組ませればいいだろうと、当時の上層部《じょうそうぶ》が考えたのでしょう。

教育テレビの子ども向け番組を作りたいと思ってNHKに入局した人たちは、そもそもあまりニュースに興味関心がありません。多くがNHKのニュースを見ていませんし、新聞も取っていません。これには驚《おどろ》きました。

彼《かれ》らの部屋をのぞいてみると、常に教育テレビの番組が流れていました。自分たちが制作した

学習ナビ

「まず」や「一つは」を見つけたら、その後、必ず「そして」「もう一つは」などとつながっていくので、注意して続きを読みましょう。

学習ナビ

先ほどと同じように「こ」の指示語に注目します。

「これには驚きました」…「私が驚いたことは」…教育テレビの子ども向け番組のスタッフがニュースに関心がないこと

このように常に指示語をたどるようにしましょう。

番組をチェックしなくてはいけないから、これは当然といえば当然のことです。でも、そうなると、同じ放送局に属しているといえども、ニュースは見ないことになってしまいます。

ということで、制作局のスタッフのニュースに関する知識はわずかなものでした。打ち合わせをしていると、「それはどういう意味ですか。」「どうしてそうなるんですか。」と、政治や経済《けいざい》、国際問題の基礎《きそ》知識に関する質問が次々に私に浴びせられることになりました。「エッ⁉　そこから説明しないとダメなの？」と思うこともしばしば。でも実は、こうした環境《かんきょう》が『週刊こどもニュース』にはプラスに働くことになるのです。

では、そろそろ設問をチェックしましょう。

問1　――線①「こうした～理由はどこにあったのか」とありますが、番組が高い評価を得たのはなぜですか。本文中の言葉を使って三十字以内で、一つ答えなさい。

――線①の設問の内容は、予想通りでしたね。**「なぜですか」**とあるので、**答えの「わく」は「～から。」**となります。具体的な答えとしては、とりあえず、今、読んだところに、

一つは、番組の制作スタッフにニュースの素人が入っていたことです。

とあります。**「一つは」**とあるので、**この一文を「理由」の一つとしてチェック**しておきます。

そして、この一文中にある「スタッフ」という言葉をくわしく説明できるように、本文中の「スタッフ」もしくは「番組を制作する人たち」という意味の言葉を重点的にチェックしましょう。

学習ナビ

「ということで」で始まる段《だん》落《らく》で、話をまとめていることに注目しましょう。

学習ナビ

記述問題には条件が厳《きび》しいものが多くありますが、たいていの場合はその**条件がヒント**になります。

逆に条件があまりない自由な記述は、手がかりがつかみにくいものです。

学習ナビ

答えの中心となる**キーワード**は、まず**設問文や――線から探《さが》す**ようにしましょう。

読解テクニック 4

字数の限りくわしく書く

ポイント

■ キーワードには説明をつける

キーワードはそのまま使わない～「音符型の線引き」の応用

先ほどの文章には、一つしか理由がありませんでした。どんどん文章を読み進めていきましょう。

例題に挑戦 線をなぞってみよう

『週刊こどもニュース』が高評価を得たもう一つの理由は、聞き手が子どもたちだったことです。小学生ですから、まだまだ素直《すなお》です。わからないことに対する妙《みょう》なプライドもなく、わからないなら、「わかりません。」「それって、何ですか?」などと、ほんとうに思ったとおりに素直に聞いてきます。このことも『週刊こどもニュース』の番組作りには、大いにプラスに作用しました。

スタッフにニュースの素人《しろうと》が多かったことと、聞き手が子どもだったことが、どうして番組作りに役立ったのでしょうか。それらによって、番組はなぜわかりやすいという評価を受けることになったのでしょうか。

それは、スタッフや子どもたちの〝素直な疑問〟が私を鍛《きた》えてくれたからです。彼らの素直な疑問によって、私自身、伝えるテーマについて、わかるまで掘《ほ》り下《さ》げ、根本から徹底的《てっていてき》に調べ、

学習ナビ

字数が短くなりすぎる、たいていの原因は、キーワードの説明不足です。**自分の答えのキーワードに説明を付け加えるだけで、ていねいな解答になります。**

考えるようになったのです。

この文章の中に**「もう一つの理由は、聞き手が子どもたちだったこと」**とありました。これで、——線①の理由が二つそろいました。

- **番組の制作スタッフにニュースの素人が入っていたから。**（26字）
- **聞き手が子どもたちだったから。**（15字）

しかし、設問には**「本文中の言葉を使って三十字以内で、二つ答えなさい」**とありました。二つを並《なら》べると、何か物足りないですし、二つ目は字数も少し足りませんね。

記述問題では、このように**細かい部分のちがいは気にせず、本文の中でぬき出しできる部分はないか、と考えると手がかりを見つけやすくなります。**そして、**このぬき出した本文を答えの土台にして、説明不足のところを補《おぎな》います。**

さて、第3章で説明した**「音《おん》符《ぷ》型《がた》の線引き」**（→p.75）は「キーワードとその説明」をとらえる印でした。これを記述に応用します。ここでは、キーワードとなる「スタッフ」や「子ども」がどうするから、ニュースがわかりやすくなるのでしょうか。本文中から「スタッフ」や「子ども」を説明している部分を探《さが》してください。すると、

スタッフ＝基礎《きそ》知識に関する質問が次々に私に浴びせられる
子ども　＝思ったとおりに素直に聞いてきます

ということが書いてありました。これを先ほどの理由に組みこんで書いてみましょう。

学習ナビ

自分の書いた答えが短すぎると感じた時は、**説明不足や理由の読み落とし**があります。

また、主語に当たる言葉なども忘れることが多いものです。

自分の答えを書くために、どの部分を使ったかを、本文にもどって確かめてみましょう。

使った部分の近くで、まだ線の引いていないところをうまく使って書き加えることができないかを考えてみましょう。

まず圧縮《あっしゅく》してから内容を足していく

ポイント

■ 余分な表現を省いていく

■ 字数は使い切る

字数を短縮するコツ

さて、どのようになりましたか。例として

●番組の制作スタッフがニュースの素人なので、基礎知識に関する質問をしてくれるから。（40字）

●聞き手の子どもたちが思ったとおりに素直に聞いてくるから。（28字）

のようにまとめてみました。

「番組の制作スタッフがニュースの素人なので、基礎知識に関する質問をしてくれるから。」は字数をオーバーしているので、三十字以内に収めてみましょう。

「5W1H」（→p.73）を思い出してください。

（「だれが」と「どうする」だけ）

制作スタッフが質問をしてくれるから。（18字）

ここに必要なものを足してみましょう。

学習ナビ

字数が三十字前後の記述は、字数を短くする工夫《くふう》が必要なので、かえって難《むずか》しく感じることがあります。まず、**強調している言葉は強調を省く**（非常に大きい→大きい）、**重複した表現はまとめる**などのトレーニングをしましょう。

制作スタッフが［　　　　　　］質問をしてくれるから。
（なにの）

こうやって、「基礎知識に関する」を組みこんで答えをつくります。

「番組の」は省いても意味に大きな影響《えいきょう》がないようなので省きました。また、「ニュースの素人」については、「なぜ基礎知識に関する質問をするのか」の原因にあたるところなので、省くことにしました。どの部分を省くかは字数制限によって変わります。

例　**制作スタッフが基礎知識に関する質問をしてくれるから。**（26字）

字数は使い切ろう

制限字数に対してどのぐらい答えなければいけないか、という質問がよくあります。

これに対しては、「字数の限りくわしく答える」というのが正解です。

よく八割《はちわり》が目安（五十字以内なら四十字以上）と言いますが、**はじめのうちは制限字数より五字少ないところを目標とする**といいでしょう。手順をきちんと守って答えを作っていけば、だいたい目標の字数になるように答えが決まっていきます。

先ほどの設問が「本文中の言葉を使って五十字以内で答えなさい」だった場合の答えを考えてみましょう。二つの答えを一つにまとめる形になります。

［　　　　　　　　　　］

学習ナビ

同じ内容に言いかえる時は、**語彙力《ごいりょく》**で差がつきます。答え合わせの時に、模範《もはん》解答でよい言葉が使われていたら、その言葉を次のテストで使ってみるつもりで復習してください。

例題の答え

問1

例　・制作スタッフが基礎知識に関する質問をしてくれるから。（26字）

・聞き手の子どもたちが思ったとおりに素直に聞いてくるから。（28字）

五十字の例

制作スタッフが基礎知識に関する質問をしてくれたうえ、聞き手の子どもが素直に聞いてくれたから。（46字）

読解テクニック 6

空らんを埋《う》める形の記述問題

ポイント

■ 空らんの前と後ろを使って答える内容を決める

空らんを埋める記述は「文脈」を整理する

次に、空らんを埋める記述問題を解いてみましょう。空らんを考える時には、「文脈」を整理するために空らんの前と後ろを簡単《かんたん》にまとめてみるようにしましょう。

例題に挑戦 線をなぞってみよう

日本に来た台風が豊後《ぶんご》水道を通ったことがありました。そのことを伝えたとき、番組を見てくれていた子どもから「豊後水道というのは、水道なのですか?」という質問がきました。

確かにもっともな疑問《ぎもん》ですね。「水道」というと、一般的《いっぱんてき》には「水を供給《きょうきゅう》する施設《しせつ》」のことを思《おも》い浮《う》かべます。あるいは、水が出てくる管《かん》の蛇口《じゃぐち》を思い浮かべる人も多いでしょう。後者は水道とは意味が少し異《こと》なりますが。

そうして考えてみると、「豊後水道」と聞いて、水を供給する施設などを思い浮かべる人がいても不思議ではありません。小学生なら、頭が混乱《こんらん》しそうです。「エッ、台風が水道を通って出てくるの?」なんて思って、わけがわからないかもしれません。

豊後水道の「水道」の意味は何かといえば、実は海峡《かいきょう》とほぼ同じ意味です。国語辞典で水道を

学習ナビ

読み取りで重要なのは「**そうして考えてみると**」という言葉です。ここで、それまでの話をまとめて、筆者の意見を述べているわけです。

引いてみると、「海が陸地に挟《はさ》まれて、狭《せま》くなっている所」「海峡」などの意味も載《の》っています。

でも、ここで疑問に思うことがあります。では、なぜ［　X　］。子どもでなくても、疑問に思いますよね。

『週刊こどもニュース』を担当《たんとう》していたとき、私は海上保安庁《ほあんちょう》の水路部に電話してみました（水路部は現在、海洋情報部という名称《めいしょう》に変更《へんこう》）。正確な地図を作るために海の測量をしている役所だから、何かわかるのではないかと思ったのです。しかし驚いたことに、役所としては、水道と海峡の定義の違《ちが》いはない、ということでした。

担当者《たんとうしゃ》にさらに聞いてみると、おもしろいことがわかりました。一八七一年（明治四年）にイギリスの指導のもとに日本周辺の海図を作った際、指導に来日したイギリス人が、「ここはチャンネル、ここはストレート。」と指示を出していったのだそうです。その後、チャンネルは「水道」、ストレートは「海峡」と翻訳《ほんやく》されました。つまり、海図を作った際のイギリス人担当者の〝感覚〟で水道か海峡かが決まったというのです。へェー、そんなことだったのか、と驚いたものです。

番組では、こうしたことも紹介《しょうかい》していきました。きっかけは子どもの視聴者《しちょうしゃ》からの質問です。私自身、これまで知らなかったことを学べましたし、おそらくは多くの視聴者も初めて知って、学べたことがあったのではないかと思っています。

スタッフや子どもたちの素朴《そぼく》な質問によって、ニュースの専門家《せんもんか》ではない人たちは何がわからないのかを知ることができたからです。何がわからないかを知れば、それを説明すればいいのです。

新聞記者はニュースの専門家。テレビニュースを担当している放送局の報道局（報道部）もニュースの専門家。専門家は概《がい》して視野《しや》が狭くなり、［　Y　］と勘違《かんちが》いしがちです。素朴な質問が、そんな私の勘違いを正してくれたのです。

学習ナビ

「話題」から「疑問《ぎもん》」へとつなげて、言いたいことにせまるという構成は、理解しておきましょう。

また、とちゅうに「調べたこと」を紹介《しょうかい》して、新たな疑問につなげていることも大切です。

学習ナビ

「番組ではこうしたことも紹《しょう》介《かい》していきました」とありますが、この文があることによって、「水道か海峡か」という話が終わったことがわかります。

読解テクニック 7

前後をまとめる力をつける

ポイント
■ 前後をまとめて答える
■ 言葉のつながりに注意する

前後のポイントを並べてみる

このX・Yの二つの空らんは、ともに「あてはまる言葉を考えて答えなさい」という問題になっています。字数制限は特に書かれていませんが、入試の解答らんからすると、二十五字前後であると考えられます。

さて、**空らんを考える時には、空らんの前と後ろを簡単《かんたん》にまとめてみます**。本文で使えそうなところに印をつけて、まとめてみるといいでしょう。

まず、空らんXについて考えてみましょう。先ほどの文章を簡単に図解してみると、

「水道」と「海峡《かいきょう》」は同じ意味だった。→疑問《ぎもん》が生まれた。→［X］→役所に電話した。

となっています。そして、［X］の前後を見てみましょう。

「なぜ［X］」となっています。これは作問者の親切です。つまり、「なぜ」を空らんの前に出すことで、**前の一文にある「疑問」の内容をくわしく書きなさい**、と教えてくれているのです。

学習ナビ
難《むずか》しい記述問題は、その**前後をまとめてみる**ことで突破口《とっぱこう》が見つかります。
この文章では「海峡と水道」に対する疑問に気づかなければいけません。

学習ナビ
矢印を使ったまとめの図をテスト中に書くのは、ややめんどうで時間がないかもしれません。**本文の書きこみをつなぐ**程度でもいいでしょう。

言葉のつながりに気をつけよう

「なぜ」という副詞《ふくし》は、下に**「〜か」**という言葉がつながります。これは、「たぶん〜だろう」「けっして〜ない」のような組み合わせと同じです。したがって、答えのわくは、

「〜か」

となります。

先ほどの図解を見ると、「『水道』と『海峡』は同じ意味だった」ことから「疑問が生まれた」のですから、**「水道」と「海峡」という二つのキーワードをどちらも入れる**ようにして、くわしい答えを書いてみましょう。

「〜か」を忘《わす》れる人が多いので気をつけましょう。**最後に「。」は、入れません。**

例 （なぜ）**水道がつくものと海峡がつくものがあるのか**（20字）

右のようにまとめてみました。実際の文章では、

「津軽《つがる》海峡」「関門《かんもん》海峡」など「海峡」を使った名称と、「豊後水道」「紀伊《きい》水道」など「水道」を使った名称があるのか

だったのですが、入試ではこのように短い答え（要点だけの答え）でよいようになっています。

学習ナビ

記述問題では内容ばかりを追いかけがちですが、**日本語のつながりにも注意**しましょう。特に本文の言葉を使う時は、主語と述語のずれがないかをあらためて点検しましょう。

学習ナビ

空らんを埋《う》める形の記述問題の答えは、原典（もとの素材文）の通りでなくてもかまいません。**前後のつながりと、キーワードの有無が採点のポイント**となります。

例題の答え

例 （なぜ）水道がつくものと海峡がつくものがあるのか（20字）

読解テクニック 8

前後からヒントを見つける

ポイント
■空らんの近くの言葉をキーワードにする
■言いかえをうまく使って解く

空らんの近くの言葉をキーワードにしよう

次に、Yの空らんを考えましょう。

> スタッフや子どもたちの素朴《そぼく》な質問によって、ニュースの専門家《せんもんか》ではない人たちは何がわからないのかを知ることができたからです。何がわからないかを知れば、それを説明すればいいのです。
>
> 新聞記者はニュースの専門家。テレビニュースを担当《たんとう》している放送局の報道局（報道部）もニュースの専門家。専門家は概《がい》して視野《しや》が狭《せま》くなり、［　Y　］と勘違《かんちが》いしがちです。素朴な質問が、そんな私《わたし》の勘違いを正してくれたのです。

まず、空らんも――線と同じように考え、**一文までのばして前後を確認《かくにん》**します。そして、**「5W1H」**を点検しましょう。

だれ＝専門家（ここではニュースの専門家。筆者もふくみます）

学習ナビ

［　Y　］の前の「視野が狭くなり」というのは、専門家の考えでしかものを見ないという意味です。そこでも**「専門家の勘違い」**がはっきりしますね。

学習ナビ

同じ内容を表していても、字数のちがう表現がいくつか見つかることがあります。それを**うまく言いかえることが字数調整の秘訣《ひけつ》**です。

つまり、「専門家」の「勘違い」を説明すればいいということです。

この**「専門家」**を**キーワードにする**と解きやすくなります。そしてここでは、「専門家」の「勘違い」を説明するのですから、「専門家」の反対語を考えてみましょう。筆者が「ニュースの専門家」であるなら、「ニュースの専門家ではない人たち」＝「スタッフや子どもたち」、つまり「ニュースの素人《しろうと》」が反対語になりますよね。

素人の質問によって、専門家が「わからないこと」を知ることができた。

という文脈をしっかりとらえましょう。

言いかえをうまく使って解こう

さて、**「勘違い」＝「逆に考えていた」**と言いかえてみましょう。すると、「わからないことを知ることができた」を「勘違いしていた（＝逆に考えていた）」ということは、「わからないことを知らなかった」となりますね。それをさらに言いかえると「全部わかっていると思っていた」となります。この**言いかえを使って**答えをまとめてみましょう。

例　**自分の知っていることは、だれでも知っているはずだ**（24字）

となります。

この X 、 Y は、空らんの記述を考えるうえで、基本的なテクニックが身につく問題です。くり返し、解き方を練習してみてください。

学習ナビ

「わからないことを知らなかった」を言いかえると、「全部わかっていると思っていた」になります。

「ない」を逆に言いかえる時は、他の部分も逆にします。

● 学校が**ない**とは思わ**なかった**。

↓

● 学校が**ある**と思って**いた**。

という仕組みです。

例題の答え

例　自分の知っていることは、だれでも知っているはずだ（24字）

読解テクニック 9

文学的文章での記述問題の注意点

ポイント
■ 文学的文章では場面を分けてから解き始める

場面を分けてから解き始めよう

記述の基礎がわかれば、もう少し難《むずか》しい設問に取り組んでみましょう。随筆《ずいひつ》文を素材にします。文学的文章ですが、**通読をして本文を大ざっぱに分けておく**のは同じです。

文学的文章の記述問題は、単に言葉のつながりをたどるだけではなく、**心情や場面の読み取り**が関《かか》わってきます。そのため、どこまで書いていいのかわからない、なんとなくわかるけれど書けないという問題が出てきます。

例題に挑戦　線をなぞってみよう

（甲陽学院中・改　五木寛之『みみずくの宙返り』一部省略・変更がある。以下*p.142*まで同）

靴《くつ》が好きだ、といえば、けげんに思われるかたも多いだろう。

靴は道具である。好きとかきらいとかいうたぐいのものではない。鍋《なべ》が好き、とか、パンツが好き、とかいえば奇妙《きみょう》にきこえるだろう。それと同じことだ。あらためて好きだと宣言《せんげん》するほどの話ではないはずだ。

だが、それでも私は靴が好きである。なによりもの証拠《しょうこ》は、部屋のいたるところに転がってい

学習ナビ

随筆文では、**「だが」「それでも」**という表現は、大きな力を持っているので注目しましょう。**周囲の意見、世間一般《いっぱん》の考えに対して、筆者の意見が強く出ている部分**です。

る靴の数である。

机《つくえ》の下に三足。ベッドの下に五足。洗面所《せんめんじょ》に二足。押入《おしい》れに十数足。そして靴箱《くつばこ》には満員電車さながらに、いろんな靴たちが折り重なって、ひしめいている。本棚《ほんだな》の上にもある。ベランダにも見える。ありとあらゆるところに靴が存在《そんざい》する。

それというのも、私が靴に特別の偏愛《へんあい》の情をいだいているからだ。一週間に一足ずつ靴がふえた時期もあった。最近ではやっと落ち着いて、一ヵ月に二足程度でおさまっている。

季節も関係があるらしい。四月、①桜のころがいけない。この時期は天候が変わりやすく、雨も多い。自然、靴底がラバー製のヘビーデューティーな靴に目がゆく。

今年の桜の季節には、横浜《よこはま》の店でイタリア製のウォーキング・シューズを買った。ソールは例のビブラムで、アッパーが軽いゴアテックス仕様になっている。少々の雨風など平気である。

「花に嵐《あらし》のたとえもあるさ」

などと雨にぬれそぼった松並木《まつなみき》の下を、その靴で歩く。

問1 ――線①「桜のころがいけない」とはどういうことなのかを三十字以内でわかりやすく答えなさい。

まずは、文章を大ざっぱに読んでいきます。随筆文ですから、筆者の考えを楽しむつもりで読んでください。たくさん出てくる「靴」という言葉を目印にします。

文学的文章は最初に線を引くのが難しいので、少なめでかまいません。あとは気になるところで場面分けをしておくといいでしょう。

問1は「どういうことなのか」という聞き方になっていることをチェックしておきましょう。

学習ナビ

「ベッドの下」「洗面所」…これらはすべて**「具体例」**です。共通点は家中に靴があふれているという点です。

学習ナビ

「イタリア製のウォーキング・シューズ」も**「具体例」**です。ここでは梅雨《つゆ》の季節にぴったりのおしゃれな靴、という意味です。

学習ナビ

「ソール」「ビブラム」など、なじみのない言葉が次々に出てきます。**「具体例」**には、このようになじみのない言葉が出てくることがあります。実は、そのような**専門用語はわからなくてもかまいません**。専門用語のうち、解くために必要なものには、語注がついています。つまり、これらの語は、解くためには必要のない専門用語だということです。

つなげていく感覚を大切にして解く

ポイント
■ 分けて、つなぐが基本姿勢《しせい》
■ 本文の言葉を参考にして書く

文章を分けて「つながり」を考える

物語文・随筆文《ずいひつぶん》の記述問題においても、**答えのわくを作ったり、本文の言葉を積極的に使ったりすることは共通**しています。心情を考えることが多い文学的文章では、**「わかったことははっきり書く」**が有効です。はっきりわかったことを下書きで書いておくことで、部分点を着実に自分のものにできます。一点を争《あらそ》う入試では大切なポイントです。

――線①「桜のころがいけない」にたどりつくまでの本文の流れを点検しましょう。
靴《くつ》が好きだ→靴をたくさん買う（たくさん靴があるという具体例）ですね。では、**問1**は何の問題だったかというと、**「桜のころがいけない」**の言いかえです（どういうこと＝言いかえ問題です）。――線①よりあとは筆者が靴を買っている場面ですね。つまり、**「桜のころに［靴がほしくなる］こと。」**（15字）」が答えの中心になるのです。
――線にたどりつくまでと、そのあとの話の流れを点検することが大切です。

学習ナビ
解き進める時に、答えのもとになる短いフレーズがたくさん見つかることがあります。この時に本文に〇をして、本文の流れやつながりにあわせて並《なら》べてみることで、**答えの全体像が見えてきます。**
実際に答えを書く時は、本文の表現をなるべく重視《じゅうし》していきましょう。

本文の言葉を参考にして答えを仕上げる

先ほどの答えでは、三十字以内という条件にほど遠いので、肉付けをします。「**桜のころ**」では不親切なので、本文中の言葉を使って「**桜のさく季節**」とします。そして「**ほしくなる**」は、実際に靴を買っているわけですから、「**靴を買いたくなる**」と言いかえます。頭の中だけで仕上げるとどうしても短く言いかえてしまいますが、**本文中の言葉を使うと、作問者が想定した字数に近くなります**。

これでも字数が余ってしまうので、**自分が書いた下書きをながめて、どこか説明不足のところがないかを点検します**。「靴を買いたくなる」ことが、「いけない」に結びつくためには、どうしたらいいでしょうか。どういう言葉を補《おぎな》えば、それを的確に表すことができるでしょうか。

本文中にない言葉をどのように補うかは、一種の「ひらめき」かもしれません。つまり、基本テクニックから、発想を飛躍《ひやく》するポイントなのです。ここでは「**どうしても**」を入れておくと「困《こま》ったことにほしくなる」という細かな意味を表現できます。

どのように言いかえていったかを、空らんを補いながら確認してみましょう。

桜のころがいけない。

桜のころに［　　　　］こと。（15字）

桜の［　　　　］と、［　　　　］こと。（22字）

桜の［　　　　］と、［　　　　］［　　　　］こと。（27字）

書きこみと下書きをきちんとすることで、「ひらめき」が生まれやすくなります。

学習ナビ

本文の言葉を積極的に使おうとすると、その言いかえや理由なども見つかるようになります。**本文で使えそうなところは、必ず線を引いて注目するポイントにしたいものです。**

例題の答え

問1 例 桜のさく季節になると、どうしても靴を買いたくなること。（27字）

読解テクニック
11

書いて考えることで部分点を取る

ポイント

■ 書いてみることで記述のヒントが見つかる

きちんと考えた答えなら点数がもらえる

次の問題では、文章に出てくる言葉を知っているかどうか、で考え方が異なってきます。

例題に挑戦　**線をなぞってみよう**

五月に入って、あざやかな茶の靴《くつ》を買った。イタリアへ旅行の予定が近づいてきたので、そのためである。

流行の本場であるミラノへ行くとあれば、イタリア人にも一目おかれるような靴をはいてでかけようという心算《しんざん》。

靴を買いにボローニャへおとずれたのは去年のことだ。音に聞く老舗《しにせ》の靴を、山ほどかついで帰ってきた。税関でたずねられて赤面したのもそのときである。

「まさか（　※　）じゃありませんよね」

と年配の税関の人がきいたのだ。

問2　（　※　）にふさわしいことばを十字以内で入れなさい。

学習ナビ

部分点を重視《じゅうし》するとスピードは上がりますが、ポイントは不足しがちになります。**ひとまず答えを作って、読みこむ範囲《はんい》を広げていき、答えの完成度を上げていきましょう。**

学習ナビ

随筆文《ずいひつぶん》も「だれ」に注目します。ここでは「赤面した」のが筆者であることに注目しましょう。

問2は、実は難問《なんもん》です。字数はそれほど長くないのですが、何を書いていいかわからない問題だと思います。しかし、こういう時こそ、**書いて考える手順**が役に立つのです。

前には「そのとき」というのがあります。つまり、ボローニャで山のように靴を買った時の話ですね。そこで、税関の人に（　※　）と聞かれて、はずかしい思いをしたということです。

ところで、「税関」って知っていますか。「税関」とは、空港などで輸入や輸出の品物をあつかうところです。つまり、この問題は「税関というところがどのような場所かを（一般《いっぱん》常識として）知っている」ということも問題の一部になっているということです。靴をたくさん買ったことで、筆者は靴の輸入をしているとかんちがいされたのです。かんちがいされるほど靴を買ったことに、はずかしい思いをしたのです。そう考えると、

例 **「ご商売の仕入れ（じゃありませんよね）」**（7字）

というようなものとなります。

しかし、もし「『税関』をヒントにする」ということに気づかなかったらどうしましょう？　そういう時には書いて考えるのです。実際に、私が国語の授業で教える時は、このように書いて考えてもらいます。

たくさん靴を買いましたね。

まさか、あなたは［　　　　］じゃありませんよね。

例 **「自分で全部はくつもり（じゃありませんよね）」**（10字）

私はこれでもいいと思います。もちろん満点ではありませんが、文章の場面を考えて答えたいい答えです。**きちんと考えた答えを書いていれば、採点の先生もいくらかの点はくれる**でしょう。そうした積み重ねを大切にしてください。

学習ナビ

131ページでも説明したように、空らんを埋《う》める形の記述問題の答えは、原典（もとの素材文）の通りでなくてもかまいません。

この問題も**「商売の仕入れ」**という内容が思《おも》い浮《う》かぶのはごくまれだと思います。

自分で答えの道筋《みちすじ》を説明できるのであれば、そこは納得《なっとく》して、次の設問に取りかかるようにしましょう。

例題の答え

問2

例1 ご商売の仕入れ（7字）

例2 自分で全部はくつもり（10字）

読解テクニック
12

読みこむ範囲《はんい》をしぼる

ポイント
■字数からポイントの数をしぼりこむ
■重要なポイントを書き出して答えを作る

長い字数は分割しよう

最近の入試では六十字や八十字という長い字数制限が当たり前になってきました。ただし、**たいていの記述問題は、本文の言葉をきちんと活用すれば作問者の意図する字数になるので、ぬき出し問題と同じ手順を守ることで楽に解けることが多い**ものです。**長い字数を書くコツは、いくつかに分けること**です。ここまでこの本を読んできた人は、文章がいくつかに分かれることを理解してきたかと思います。これを自分が書く時も応用しようというのが今回のねらいです。

では、先ほどの文章の続きを読んでみましょう。

例題に挑戦　線をなぞってみよう

最近では国産の靴《くつ》にこっている。目下、気に入って愛用しているのは、七千八百円で西武デパートで買った茶色の靴だ。やはり幅広甲高《はばひろこうだか》の日本人の足には、よくできた日本の靴がいいかもしれない。

学習ナビ
長い記述問題は、**二十五字を目安にして、ポイントの数を決めましょう**。八十字なら、ポイントを三つほど読みとらなければならないということになります。

学習ナビ
この部分では、あらためて靴の話にもどっています。この文章の中心部分です。筆者の体験から意見を読み取る部分です。

しかし、どういうわけで靴にこうも関心があるのだろう。そのことをずっと考えつづけてきた。ひょっとすると、少年時代に靴と縁《えん》がなかったせいだろうか。

私《わたし》の中学時代は、ずっと下駄《げた》だった。九州のいなかでは、中学生は厚歯の高下駄《たかげた》をはく。もちろん、いまから四十年も昔のことである。下駄の歯を鳴らして歩いていると、すぐに歯がすりへってしまうので、歯の下に古いタイヤを切ってくぎで打ちつけたりしたものだ。

高校に入学しても、革靴《かわぐつ》をはいた記憶《きおく》はない。都会の高校から転校してきた不良学生が、いきな革靴をはいていたのが、まぶしいような気がしたものである。大学受験のために上京するとき、はじめてズック靴をはいた記憶がある。

大学時代も、靴では苦労が絶えなかった。古靴を買って、足に合わない靴を無理してはいているうちに、底に穴《あな》があいてしまったのだ。天気の日はいいが、雨が降《ふ》ると足の裏《うら》がぐしょぬれになる。当時は街頭にずらりと靴修理のおっさんがならんでいて、ハンバリという靴底のはりかえをやってくれたものである。

その代金がどうしても用意できずに、穴のあいた靴で歩きまわっていた。当時の大学生はおおむね貧しかったから、仲間も似たようなものだった。大学に通っていたあいだ、ついに新しい靴を買う機会はなかったように思う。

そのころの後遺症《こういしょう》がいまでてきているのかもしれない。靴にうらみは数々ござる、といったところだ。

しかし、よく考えてみると、私の靴に対する執着《しゅうちゃく》は、もっと古い時代にさかのぼるような気がする。

一九四五年の夏、私たちは朝鮮《ちょうせん》半島の北部の街で敗戦をむかえた。一年あまりの難民《なんみん》生活ののち、私たちはそれぞれグループをつくって南へ脱出行《だっしゅつこう》をくわだてた。三十八度線を越《こ》えれば、帰

学習ナビ

中学時代、高校時代、大学時代と移り変わる中で、**それぞれの話の共通点とちがう点を意識しましょう。**

それぞれの「**具体例**」**のつながりを考えるのが、随筆文《ずいひつぶん》のテクニック**です。

学習ナビ

「**しかし、よく考えてみると**」という部分は、筆者の考えがはっきり示される表現です。

学習ナビ

靴が好きという筆者の性格を作ったのは、「終戦直後」という「**背景《はいけい》**」だったということです。

国のための列車がでているという情報が伝わってきたからだ。

私たちは途中《とちゅう》までトラックや牛車で、そして後半を徒歩で、おもに夜間を移動の時間にあてて歩きつづけた。途中で脱落《だつらく》する仲間もすくなくなかった。

そんな脱出行のなかで、ちゃんとした靴をもっていない者が、先に脱落してゆくケースが多かった。はだしで歩くのは論外《ろんがい》だった。軍用の兵隊靴をはいていたりするのは、エリートだった。地下足袋《じかたび》もたいしたものだった。ほとんどが靴らしい靴をはかずに、足をひきずって歩きつづけた。

〈ちゃんとした靴さえあれば——〉

と、何度思ったことだろう。破れた運動靴を、布でぐるぐるまきにしながら、私たちはようやく徒歩で三十八度線を越えたのだ。

きっとそのころのことが体のどこかに残っているのかもしれない。そんな気がする。

問3 筆者が「靴」に異常《いじょう》なほど執着《しゅうちゃく》する理由を八十字以内で答えなさい。

これは八十字記述です。字数を割りふる前に、どのような答えになるかを考えてみましょう。

まず、**理由**ですから、答えの最後は**「〜から。」**になります。

この文章では、筆者の昔の体験が書かれていますね。どうやらここにヒントがありそうです。あわてて書かずに、筆者の体験を追いかけてください。そして、筆者の年齢《ねんれい》にあわせて本文を分けることにします。中学時代、高校時代、大学時代、一九四五年の夏に分かれていますが、この四つのエピソードをうまくまとめることになります。

また、**文学的文章で「理由」を聞かれる時は必ず「心情」が入ることも大切**です。そして、「心情の理由」と言えば「できごと」でしたね（→p.26）。つまり、この答えは、

学習ナビ

「**そんな**」とあることから、ここが**前の具体例のまとめ**であることがわかります。

学習ナビ

理由をさかのぼるのは二回が限度です。

「〜から。」

「〜ので、〜から。」

「〜ため〜ので、〜から。」

というふうにまとめてみましょう。

(中学時代の経験)、(高校時代の経験)、(大学時代の経験)、(一九四五年の夏)+(気持ち)だから。

となります。

ポイントを書き出して答えを作ろう

いきなり八十字の解答らんを埋《う》めることはさけましょう。

見つけたポイントを書き出してみる

という下書きから始めるのが記述を完成させるコツです。先ほど大ざっぱな組み立てを書きましたが、このうち、「一九四五年の夏」の体験が特別であることは、「しかし、よく考えてみると、私の靴に対する執着は、もっと古い時代にさかのぼるような気がする」と書いてあることからわかります。設問にある「執着」もここに出てきています。

では、**「(一九四五年の夏)+(気持ち)だから。」**を仕上げて下書きを作りましょう。

まず、**筆者の気持ちが書いてある部分を本文からぬき出す**と、

ちゃんとした靴さえあれば と思ったから。

という下書きができます。「ちゃんとした靴があれば」というのは、心情ではありません。そこで、**筆者の心情を表す言葉を補《おぎな》います**。これは靴がないために苦しい思いをしたということです。先ほどの下書きに**「苦しい思い」**という言葉を補って、文章を作ってみましょう。

例 **ちゃんとした靴がなくて苦しい思いをしたから。**

のようになりましたか。これで二十二字です。そこに一九四五年の夏の話を入れてみましょう。

学習ナビ

短い文章であってもわかったことは、きちんと形を整えててていねいに書きましょう。自信のない答案を書く時に限って、字が雑で、答えの形式も深く考えずに書いてしまうようです。

しかし、私《わたし》は、生徒たちに「自信のない答案ほど、ていねいに、きれいに書け」と言っています。雑な走り書きでは「どうせわかっていないだろう」と思われて、部分点を得るチャンスを失ってしまいます。

読解テクニック
13
長い記述を仕上げるコツ

ポイント
■下書きは全体の半分
■読点「、」は採点者へのアピール

下書きは全体の半分と考える

先ほどの下書きにいろいろなものを付け足してみましょう。一九四五年の夏＝敗戦の夏ですね。字数は圧縮《あっしゅく》しながら、次のポイントを入れていくのです。

ときに、ちゃんとした靴がなくて苦しい思いをしたから。

例 **敗戦の夏に、徒歩で脱出したときに、ちゃんとした靴がなくて苦しい思いをしたから。**

これで三十九字です。これは下書きですから、答案用紙ではなく、**問題用紙の裏や余白など**に書きます。というのも、先ほどの組み立てでは、この部分は解答《かいとう》らんの後半に書かれるはずだからです。あとは、少年時代から大学時代の話を四十字以内にまとめ、後半と合体させましょう。字数の配分に注意してください。

・**少年時代に靴と縁がなかったこと。**
・**大学時代も、貧しかったため、靴では苦労が絶えなかったこと。**

この二つの部分を合わせます。中学生から大学生の部分を「学生時代」とまとめて、短めに書き

学習ナビ
どんな時でも、二十五字を一つのポイントとして、**制限字数の半分くらいを下書きとして**おきましょう。そして、下書きと本文とを照らし合わせて、かんちがいを防ぎましょう。

ましょう。重要ではない部分で字数を使って、大切なポイントが書けなくなってはいけません。

例　**学生時代に、靴に縁がなく、貧しかったため靴では苦労をした。**（29字）

これで合体すると六十七字になります。少しゆとりがあるので、後半部分で付け足しもできそうです。「敗戦の夏に」をもう少しくわしく書きましょう。

例　**敗戦の夏に、難民として徒歩で脱出したときに、ちゃんとした靴がなくて苦しい思いをしたから。**（44字）

読点「、」を打って部分点をもらう

大切なのは「、」の使い方です。**ポイントごとに「、」を打って、採点者に部分点をもらえるようにしましょう。**また、自分で見直す時も「、」を打っておくと見やすいですよ。もちろん、**記述で使った本文の言葉には、印をつけておく**ことも忘れずに。では、先ほどの前半と後半を「、」をうまく使ってまとめてみてください。

なかなかの難問でしたが、記述問題では、このように手順を積み重ねることで、答えに近づいていくことを実感してください。

学習ナビ

下書きの文章や文字は、そのまま解答に書けるものにしてください。

例題の答え

問3　例　学生時代に、靴に縁がなく、貧しかったため靴では苦労をしたこともあるが、敗戦の夏に、難民として徒歩で脱出したときに、ちゃんとした靴がなくて苦しい思いをしたから。（79字）

章末問題

次の文章を読んで、後の問いに答えなさい。字数制限のある問題はすべて句読点を一字に数えます。
（甲陽学院中・改　万城目　学『かのこちゃんとマドレーヌ夫人』） 答え▼別冊 *p.46*

猫《ねこ》のマドレーヌは一年ほど前にかのこちゃんの家に突然《とつぜん》やってきて、犬の玄三郎《げんざぶろう》と夫婦《ふうふ》のように暮《く》らすようになる。

「お父さんとお母さんにも相談したけど、マドレーヌは玄三郎の奥《おく》さんでしょ？　玄三郎がここにいるから、マドレーヌもいっしょにいてくれたと思うの。だから、玄三郎がいなくなってしまって、マドレーヌはもうどこへ行ってもいいんだよ。もちろん、うちにいてくれるのがいちばんだけど、それはマドレーヌが決めたらいいと思う」

そう言って、かのこちゃんは夫人の首輪を外してくれた。かのこちゃんは夫人が人間の言葉を解するとまるで信じて疑《うたが》わない様子で、「三日後、学校から帰ってきたときに、もしもまだいてくれたら、そのときはもうマドレーヌはずっとうちの猫だから。また首輪つけちゃうから」と真剣《しんけん》な表情で告げた。

久々に首のまわりが解放された感覚に戸惑《とまど》いながら、夫人は密《ひそ》かに驚《おどろ》きを嚙《か》みしめた。なぜなら、かのこちゃんの言葉は夫人の気持ちをそのまま代弁したものだったからである。

夫人はこれまで、決して一カ所にとどまらず、住むべき場所を常に変えるという生き方をしてきた。そういう生き方しかできない猫だった。一年以上もひとところにとどまったのは、夫人にとってはじめてのことだ。それもひとえに玄三郎という存在があったからだった。空き地に集《つど》う和三盆《わさんぼん》やミケランジェロの存在があったからだった。この町には、夫人が生涯《しょうがい》はじめて得た夫と友がいた。はじめて得た「マドレーヌ」という自分だけの名前があった。

かのこちゃんが設けた期限までの三日間、その三分の二を相変わらず眠《ねむ》りに費やしながら、夫人は

通読時間を計ってみよう　□分□秒

読解ナビ
本文は三五〇〇字あります。長い文章ですが、三分で読むことを目標にしてみましょう。

読解ナビ
文学的文章では、誤解《ごかい》をしないためにも、せりふの部分は、だれのせりふかを必ず確《かく》認《にん》しておきましょう。

読解ナビ
13行目　マドレーヌはかのこちゃんの家に来てはじめて、名前をもらったということです。

真摯《しんし》に考えた。玄三郎を失ってからというもの、①かつての感覚が少しずつ蘇《よみがえ》りつつあることを夫人は敏感《びんかん》に悟《さと》っていた。かのこちゃんから首輪を外され、夫人が真っ先に感じたのは、驚くほど近くに旅立ちの時節の気配がうずくまっていたことだ。

かのこちゃんは夫人に自由を与《あた》えた。だが、馴染《なじ》みあるはずの自由の前で、夫人は戸惑っていた。いつの間にか、②自由というものが、夫人のなかでその価値《かち》を変えてしまっていたからである。

かのこちゃんが学校から帰ってくるまであと半日、いまだ答えが出ぬまま、夫人は縁側《えんがわ》でさらに姿《し》勢《せい》を崩《くず》し横たわった。家の中から、お母さんが掃除機《そうじき》をかけている音が聞こえてきた。庭の隅《すみ》にはまだ玄三郎の鎖《くさり》が丸まったまま、水道の蛇口《じゃぐち》の下にうずくまっている。赤いエサ皿はいつの間にか見当たらず、夫人との共用だった銀色のボウルだけが、今もさびしく水をたたえていた。

夫人は大きくあくびして、十月の陽気を確かめた。口を閉《と》じた拍子《ひょうし》に、ふと縁側の隅に視線《しせん》を向けた。珊瑚《さんご》色の首輪の下に、何か紙のようなものが挟《はさ》まっている。空き地から帰ったときにはなかったから、どうやらかのこちゃんが学校へ行く前に置いていったものらしい。

夫人は腰《こし》を上げ、首輪に近づいた。その下にあるものを、輪っかの内側にのぞいた。

それを見た瞬間《しゅんかん》、玄三郎のにおいがふっと夫人を包みこんだ。最後の夜、虫の合唱に混じって伝わる、玄三郎の乱《みだ》れた息の音が耳のすぐそばで聞こえてきた。

九月に入ってからの、急激《きゅうげき》ともいえる玄三郎の衰弱《すいじゃく》ぶりを、夫人は為《な》す術《すべ》なく見守るほかなかった。病院に玄三郎を連れて行っては、暗い表情で帰ってくるお父さんの顔を見るたび、夫人の心はきりきり痛《いた》んだ。

もはや食べ物がいっさいのどを通らなくなった日に、玄三郎は「もう駄目《だめ》みたいだね」と力なくつぶやいた。夫人は何も言えず、物置の屋根に上り、丸まって泣いた。

最後の夜は、唐突《とうとつ》にやってきた。

読解ナビ

26行目　首輪にはさまっていた紙が、マドレーヌの気持ちをかえたということです。

読解ナビ

31行目　ここからマドレーヌの回想がはじまります。

苦しそうな呼吸《こきゅう》を繰《く》り返《かえ》す玄三郎の前で、夫人は落ち着きなく犬小屋の前をうろうろするばかりだった。

「家のみんなを呼《よ》んでくる」

たまらなくなって、夫人は玄三郎に訴《うった》えた。

「大丈夫《だいじょうぶ》、まだ窓《まど》を開けて寝《ね》ているから、網戸《あみど》を破って入る。きっと気づいてくれるはずよ。インターホンだってその気になれば押《お》せる」

「駄目だ」

犬小屋の入り口からせり出すように、前脚《まえあし》を伸《の》ばし、そこへ斜《なな》めにあごをのせていた玄三郎が静かに口を開いた。

「どうして？　だって、このままじゃ――」

「そうしたら、僕《ぼく》は家のなかに連れていかれてしまう。きみに二度と会えなくなってしまう。僕はずっときみといっしょにいたいんだ」

夫人の言葉を遮《さえぎ》り、乱れた息もそのままに、驚くほど力強い声で玄三郎は告げた。

「で、でも、それだとあなたが」

「それでいいんだ」

それでいいんだよ、と繰り返し、玄三郎はそれまで閉じていた目を開け、すっかり濁《にご》った瞳《ひとみ》を夫人に向けた。

「どうして――」

思わずヒステリックに声のトーンを上げた夫人に、玄三郎は何を当然なことを、とでもいうように、

「③だって、きみは僕の妻じゃないか」

とどこまでもやさしい口調で、少しだけ笑った。その一瞬《いっしゅん》だけ、不思議と荒《あ》れた呼吸が静かになった。

読解ナビ

37行目　ここから玄三郎の様子が細かく描《えが》かれています。細かな描写《びょうしゃ》はつまり具体例と同じです。まとめるなら、「死がせまっていて苦しそうな様子」となります。

読解ナビ

49行目「驚くほど力強い声」、52行目「それまで閉じていた目を開け」など、玄三郎の意志の強さが読み取れる場面です。

夫人はもう何も言わなかった。

ただ、玄三郎の前に座《すわ》って、白髪《しらが》が目立つ顔を何度もなめた。

東の空が、ほんのわずかだけ白みがかってきた頃《ころ》、玄三郎の呼吸が急に速くなった。

「痛い？」

「もう痛くないよ」

すでに意識が遠いのか、ぼんやりした声で玄三郎は答えた。それきり、どれだけ夫人が呼びかけても、玄三郎は二度と応答しなかった。

ふっと呼吸が穏《おだ》やかになった。

玄三郎はまぶたを持ち上げ、触《ふ》れんばかりに顔を近づける夫人に焦点《しょうてん》を合わせた。

「さようなら、マドレーヌ」

それが最後の言葉だった。

明け方、玄三郎の様子を見に庭に出てきたお父さんは、犬小屋の前で腰《こし》を下ろしている夫人の姿を見た瞬間に、何が起きたかわかった、と玄三郎のお葬式《そうしき》のとき、かのこちゃんに語った。

お父さんは夫人の隣《となり》にしゃがみこむと、玄三郎の顔を丁寧《ていねい》に撫《な》でた。手を置いたまま、声を出さずに泣いてから、

「④ありがとう、マドレーヌ」

と夫人の顔をやさしく撫でてくれた。

そのときのお父さんの大きな手のひらが頭上を覆《おお》った感覚を思い起こしながら、夫人は⑤縁側に置かれた首輪を見下ろした。

輪っかの中央で、そろってあくびしている、自分と夫の写真をいつまでも見つめていた。

※（注）和三盆、ミケランジェロ……マドレーヌと友達の猫。　真摯に……まじめに。

読解ナビ

58行目「夫人はもう何も言わなかった」から、マドレーヌが玄三郎の心を理解したことがうかがえます。

読解ナビ

71行目　玄三郎との別れが、またマドレーヌとかのこちゃんたち家族との絆《きずな》を自覚させたのです。

問1　――線①とはどのような感覚ですか。説明しなさい。

問2　――線②の理由は何だと考えられますか。五十字以内で答えなさい。

問3　――線③で玄三郎は何を言おうとしているのですか。四十字以内で説明しなさい。

問4　――線④で、お父さんはマドレーヌに何のお礼を言っているのですか。説明しなさい。

問5　――線⑤は「マドレーヌ」にとって何を表していますか。三十字以内で説明しなさい。

読解ナビ

問1　――線①の「かつての」という言葉に注意。同じ段落《だんらく》にヒントがあります。

読解ナビ

問2　――線②の言葉「自由《ぶん》」と「価値《かち》を変えた」を分析《せき》して答えます。

読解ナビ

問3　答えるべき内容がたくさんあるので、かえって書きにくいですが、前後のできごとから答えを作る問題です。

読解ナビ

問4　「ありがとう」という表現から、マドレーヌが果たした役割《やくわり》を考えます。

読解ナビ

問5　主題を考える問題です。ここでは常に住む場所を変えてきたマドレーヌの変化がポイントです。

第6章

入試で使う「手順」

時間管理テクニック

時間を味方にするために

大問ごとの制限時間を守る

いさぎよく次の文章題へ進む

全体の制限時間から、**その文章題にかけることのできる時間を決めます**。もしつまずいて時間がかかるようなら、**次の文章題へ進みましょう**。

制限時間の真ん中で進行をチェックしよう

二十五分で解き進めていくなら、十二分で一度チェックして進行を確認《かくにん》します。また、**解答らんの半分を書きこんだ時点で、残り時間をチェックすることも大切**です。

設問まで通読してみる

本文を通読したら設問も確かめる

設問には語句の知識を問うだけの問題や、本文全体をふまえた長い記述問題など、さまざまなパターンがあります。**知識を問うだけの問題は手早く片付《かたづ》けましょう**。

長い記述問題や、要旨《ようし》を問う問題は後で解く

配点が大きいと考えられる長い記述問題や、本文全体の内容を問う問題は、**通読の後に設問チェック**をして、記号選択《せんたく》問題やぬき出し問題の後に回します。

学習ナビ

それぞれの目標時間の目安は、**文章の数で単純《たんじゅん》に全体の制限時間を配分するだけ**でかまいません。

学習ナビ

漢字・語句はすぐに解ける知識問題ですから、わかるならば、設問チェックの段階《だんかい》でうすく書きこんでもかまいません。

設問をもとに答えの骨組《ほねぐ》みを作り上げる

答えやすい問題に答えながら、読み取りを進める

記号選択《せんたく》問題などは、文章の流れをつかむ格好の材料です。選択肢《せんたくし》の文章に、文章の流れをまとめたヒントが書かれていることがあるからです。そのように、設問を読解のガイドとして読み進めることは、解くうえでたいへん有効なことです。

二回答えることのできるスピードをつける

一回目に答える時は、全体をつかむことを意識します。そのうえで**自信のない読解部分をもう一度考え直すようにします**。

「即答力《そくとうりょく》」をふだんから鍛《きた》える

文章・設問を読んで、すぐに要点を答える習慣をつける

文章を読んだら、すぐに**話題、要点、人物、場面**などを答えてみましょう。また、設問を見たら、**目をつけるところ、答えの形**などをすぐに答えてみましょう(正解かどうかは別にして、意識をするということです)。

「即答」した答えを確かめるくせをつけよう

即答した答えは、見直しをしなければいけません。設問をすべて解き終わった時点で見直しをしても、ミスに気づかないかもしれません。気になる時にすぐに見直しをするようにしましょう。

学習ナビ

設問を下見して、そのだいたいの答えから**文章全体をつかむ**ということです。

また、文章の要旨《ようし》を問う問題を考えることで、前にある他の問題が解けることもあります。

学習ナビ

入試に必要なのは即答力と見直しの組み合わせです。

制限時間の中で自分の実力に合わせた得点を手にすることを目指しましょう。

読解テクニック 1

実際の入試における時間管理

ポイント

■ 大問の文章題一つずつの制限時間を守る

大問一つずつの制限時間を守ろう

この入試問題全体は長文が二題あって、制限時間は五十分です。そのため、単純《たんじゅん》に一題の制限時間を二十五分とします。大切なのはその制限時間を守る心です。時間を意識して学習する時には、タイマーをセットして、必ず二十五分で止めましょう。

では、この問題を解いてみましょう。本文は約一八〇〇字あります。通読の目標は二分三十秒です。**通読の目的は、「話題」がわかること**でしたね。余裕《よゆう》があれば要旨《ようし》も考えてみましょう。

例題に挑戦 **まずは通読してみよう！**

（金蘭千里中　桜井章一『努力しない生き方』一部改めたところがある）

最近、TVをつけるとクイズ番組をやたら目にするようになった。それこそ世界史から娯楽《ごらく》や漢字にまつわるものまでありとあらゆるジャンルのクイズがTVという箱の中で飛《と》び交《か》っている。

人類《じんるい》が生きてきた長い歴史を考えると、クイズの種は尽《つ》きることがない。［A］この手の番組はつくろうと思えばいくらでもつくれるのだろう。

それにしても①クイズ番組がここまで流行《はや》るのはなぜだろう。一つには知識や情報といった

学習ナビ

私《わたし》は、**通読はどんな時でも早くすませる**と決めています。何《なん》枚《まい》にもわたる長文が出題される学校もありますが、一気に読みきります。必要なのは「**話題**」と「**構成**」なのですから、文章をブロックに分けるためだけの読み方をすればいい、ということです。

学習ナビ

前から順に本文の内容をつかんでいきます。

本文全体の話題はまだ見通せませんが、まずは「**クイズ番組**」を**話題**として考えます。

そして、「クイズ番組」の話

ものがこの社会では非常に値打《ねう》ちがあるからだろう。

もう一つの理由としては、現代人は「答え」というものを強く欲《ほっ》しているからだと思う。先行きの見えない時代にあって、これからどう生きていくのがよいのか、何を求めていけばいいのか、何を心の拠《よ》りどころにしていけばいいのか、わかりやすい明快な「答え」はどこにもないし、誰《だれ》かがきちんと答えてくれるわけではない。

そんな漠然《ばくぜん》とした不安が蔓延《まんえん》する中にあって、クイズは「答え」という手応《てごた》えを1さしあたって与《あた》えてくれるものとして無意識に求められているような気がする。

クイズの「答え」なんてその場かぎりのものでしかないのだが、「答え」をたくさん知っておくと、ぼんやりとした不安感もいくらかは薄《うす》れるような気持ちになるのだろう。

そう言えば、この社会に氾濫《はんらん》するマニュアルというものも「答え」があらかじめ用意されたものである。

私《わたし》はaグタイ的に今どんな本が売《う》れ筋《すじ》であるかといったことには2疎《うと》い。しかし書店なんかにいくと仕事や生き方にまつわるマニュアル的な本がお店の中心を賑《にぎ》わしているのを否《いや》が応《おう》でも目にするから、この類《たぐい》の本が今、bオオゼイの人に求められているんだろうなということぐらいは少なくともわかる。

面接で成功するためのマニュアル、仕事が上手《うま》くいくためのマニュアル、話し方が上手になるためのマニュアル、さまざまなマニュアルがあるようだが、これも仕事や生き方における「答え」の一つである。こうしたものを見るにつけ、今の人は「答え」というものに強くとらわれているんだなということを感じてしまう。

B、そもそも生きていることに「答え」などあるのだろうか。哲学者《てつがくしゃ》などが「人生の意味とは何か?」みたいなことを問いかけたりするが、そんなものに意味などはじめからないのだ。

題が一通り終わったら、次の話題との共通点を考えるようにします。

学習ナビ

6行目のように、**「一つには」**や**「もう一つには」**と書かれている場合は、設問として使われることが多いので、通読で印を入れるといいでしょう。

学習ナビ

語句の意味についての問題は、文脈をとらえるうえでも重要ですから、**意味を確認《かくにん》**しておきましょう。

学習ナビ

16行目に**「マニュアル」**という新しい話題が出てきました。そして、ここから「クイズ番組」という話題が出てこなくなります。

3 **身も蓋《ふた》もない**言い方だが、意味もなければ答えもないからこそ人生は面白《おもしろ》いと思う。「答え」というのは一つの目的だからそれ以上前には進めない。だから人生の「答え」を仮に見つけたとしたら、そこでおしまいではないか。

私自身はわからないことがあっても、それを本で調べたり、知識のありそうな人に聞いたりということはしない。はっきりとわからなくても、だいたいこんなところだなというつかみ方をする。

その状態で放っておくと、いつの間にか自然とわかってくることもある。わからないからといって気持ちが落ち着かなくなるようなことはなく、むしろその状態を X ような感覚が私にはある。

わかるとは「分かる」と書く。「分かる」とはその対象となるものをある形に分けて、理解できるようにすることである。しかし、元々は人生は「分けられない」＝「わからない」ものである。そんな人生をはっきりとした形に分けようとすると、それは物語のような形にするしかないだろう。

②どんなに科学文明が発達しても、人が生きるとは何なのか、はっきりとした「答え」は出てこない。どんなにcフクザツな物理や数学の方程式を使っても、どれほど高度に科学技術を進歩させても、人が生きるということはdエイエンに謎《なぞ》だ。

人だけではない。無数の動植物が生きている地球があり、さらにそれを包《つつ》み込《こ》む宇宙《うちゅう》があるということは、それ自体ひたすらわからないことだらけである。

動物も植物も地球も月も太陽も、彼《かれ》らは「答え」を求めない。「分からない」という状況《じょうきょう》にあって「迷い」を起こすのは人間だけ。

でも、「分からない」というのは、本当に魅力的《みりょくてき》なことだし、楽しいことだ。異性《いせい》に惹《ひ》かれ

学習ナビ

31行目 **「私自身は」** と書いてあるところから、ここに**筆者の意見**が強く出ていることがわかります。

学習ナビ

41行目 **「科学文明」** という言葉は、これまで出てこなかったキーワードです。

るのも本質的に相手がわからないからである。「分からない」という状態は生きることを豊かにするものなのだ。だから、もっと「分からない」ということは大事にすればいいと思う。「分からない」ことに耐《た》えられなくなって、人生の「答え」を ^{e}アンイに求めることはないのだ。

問1 〰〰線a〜eのカタカナを漢字に改めなさい。

a ［　　］ b ［　　］ c ［　　］ d ［　　］ e ［　　］

問2 [A]、[B]に入る最も適切な語をそれぞれ次の中から一つ選び、記号で答えなさい。

ア もっとも　イ だが　ウ たとえば
エ だから　オ さて　カ いっぽう

A ［　］ B ［　］

問3 [1]〜[3]の語の本文における意味として最も適切なものをそれぞれ次の中から一つ選び、記号で答えなさい。

1 「さしあたって」
ア 適切に　イ 他に先んじて
ウ とりあえず　エ 幸いなことに
［　］

2 「疎《うと》い」
ア 予測できない　イ よく知らない
ウ 話せない　エ 関《かか》わっていない
［　］

学習ナビ **段落《だんらく》の最後に結論《けつろん》が出てくる**ことが多いのは、これまでの学習で理解できていると思います。

学習ナビ 問1 漢字の問題は、本文を読み直しながら、**出てくる順に答える**のが最善《さいぜん》です。

学習ナビ 問2 A、Bとも、**前後数行で解く**ことができます。後回しにせずに解いてしまいましょう。

学習ナビ 問3 **語句の意味を問う**問題です。意味がわからなければ、空らんと考えて、あてはまるものを選ぶ記号選択《せんたく》問題として解いてみましょう。

3 「身も蓋《ふた》もない」

ア 内容が薄《うす》くて、丁寧《ていねい》でない　イ 幼稚《ようち》で、難《むずか》しくない

ウ 露骨《ろこつ》すぎて、味わいがない　エ あいまいで、手応《てごた》えのない

問4 ――線①「クイズ番組がここまで流行るのはなぜだろう」について、その理由を説明した次の文の空欄《くうらん》に入る適切な語句を答えなさい。ただし、ア については五字で本文からぬき出し、イ についてはあてはまる表現を指定された条件に即《そく》して考えて書きなさい（句読点を含《ふく》む）。

＊クイズで得られる ア（五字） が現代社会では価値《かち》があり、明快かったくさんの「答え」という手応えを提供《ていきょう》するクイズは、イ（「時代」と「不安」という語を必ず用いて四十字以内で） から。

ア

イ

問5 本文において、「クイズ」と特徴《とくちょう》が似ているとされるものを五字でぬき出しなさい。

問6 X に入る適切な動詞《どうし》（三字）を、本文に用いられている言葉を参考にして答えなさい。

学習ナビ
問4 「クイズ番組」が話題になっている問題です。この後は「マニュアル」についての話題へと移りますから、15行目まででで解くことができる問題です。

学習ナビ
問5 「クイズ」の言いかえにあたる言葉を探《さが》しましょう。

学習ナビ
問6 のちほど解説しますが、全体を理解してからの方が解きやすい問題です。

問7 ――線②「どんなに科学文明が発達しても、人が生きるとは何なのか、はっきりとした『答え』は出てこない」について、その理由を説明した次の文の□に入る適切な語句を、二十五字以内で本文からぬき出しなさい(句読点を含む)。

＊科学文明を支える物理や数学などの科学は、□する学問だから。

問8 本文の内容を説明した次の文章の空欄に入る語句を答えなさい。ただし、ア、イはそれぞれ指定された字数で本文からぬき出し、ウは指定された字数で考えて書きなさい(句読点を含む)。

＊現代人は仕事や生き方における ア(二字) を強く求めている。しかし、そもそも人生にそのようなものはない。したがって、この「イ(五字)」という状態に不安を抱《いだ》く必要はなく、イ(五字) ことがあったら、ウ(四十字以内) する姿勢《しせい》が大切である。

ア

イ

ウ

学習ナビ
問7 ここでは、**「科学文明」**が話題になっています。「物理」「数学」もキーワードになります。場所を限定して考えてみましょう。

学習ナビ
問8 **全体の要約問題**です。本文にもどりつつ考えましょう

学習ナビ
この後、設問の取り組み方を解説していく中で、一部の答えを記しています。ただし、**答えなどについては、別冊《べっさつ》** p.52～54**を参照してください。**

解く順序について考える

ポイント
- 本文で出てきた順番で解く
- ぬき出し問題と同じ手順をふんでから解く

問1からにこだわらず、本文で出てきた順番に解いてみよう

今回は手順を覚えてもらうために、いっしょに解いていきます。通読をしてだいたいの話題がわかったら、設問を手がかりにして、本文をもう一度くわしく読んでいきます。

意味段落《だんらく》①（15行目まで）

話題　クイズ番組　→　（疑問《ぎもん》）クイズ番組がここまで流行《はや》るのはなぜだろう（——線①）

理由1　知識や情報に値《ね》打ちがあるから

理由2　現代人は「答え」というものを欲《ほっ》しているから

この問題でまず考えるのは［A］です。**問1**からではありません。**問1**は漢字問題なので、出てくるたびに解いていくことになります。国語の問題は難度順《なんどじゅん》ではありませんから、**問1**から解くことにこだわる必要はありません。

［A］は接続語の問題なので、前後の内容をまとめてつながりを確かめます。**「設問パターンを考えて、解法を意識する」**という習慣づけをしてください。

学習ナビ

国語のテストにおける、設問の配列の特徴《とくちょう》としては、語句や漢字の問題を前後に固めることがあります。

また、乱文《らんぶん》整序や正誤《せいご》問題などが、ほかの読解問題とはちがうところにおかれていることもあります。本文を読み通した後、**時間があれば設問も点検しておく**といいでしょう。

ぬき出し問題と同じ手順をふんでから解く

——線①は、**理由を問う問題**ですね。後ろに「一つには…。もう一つの理由としては…。」とあるので、後回しにする必要はありません。ただし、答える形式が複雑なので、整理してみます。

[ア]は空らんの前後を整理して、空らんを最後に持ってくるように書きかえます。

●現代社会で価値《かち》があるとされるのは、クイズで得られる[ア（五字）]である。

「価値」＝「値打ち」ということに気づけば、アは「**知識や情報**」であるとわかりますね。

[イ]は、示されている**「時代」**と**「不安」**が当然**キーワード**になります。まず、本文から「時代」と「不安」を探《さが》し出《だ》して印をつけましょう！

●時代　＝　先行きの見えない時代（9行目）

●不安　＝｛漠然《ばくぜん》とした不安（12行目）
　　　　　　ぼんやりとした不安感もいくらかは薄《うす》れるような気持ち（15行目）

この二つを組み合わせると、

●**先行きの見えない時代において、ぼんやりとした不安感がいくらか薄れる気持ちになる**（39字）

となります。条件をうまくつかえば答えもうまく見つかりますね。

この問題では、**まず手近なところで答えを作ってしまうことがポイント**です。本文の最後まで読み通して（全問解いて）、その後、「時代」「不安」などのキーワードが後ろの方で出てきたら、よりよい答えがないかを考えるといいでしょう。幸いにしてこの問題はここだけで解けます。「記述問題はなんでも後回し」という人がいますが、本文中の手近なところで解けるかどうかがポイントで、設問パターンは関係がないということをよく覚えておいてください。

時間を意識して問題を解く時は、答えを作れるものはどんどん解いていきましょう。

学習ナビ

ぬき出し問題、記号選択問題、記述問題などすべて「**ぬき出し**」を基本として考えていきます。つまり、すべての問題において、「**本文から言葉を探して解く**」という姿勢《しせい》で臨《のぞ》みましょう。

学習ナビ

設問にどんどん印を入れることで、どこまで答えに近づけたがわかります。**何を書きこんだらよいかわからなくなったら、それは後回しのサイン**だと考えて、先に進みましょう。

読解テクニック
3
後で見直す気持ちを持ってスピードを上げる

ポイント
- 語句の問題は前後から考える
- ――線のない意味段落《だんらく》には実は答えがかくれている

語句の問題は前後から考えよう

問3の、1「さしあたって」、2「疎《うと》い」、3「身も蓋《ふた》もない」は、語句の意味を問う設問です。その意味を知っていたらすぐに答えられるのはもちろんですが、**知らなかった場合は、前後の文脈から判断する**しかありません。そういう時は問題が空らんになっていると考えて、あてはまる語句を答える問題だとして取り組んでください。

これも、とりあえず答えを書いておいて、本文全体を読み通したら、最後によりよい答えがわかることがあるかもしれません。

――線のない意味段落には答えがかくれている

意味段落②（16～25行目）

話題　マニュアル　…　具体例の働きをしている

「マニュアル」＝①社会に氾濫《はんらん》している

学習ナビ

――線のない段落は、ぬき出し問題の答えが隠《かく》れていることが多いので、キーワードを見つけて線を引いておきましょう。

特に**前後の段落の言いかえになっているところは重要**です。

②「答え」があらかじめ用意されたもの
③仕事や生き方における「答え」が用意されている。

結論《けつろん》
マニュアルが氾濫しているということは、現代人は「答え」というものに強くとらわれているという証拠《しょうこ》である。

意味段落②は、「マニュアル」という**具体例**（クイズ番組とよく似た意味ということで「類例」といってもいいでしょう）を通じて、筆者の意見を補強《ほきょう》している部分です。

つまり、意味段落①の言いかえが多いということです。**作問者は、こういうところに注目して問題を作ろうと考えます。**

第1章で確認したように、「具体例」にはまとめがありますから、ここではこのように考えます。

●クイズ番組＝マニュアル（共通点）「答えがあらかじめ用意されたもの」
●マニュアルがあると、今の時代では人々の不安がいくらか薄《うす》れる。

読解法で「具体例は省く」というのがありますが、実際はそうではありません。具体例がいくつかある文章では、それぞれの具体例が「問題」と「答え」の関係になっていることが多いものです。

実は**問5**はその役目を果たしています。「『クイズ』と特徴《とくちょう》が似ているとされるものを五字で」、とありますから、その答えは**「マニュアル」**であることは疑《うたが》いがありません。だから「マニュアル」については設問が作れなかったんですね。

前の段落の言いかえの働きをしているなと感じたらどんどん線を引いていけばいいのです。

言いかえが多い段落は、あまり設問がないことが多いです（――線の部分を答えにする入試は、めったにありません）。そういった段落は、語句の問題が中心になっていることが多いのですが、読み飛ばさないようにしましょう。

学習ナビ

「具体例」がいくつか並《なら》んでいる時は、それらの**共通点**を考えます。第5章の随筆文《ずいひつぶん》のところ（→ p.134〜）を復習しておくとよいでしょう。

読解テクニック

4 わからないものは「後回し」

ポイント

■前後でわからないものは後回し
■問題の終盤《しゅうばん》にさしかかる前に時間の確認を

わからないものは「後回し」にして先に進む

意味段落③は、［B］で始まっています。前後の内容とのつながりを確かめて、答えを書いておきましょう。ここでは、筆者の意見がたくさん出てきました。この意見は、これまで筆者があげてきた「クイズ番組」や「マニュアル」についての意見がもとになっています。そして、最後の、私《わたし》たち読者に対する**「人生の『答え』を安易に求めることはない」**という発言を大切にしましょう。

意味段落《だんらく》③（26〜51行目）

生きていることに「答え」はない（筆者の意見）
人生に「意味や答え」がないから面白《おもしろ》い（筆者の意見）
私はわからないことがあってもそれを［X］ようにしている（筆者の態度）
「わかる」とは分けて理解することである（筆者の意見）
人生とは「分けられないもの」である（筆者の意見）
「分からないもの」は魅力的《みりょくてき》なものだ（筆者の意見）
人生の「答え」を安易に求めてはいけない（筆者の意見、読者への呼《よ》びかけ）

学習ナビ

後回しにする時も、本文に書きこみをしてからにします。「『わからない』時の筆者の態度を答える」という部分まで設問チェックができているからこそ、後回しの効果が生まれます。

学習ナビ

後回しということは、もうやらないということではありません。一つとばしたら一段階スピードアップを心がけて、**見直す時間、再挑戦《さいちょうせん》する時間を作る**ようにしましょう。

Xを考えるには、**対比の考え方**を使うのが一番でしょう。ここでは「読者（世間の人）」と「筆者」が比べられています。

わからない時　「世間の人」＝落ち着かない　マイナスの態度
　　　　　　　「筆者」　＝［　X　］　プラスの態度

このように考えて、**「わからない」**をキーワードにします。

残念ながら、そうやっても前後数行では答えが出ません。だから**「後回し」**にします。

問題の終盤にさしかかる前に時間の確認を

残すところ、**問7と問8**になりました。ここで、**残り時間を確かめる**ようにしてください。時間を確認する目安は、解答用紙です。難《むずか》しい問題では、それを考えるのに没頭《ぼっとう》して、残り時間を考えなくなります。非常に危険《きけん》です。そうならないコツは、**「悩《なや》んでいる自分に気づく」**ことです。

問7は、「科学文明を支える物理や数学などの科学は、［　　］する学問だから。」の空らんをうめる問題です。この場合、本文が残り少ないので、まず後ろを点検します。空らんをふくむ文章には、「科学」「学問」いろいろありますが、キーワードを見つけるのは困難《こんなん》です。

次に、——線②をもう一度見直しましょう。すると、**「答え」**というキーワードがあります。つまり、この文脈は**「科学では生きるということの『答え』は出ない」**ということなのです。

科学↔生きる　なら、（**？**）↔**分からない（答えが出ない）**

という対比で考えましょう。科学は「分かる」ものしかあつかわない学問なんですね。これで答えが出そうです。——線②から前にさかのぼりましょう。キーワードはもちろん「分かる」です。しかも「〜する学問」につながるように探《さが》しましょう。

「対象となるものをある形に分けて、理解できるように」（24字）ですね。

学習ナビ
解答らんの半分を書きこめたら、**残りの時間を確認**しましょう。

手早く解いて、最後に見直しをする

ポイント

- 本文全体に関《かか》わる問題は見直しもかねる
- 大問一問解き終えたら見直しをする

本文全体に関わる問題は見直しもかねる

問8は全体の要約です。〰〰線をつけたところが手がかりです。本文にもどりつつ考えましょう。

＊現代人は仕事や生き方における［**ア**（二字）］を強く求めている。しかし、そもそも人生にそのようなものはない。したがって、この「［**イ**（五字）］」という状態に不安を抱《いだ》く必要はなく、［**イ**（五字）］ことがあったら、［**ウ**（四十字以内）］する姿勢《しせい》が大切である。

ア　現代人が強く求めているもの＝「**答え**」でしたね。そして、**イ**　答えがない＝「**わからない**」という状態でしたね。ではウは？　分からないということに対する筆者の態度でしたね。これは最後の段落をチェックするとわかります。その中にある「『分からない』ということは大事にする」は必ず入れたほうがよさそうです。あとはどうしますか。筆者が「分からない」ことに対して書いている段落は他にあったはずです。32行目の

> 私自身はわからないことがあっても、それを本で調べたり、知識のありそうな人に聞いたりと

学習ナビ

「**本文全体をふまえて**」という指示がある時は、答えに使った部分が本文全体に行きわたっているかをチェックしましょう。また、設問が――線で示されている時は、――線と遠く離《はな》れたところにヒントがあることが多いものです。

ただ、この**問8**の場合、設問にヒントがたくさんあるので、答えを作るのは簡単《かんたん》かもしれません。

いうことはしない。はっきりとわからなくても、だいたいこんなところだなというつかみ方をする。

これを組み合わせて、答えを作りましょう。

だいたいこんなところだなというつかみ方をして、「分からない」ということを大事に（39字）

実は、X のことを後回しにしていました。最後に筆者は「でも、『分からない』というのは、本当に魅力的《みりょくてき》なことだし、楽しいことだ。」と述べています。実はこれがヒントなのです。つまり筆者は「分からないことを楽しむ」ようにしていたのです。

大問一問解き終えたら見直しをする

気をつけるべきは、見直しです。**大問一問を解き終えたら、必ず見直しをします。**文章の頭にもどって、**問1**から内容と答え方を点検するのです。見直しのポイントは、次の四つです。

① **漢字は正しく書けているか。**
② **記号選択《せんたく》問題は、本文から理由を探《さが》したか。**
③ **ぬき出しは本文と一致《いっち》しているか。**
④ **記述問題で、日本語のまちがいをしていないか。**

三分あればできることです。国語の場合、「テスト終了間際《しゅうりょうまぎわ》に全体を見直す」というのは意外に難《むずか》しいので、**大問ごとに見直す**と、本文の記憶《きおく》がきちんと残っているうちに見直しができます。また、**問1**では読めていなかった文章の内容が、最後の問題まで解き進めると、深くわかった状態になっています。そうして**問1**を見直すと、思いちがいに気づいて直すこともできるのです。

学習ナビ

見直しのコツは、細かくです。
また、制限時間の半分で、一度残り時間を確かめることも大切です。

文学的文章での時間管理

ポイント
■通読で問題の全体をつかむ

通読で本文を読みやすいように分ける

先ほどの例題は、大問1にあたる問題です。次に、大問2にあたる物語にチャレンジしましょう。制限時間は二十五分です（先ほどの説明文で時間を使いすぎていなければ）。

本文全体は三三〇〇字もあります。**まずは本文を通読して、場面に分けておきましょう。**

例題に挑戦　**三分以内で読みきって、大きく分けてみよう。**

「あかり」は「とうさん」と二人で暮《く》らしている小学校三年生の女の子である。母親がいないため、家には週二回お手伝いさんの仲井《なかい》さんが通ってきてくれている。

とうさんの絵葉書《えはがき》にたいして、山名さんは返事をくれなかった。そのかわりに、自分が返事になった。つまり、とつぜん訪《たず》ねてきてくれたのだ。夏の日ざしがあんまり強いので、庭全体が白いろに燃えたつように見える土曜のひるまえのことだった。タマテバコも、さすがにぐったりして、くたびれた雑巾《ぞうきん》みたいになって眠《ねむ》っており、山名さんがすぐ前に立つまで気づかな

（金蘭千里中　今江祥智『優しさごっこ』一部改めたところがある）

学習ナビ

文学的文章を早く読むコツは、**「だれがどうした」に注目してまとめていく**ことです。だれとだれの場面かがわかっていると、文章を分けることができるので、問題に対処《たいしょ》しやすくなります。

線を引くことも難《むずか》しいので、まずは最後まで読みきることを目指しましょう。

かった。

山名さんは、小さな、けれどよくとおる声でごめんくださいを二度くり返し、タマテバコが気づき、半分寝《ね》ぼけながらほえたてた。画室にいたとうさんも、それでやっと表のaケハイに気がついた。この暑いさなかにいったいだれやろか……と、1いぶかりながら玄関《げんかん》に出たとうさんの目に、濃《こ》い青の大きな麦わら帽子《ぼうし》がとびこんだ。とても大きいので、それをかぶっている人がかわいく見えた。頭に海をかぶっているみたいで、2すこぶる涼《すず》し気《げ》に見えた。そして、帽子に埋《う》もれたかっこうで、よく見えない顔があげられたとき、とうさんは思わず、

―山名さんやンかあ。

①少年の声をあげていた。

―おじゃまやありません？

山名さんは、少しかたい声でたずねた。

―いいや大丈夫《だいじょうぶ》。

とうさんは、まだ少年の声ではずんで答えた。山名さんは右手の白い籐《とう》の鞄《かばん》をもちあげて言った。泳ぎにいかはれしません？　今年は仕事のつごうで伊豆《いず》へ帰る時間はないンですけど、なんだか、むやみに泳ぎたくなったンです、それも、ごいっしょに……。

おしまいのところは早口になったので、もう少しでとうさんは聞《き》き逃《のが》すところだった。え？という表情になりながら、とうさんはできるだけおちついて（②年相応《としそうおう》の口調にととのえて）言った。それやったら、どこぞ近くのプールにでも？　山名さんはうなずき、それも日焼けせん室内プールがいいんですけど……と答えた。ははあ、日焼けしては困るんやな、泳ぎにでかけたことは※なンやな……と、とうさんは気がついた。なるほど※にごいっしょか。

とうさんは以前一度あかりをつれて泳ぎにいったことのある洛北《らくほく》の室内プールのことを思い

学習ナビ

語句の意味を問う問題が出てきました。文学的文章の場合は心情がカギになることがありますので、ここでとうさんや山名さんの心情を少し考えておくといいでしょう。

学習ナビ

――線①**「少年の声」**とありますが、後ろにも**「少年の声ではずんで」**というのがあります。また、**「年相応の口調」**の近くに**「おちついて」**とあるのもヒントになります。

学習ナビ

※の部分は**後回し**になる問題です。

うかべた。植物園のすぐ近くやし、ちょっとおいしい洋食屋さん（とうさんはレストランのことをすぐそう言ってしまって、としやなあ、昔風やなあと言われて、3くさるのだ）も何軒《なんけん》かあるしな、ちょうどええやないか……。（とうさんは、中学校のころ水泳部にいたので、泳ぐとなるとおなかがすく、帰りには何かたべたくなるもンや―と考える習慣になっていた。昔はタイやき屋だったが、いまはそんなふうなところを考えてしまうのだ）あとは、あかりの帰るのを待つだけや、bタンシュク授業やさかい、そろそろや。

そこまで、おなかの中で暗算する（?）と、ま、あがって下さいと山名さんを誘《さそ》った。山名さんは画室に入りたがった。いま、どんな仕事をしているか見たがった。何だか急に思い切ったように、とうさんのことをいろいろ知りたがっているケハイがあった。

いまなら、絵本の仕事にいきづまっているところを見られてしまう。それよりも、だいたいが仕事の途中《とちゅう》を人に見せることはしないとうさんだったが、このときはすぐ見せる気になった。山名さんの、③これまでになかった積極性みたいなものをかぎ取ったからかもしれない。とにかく、むしろ自分からすすんで、「壁《かべ》」に当たっているところを山名さんに見てもらいたいと思ったのだ。

とうさんは黙《だま》って、出来上がっていた分を次々に手渡《てわた》していった。山名さんも唇《くちびる》をきゅっとひきしめて、ちょっとこわいような表情になって見ていったが、目からだんだんきつさが消えていった。そしておしまいの一枚《いちまい》を見終わったときの山名さんの瞳《ひとみ》の輝《かがや》きを見ると、

（なんや、自分ひとりであんなにくよくよするほどのものでもなかったンや……）

と安心してしまったほどだ。山名さんは、ひとこと感想をのべてくれた。

―この子の（山名さんはタマテバコのことを犬と呼ばなかった。ごく自然に「子」と言った）気もちが―、不安のゆらめきが、いつも対比して描《えが》いてある木の、森の大きさと色彩《しきさい》にようで

学習ナビ

線を引くところがかなり難しい場面ですが、山名さんか、とうさんかにしぼって、行動を追いかけていくといいでしょう。

学習ナビ

「タマテバコ」は飼っている子犬の名前ですが、これも場面を切《き》り替《か》える**キーワード**として考えてみるといいでしょう。

て、やっぱり思っていたよりもずっと新しい世界を拓《ひら》きはりましたわ。仕上がりがほんまにたのしみ……。

見せてよかった—と、とうさんはしんからうれしかった。④目の前の画稿《がこう》の中のタマテバコが小さくほえ、とことこと歩きだしたように思えた。

（うごいてくれるぞ。これでやっと次にいけるやンか……）

とうさんは思わず、

—よかったぁ。

[A]画家がほめられたみたいな声をあげてしまったが、それが少しも恥《は》ずかしくなかった。まるで初めてひとに仕事をみとめられたときのようなうれしさがあったからだ。山名さんだからすなおにそうできたのか—と思うと、われながらおかしかったが、そのことがまた、胸《むね》のどこかをきゅんとしめつけた。とうさんはある言葉を口にだそうとして、初めてのように、まっすぐに山名さんの目を見つめた。そのとき、玄関にあかりの声がした。

—お客さん？

たずねながらあがってきた。玄関の靴《くつ》に気がついたンやな……。とうさんはそう思い、すぐに山名さんの名を口にしかけたのを、山名さんが片目《かため》をつむって抑《おさ》えた。とうさんは画室の戸を押《お》さえて、

—だれやと思う？

かくれんぼしているときみたいに、いたずらっぽくきいた。素早《すばや》くケハイを察したあかりは、むりに戸をあけようとしないで、立ち止まり、思案しているふうだった。仲井さん—と言うやろな……。とっさにとうさんはそう思い、そう言われてしまったら、⑤さっき口にしたかった

学習ナビ

この文章は比較的《ひかくてき》明るい文章なので、プラスのイメージの心情を追いかけると読みやすいでしょう。そして、**とうさんがうれしくなった理由を考える**ようにすると全体が理解しやすくなります。

学習ナビ

あかりが登場しました。ここでいったん**場面が変わります**。

言葉は言えないなあ……と思ってどきんとした。こんなあてっこは止《よ》すべきだったと思ったのだ。山名さんを傷《きず》つけてしまうことになるやないか……。

あかりはしばらく答えなかった。それから、うん、とうなずくようすがあって、山名さんやろ……とあっさりあててくれた。ほっとしながら戸をあけたとうさんは、よう分かったなあ……と声にだした。うん、仲井さんの靴やなかったし、もうちょっと小ぶりなものやったさかい、はき手を考えたら分かってきたンや。あかり名探偵《めいたんてい》は「cスイリ」のほどを説明してくれた。

―おじゃましてます。

山名さんは、初対面みたいにかしこまった声で挨拶《あいさつ》した。あかりは、おやという表情になった。それまでのおつきあいはなかったみたいな挨拶の仕方やないのン……という気もちがしたからだ。そしてすぐに、

（もしかしたら、これから始める気もちできやはったからやな……）

と、敏感《びんかん》に「スイリ」した。とうさんにもまだ分かっていない山名さんの「決心」をみごとに探《さぐ》りあてた「第 B 感」で、こちらの「スイリ」の方がずっと名探偵ぶりをdハッキリしたものだったが、とうさんはまだそこのところに気がついていなかった。⑥燈台《とうだい》もと暗し……。

あかり名探偵は、とうさんの方へ「eカンサツ」の目をむけた。とうさんは生き生きした目をしていた。

―タマテバコがうごいたン？

ふたりだけの暗号を言うようにあかりがきいた。とうさんは、え？ という顔になったが、⑦ああ、おかげさんでなあ……と、妙《みょう》なことを言った。おかげさん？ こんどはあかり名探偵

学習ナビ

この文章は、とうさん、あかりの会話や心情の部分が、京都弁になってます。少し読みづらく感じるかもしれませんが、読解にはそれほど問題はないはずです。わからない部分は気にせず読み進めましょう。

こうした**方言を使った文章**にも慣れておきましょう。

が、え？ の目つきになった。それから、山名さんの前にひろげられた画稿を見ると、そうかあ、やっぱり……という顔つきになった。それから、ませた口調で冷やかすように、

―なにか⑧いいことあったよな……。と言ってやった。

するととうさんはかんちがいして、⑨いいことがあるいうたら、おまえにもやぞ……といきごんで、プール行きのことを告げた。あかりは一瞬《いっしゅん》きょとんとなった。とうさんと山名さんとを結びつける「スイリ」の糸をぷちんと切られたみたいな気がした。

とうさんはまたおや？ という表情になり、

―泳ぎに行きたかったンとちがうンか。とうさんのぐあいがよくないので、遠慮《えんりょ》してたンとちがうンか。―と、たたみかけるようにたずねた。

―……そらそやったけど……。

あかりは、何かはぐらかされた気分で口ごもった。

―そやったら、支度《したく》しといで。

はあい……。あかりはできるだけいい声で返事をして自分の部屋へとんでいった。

ここまで読んで、いくつの場面に気づきましたか？

山名さんが訪ねてきたところ
とうさんが山名さんに絵を見せているところ
あかりが帰ってくるところ

まずはこの三つに分けておくといいでしょう。ななめ線（／）を入れておいてください。

この文章のように、学校によっては、かなりの長文が出題されることもあります。志望校が決まったら、その学校がどのぐらいの分量の長文を出すかを、まず確かめておくといいでしょう。

学習ナビ

文学的文章は形式段落がはっきりしないので、登場人物や場面を基準にして分けるのでしたね。

第1章で見たように、文学的文章では、**「人物」「場所」「時間の変化」**を手がかりにしてください。

解答用紙から戦略を立てる

ポイント
■ どこが解答のヤマかを考える

どこが解答のヤマかを考える

本文を通読した後、設問を確認します。そして、**解法を点検**します。**設問を読む時のポイントは「最後まで解いてしまわない」ということ**です。設問の内容を、文章を読み解くヒントにするつもりで読み進めるのです。記述問題についても下書きの段階《だんかい》ぐらいを目安にしておきます。

文章読解と、問題演習の経験をつめば、通読→設問チェックの流れで答案作成の戦略を立てることができます。では設問を見てみましょう。

例題に挑戦　設問を通読してみよう

問1　〜〜〜線a〜eのカタカナを漢字に改めなさい。

a
b
c
d
e

問2　1〜3の語の本文における意味として最も適切なものをそれぞれ次の中から一つ選び、記

学習ナビ
解答のヤマを探《さぐ》るには、答案用紙が手がかりになります。記述問題の大きな解答らんを見つけたら、その設問に向けて、本文の読解を進めていくようにしましょう。

学習ナビ
問1　漢字の問題は、**出てくる順**に答えましょう。

号で答えなさい。

1 「いぶかりながら」

ア おそるおそる　イ けげんな顔で　ウ ためらいがちに

エ やきもきして　オ しぶしぶと

2 「すこぶる」

ア あたかも　イ なかなか　ウ それなりに

エ はなはだしく　オ 思いのほか

3 「くさる」

ア がっかりしてやる気を失う　イ 悲しみで胸がふさがる

ウ 引け目を感じて小さくなる　エ よい方法がなくて困《こま》りはてる

オ 腹《はら》が立ってむかむかする

問3 ――線①「少年の声をあげていた」「とうさん」が、――線②「年相応の口調にととのえ」たのはなぜか、その理由として最も適切なものを次の中から一つ選び、記号で答えなさい。

ア 山名さんの突然《とつぜん》の訪問《ほうもん》に驚《おどろ》いたが、山名さんがやって来た理由をおちついて考える必要があったから。

イ この暑いさなかに山名さんが来てくれたことに感心したが、突然泳ぎに誘われてとまどったから。

ウ 麦わら帽子をかぶった山名さんの姿に胸がときめいたが、すぐにプールの話題に気をとられたから。

エ 山名さんの突然の訪問を喜んだが、山名さんが切り出した言葉の意味を冷静に把握《はあく》しようとしたから。

学習ナビ

問2 語句の意味を問う問題です。わからない時は、空らんと考えて、あてはまるものを選ぶ記号選択《せんたく》問題として解いてみましょう。

学習ナビ

問3 その時のとうさんの気持ちを考える問題です。とすれば、**前後のできごと**をていねいに追いかけていけば、答えがわかりやすくなるはずです。

オ　あかりがいない時に山名さんが来て気が動転したが、それを悟《さと》られないようにしようとしたから。

□

問4　※にはどんな言葉が適切か、自分で考えて五字以内で答えなさい（句読点を含む）。

□□□□□

問5　A、Bに入る最も適切な語をそれぞれ次の中から一つ選び、記号で答えなさい。

A〔**ア**　日曜　**イ**　月曜　**ウ**　水曜　**エ**　金曜　**オ**　土曜〕

B〔**ア**　一　**イ**　二　**ウ**　三　**エ**　五　**オ**　六〕

A □　B □

問6　――線③「これまでにはなかった積極性みたいなもの」とはどのような様子をいうのか、それを説明した次の文の（　　）に本文から適切な箇所《かしょ》を二十字以内でぬき出しなさい。

＊山名さんが（　　）様子。

□□□□□□□□□□□□□□□□□□□□

問7　――線④「目の前の画稿の中のタマテバコが小さくほえ、とことこと歩きだしたように思えた」のはなぜか、その理由として最も適切なものを次の中から一つ選び、記号で答えなさい。

ア　今まで山名さんの気持ちをはかりかねていたが、山名さんが好意を抱《いだ》いていることが感じられたから。

イ　山名さんにどんな感想を言われるかびくびくしていたが、それが取《と》り越《こ》し苦労だったとわかったから。

学習ナビ

問4　自分で言葉を思いつかなくてはいけない問題です。すぐに答えられない時は**後回し**にします。

学習ナビ

問5　**語句の問題**です。この語句を知らなければ答えにくい問題でしょう。Aは前後の様子を見ないと、わかりにくいと思います。

学習ナビ

問6・問7　**とうさんと山名さんの心情が大きく関わ《かか》る問題**です。このように、一つの場面からいくつかの問題が出てくる時には一気に解いたほうがいい場合があります。

ウ　絵本の仕事の「壁」に当たっていたが、山名さんの感想を聞くことでそれが取《と》り除《のぞ》かれたから。

エ　山名さんが画稿のタマテバコをほめてくれたので、山名さんのことをあらためて見直したから。

オ　山名さんが励《はげ》ましてくれたおかげで、絵本の仕事にいきづまっていたのも気のせいだと気づいたから。

□

問8　――線⑤「さっき口にしたかった言葉」とあるが、それはだれに何をしてもらおうという言葉か、「とうさん」のセリフとして二十字以内で書きなさい（句読点を含む）。

問9　――線⑥「燈台もと暗し」とはここではどういうことをたとえているのか、その内容を六十五字以内で答えなさい（句読点を含む）。

学習ナビ

問8・問9　この文章の**「主題（テーマ）」**についてはこの後、説明しますが、主題である、とうさんの**「再婚《さいこん》」**に関する重要な問題です。

特に**問9**は、この文章の「ヤマ」ですから、まわりの設問について見直しをしてから取り組みましょう。

問10 ――線⑦「ああ、おかげさんでなあ……と、妙なことを言った。」とあるが、この言葉が「妙なこと」となるのはなぜか、その理由として最も適切なものを次の中から一つ選び、記号で答えなさい。

ア 「とうさん」は山名さんの存在《そんざい》をあかりが受け入れてくれたと思って感謝の言葉を述べたが、あかりにはそういうつもりは全然なかったから。

イ あかりは暑さでぐったりしていたタマテバコのことを話題にしたつもりだったが、「とうさん」は画稿の中のタマテバコのことだとかんちがいしたから。

ウ 二人にしか通じないものの言い方をしたあかりに対して、「とうさん」は山名さんにもわかるような返事をしようとしてかえっておかしくなったから。

エ あかりは「とうさん」が悩みから解放されたとばかり思っていたが、「とうさん」は画稿のことをいまだに気にしていて返事が上の空になったから。

オ 「とうさん」が仕事のいきづまりから抜け出せたのはあかりのおかげではないうえに、娘《むすめ》に対していやに他人行儀《ぎょうぎ》なものの言い方をしたから。

□

問11 ――線⑧、⑨の「いいこと」とはどのような内容か、それぞれ二十字程度で答えなさい（句読点を含む）。

⑧ □□□□□□□□□□□□□□□□□□□□□□□□□□□□（20）

⑨ □□□□□□□□□□□□□□□□□□□□□□□□□□□□（20）

学習ナビ

問10・問11 **この文章のまとめにもなる問題**です。とうさんもあかりも、山名さんも「結婚《けっこん》」という大きな問題があるので、やや会話がぎくしゃくしている場面です。

学習ナビ

この文章は三三〇〇字あったうえに、設問が十一問もあります。二十五分の制限時間を考えると、次々に設問を解いていかなければなりませんが、あせらずに集中して、問題に取り組みましょう。

学習ナビ

この後、設問の取り組み方を解説していく中で、一部の答えを記しています。ただし、**答えなどについては、別冊《べっさつ》**p.55〜59**を参照してください。**

ざっと設問を確認《かくにん》すると、目立つのは**問9**の六十五字の記述問題ですね。**問1**、**問2**は漢字・語句の問題です。**問3**は記号選択《せんたく》問題、大丈夫《だいじょうぶ》そうですね。まずは、**問5**あたりまでは速いペースで解くことができそうです。さらに**問7**、**問10**にも記号選択問題があります。

実は、**問8**からは、少々難《むずか》しい問題が続きます。難しい問題が出てきた時、いっしょうけんめい考えるのはいいことです。でも、一つの問題に二十分も考えていたのでは、制限時間をすぐに使い果たしてしまうでしょう。時間を使いすぎていないかどうかは、手を動かすことでわかります。これまで、問題を解く時の手の動かし方(書きこみ)を学んできましたね。問題に何も書きこめなくなったら、それは「迷っている」証拠《しょうこ》です。頭の中で、ぐるぐると同じことを考えている可能性があります。

そうなったら、次の問題にいきましょう。心配ならその問題に印をつけて、見直しの時に考え直しましょう。

国語の問題は、算数の問題などとちがって、易しいものから難しいものの順番で並《なら》んではいません。たいていは、——線が本文に出てくる順に並んでいます。**本文をじっくり読むスピードで、どんどん問題にあたっていって、最後の問題まで解ききりましょう。**

学習ナビ

前の問題でも書きましたが、後回しにしたら、一段階《いちだんかい》スピードアップを心がけて、**見直す時間、再挑戦《さいちょうせん》する時間を作る**ようにしましょう。

文学的文章では「主題」が重要

ポイント ■ 文学的文章では「主題（テーマ）」を考えて設問を解こう

主題がいかに役立つか

文学的文章の読解で、「最も変わったのはだれか」を考えるのは重要なことです。ここで最も変わった人物、つまり、主役は「とうさん」です。とうさんの行動を追いかけ、心情の変化を考えます（そのリズムを作るのが設問です）。

さて、本文、設問を読んでいく中で、**とうさんと山名さんが結婚《けっこん》〈再婚《さいこん》〉するかもしれない**、ということには気づいたでしょうか。それに気づくと、**問8**があっさり解けます。わからないと……ちょっとこの文章は苦しいかも知れません。この文章は、とうさんが山名さんへの好意に気づいて、再婚に大きく心がかたむいていく場面です。

ふだんの勉強の場合に、この文章全体にかかわる「主題（テーマ）」を読み取れていなければ、とうさん、山名さん、あかりのそれぞれの登場人物の行動やせりふを観察して、そうした**心情を「知識として」覚えていく**ことになります。

もし、それが入試であれば、読み取れていないことが不利なことは否定《ひてい》できません。そうならないように、**ふだんから読み取る力をつけていく**のです。

学習ナビ

最初の取り組みではなかなか「主題」に気づかないかもしれませんが、設問を処理《しょり》しているうちに「主題」に気づくことがあるでしょう。「主題」に気づいた時は、今までに解いた問題をもう一度見直してみるのもいいでしょう。

例えば、山名さんがとうさんに好意を持っていることには、本文中にいくつかヒントがあります。

とうさんから絵葉書をもらった山名さんが、とうさんを訪ねてきたこと。

とうさん、あかりとプールに行こうと誘《さそ》ったこと(→問４)。

山名さんがとうさんの仕事を見たいと言ったこと(→問６)。

山名さんがとうさんに好意をもっている(もしくはその逆)ことは、設問を考えている時に気がつくかもしれません。例えば、**問7**では、「**ア**　今まで山名さんの気持ちをはかりかねていたが、山名さんが好意を抱いていることが感じられたから。」のように、選択肢《せんたくし》の文章に、そうしたヒントが書かれています。

そうやって、**設問を読解のガイドとして読み進めることは、解くうえでたいへん有効なこと**です。

それをふまえて、場面ごとに設問の解説を入れておきます。

文学的文章は、まっすぐ解くのが難《むずか》しい文章だということです。**問7**まで進んではじめて気づくこともありますし、いきなり**問9**がわかることもあります。

通読→設問チェックの中で気づいたことがあれば、余白に答えをメモしていくのもかまいません。ただし、通読の時点で、解答らんに答えを書いてしまうことはがまんしましょう。通読は、あくまで準備段階ですから。

学習ナビ

「主題」というのは受験においては暗記項目《こうもく》の一つです。文章の味わいに関することは、問題を解くごとに知識の一つとしてとらえてください。

読解テクニック

9

設問を最後まで解ききる

ポイント

■ 本文で出てきた順番で確認《かくにん》しながら、最後まで解ききる

本文で出てきた順番で最後まで解ききろう

場面①（31行目まで）

山名さんがとうさんを訪ねてくる　→　いっしょに泳ぎに行こうと誘《さそ》う

問1・問2　漢字・語句なので、説明的文章と同様、出てくるたびに解いていきます。

問3　――線①の「少年の声をあげた」時は、山名さんが訪ねてきた場面。――線②の「年相応の口調にととのえ」たあとは、泳ぎにいくなら…と冷静に考えている場面、と考えましょう。**それぞれの選択肢《せんたくし》の文章を分けて、その二つがきちんと入っている記号を選びます。**

問4　「日焼けしては困る」ということが、周りに泳ぎにいったことを知られたくない、ということだとわかったでしょうか。**自分で言葉を思いつかなくてはいけないので、すぐに答えられない時は後回しにします。**どこかにヒントがあるかもしれないからです。私は、「後回し」にして、これを最後に解きました。

学習ナビ

ここでは、どういったことに注意して問題を解ききるか、ということに重点を置いて、解説していきます。**設問を解くためのくわしい解説は別冊** **p.56～59を参照してください。**

学習ナビ

問3は**対比に注目**するとわかりやすい問題です。

それぞれ――線だけを見ると難《むず》しいのですが、まずこの問題が**「とうさんの心情を答える問題」**だと気づくことが手がかりです。

場面②（32〜58行目）
山名さんがとうさんの仕事を見たいと思う→山名さんのおかげでとうさんが仕事に満足感を得る

問5　語句の問題ですが、Aは前後の様子を見ないとわかりにくいでしょう。

問6　──線③のあと、山名さんが何をしているかで解ける問題です。また、とうさんも仕事でいきづまっているところを見せたくないと思っていたことも読み取れますから、**「とうさんの仕事を見る」というヒント**で考えましょう。ぬき出す場所は、**──線より前の部分**にあります。
心情としては、**「これから再婚《さいこん》するかもしれない人の仕事を深く知りたい」**という気持ちなのかもしれませんが、わからなくても解けます。

問7　──線④は、あくまで「とうさんの仕事」について書かれたところですから、**「とうさんの仕事がうまくいった」**ことについて書かれた選択肢を選びます。そして、それが**山名さんの言葉によって得られた**というのが読み取りのうえでは重要なポイントになります。
つまり「再婚することでとうさんの仕事にも充実感《じゅうじつかん》が生まれる」ということを、それとなく示しているのでしょうね。

問8　これは**「とうさんが山名さんにプロポーズをする言葉」**を答えることになります。本文中から文をぬき出して補《おぎな》う形の記述ではなく、言葉を自分で考えていかねばならないので、ヒントがもう少し集まるまで待つのがいいと思います。私《わたし》は先ほどの**問4**と、この**問8**を後回しにしました。

学習ナビ
問7は表現にまどわされず本質を見ぬきましょう。
まず、**直前の事実に注目する**ことが大切です。

学習ナビ
問8は**少しずつ答えを作っていく問題**です。
文学的文章が苦手だと、手がかりがわからず苦戦すると思います。

読解テクニック 10

制限時間を意識する

ポイント

■ 残っている時間を確認《かくにん》する

問題の終盤にさしかかる前に時間の確認を

場面③（59〜99行目）

あかりが帰ってくる → あかりがスイイリする → あかりが山名さんの好意に気づく

問9 設問の通読の時にチェックした、六十五字の記述問題です。――線⑥の前を確認すると、**あかりは山名さんの決心に気づいたが「燈台《とうだい》もと暗し」**だということがわかります。「燈台もと暗し」の意味は「身近なことには、かえって気がつかないものだというたとえ」です。ここでは、**「いちばん身近な人（=とうさん）が気づいていない」**ということですね。

とうさんが山名さんの決心に気づいていないということ。（26字）

としておいて、山名さんの決心について、くわしく書けばよいということがわかります。

とうさんが、山名さんはとうさんとけっこんしたいと思っていることに気づいていないということ。

これでも四十五字です。とうさんについての説明がないのです。音符《おんぷ》型の線引きですね。

山名さんに近い関係のはずのとうさんが、山名さんはとうさんとけっこんしたいと思ってここ

学習ナビ

問9は、骨組《ほねぐ》みをきちんと作っていけば、実は難《むずか》しくない問題です。

しかし、**「燈台もと暗し」のことわざの意味をきちんと理解していること**。そして、**「主題」がわかっていること**。といった二点がおさえられているかどうかが重要です。

「結婚《けっこん》」の「婚」は小学校では習わない漢字なので、ひらがなで書いてもかまいません。

に来たということに気づいていないということ。（64字）

この問題は、**主題（テーマ）**が**「とうさんの再婚」**であることに気づいているかどうかで、難度が変わります。残っている時間を確認して、時間をかけて完璧《かんぺき》に答えることよりも、減点されても手早く答えを仕上げることを意識しましょう。

問10・問11　この文章のまとめにもあたるところですが、とうさんもあかりも、山名さんも結婚という大きな問題があるので、やや会話がぎくしゃくしていますよね。それを味わう問題です。

問10は、選択肢《せんたくし》の文章を分けて考えましょう。

問11は、⑧はあかりの言う「いいこと」、⑨はとうさんの言う「いいこと」をまとめます。

文学的文章は設問によって深く理解できる

なお、**問11**が解き終わったところで、後回しにした、**問4**と**問8**を解いておきましょう。**問4**は、「ないしょ」。**問8**は「**山名さん、ぼくとけっこんしてください。**」といった答えになります。

文学的文章は**「主題」**という**「なんとなく全体からわかるもの」**と、**「表現」**という**「味わいを深めるための作者の工夫《くふう》」**という二つがあるために、あちこちにポイントが散らばります。ですから、一つの問題を掘《ほ》り下《さ》げて考えるよりも、全体のバランスを考えて解いたほうがよいことが多いのです。一つの問題に時間をとられすぎて、ほかの問題が解けなくなるのも文学的文章に多いので、**時間配分には気をつけましょう。**

章末問題も文学的文章です。

学習ナビ

制限時間は常に意識しなければなりませんが、それによって集中力が散漫《さんまん》になっては困《こま》ります。**十五分で一度視点《してん》を変える**練習をしておきましょう。

学習ナビ

特に文学的文章は、**後で考え直すと、メリットが多いもの**です。新しい設問を解いたら前の設問も少し考えて、関連を確かめてみましょう。

章末問題

次の文章を読んで、後の問いに答えなさい。

（横浜中　小浜ユリ「魔女の屋敷――十二月の幻影」『むこうがわ行きの切符』）答え▼別冊 p.60

その大きな家が『①魔女《まじょ》の屋敷《やしき》』とよばれていることを、佑真《ゆうま》は最近まで知らなかった。深緑色のとんがり屋根と、真っ白い窓《まど》わくの洋風の家は、このへんの住宅街《じゅうたくがい》でも目立っている。高い生垣《いけがき》で庭は見えなかったけれど、[A]芝生《しばふ》の上にはパラソルと、下に白いテーブルとイスがあるんだろう。晴れた日にはそこで紅茶《こうちゃ》を飲んでいる、そんな優雅《ゆうが》な光景を想像させる、古いけどりっぱな家だった。

（なんでこの家が、魔女の屋敷、かなあ）

その家を見上げるたびに、佑真は思う。

そんなおどろおどろしい雰囲気《ふんいき》は、まったく感じられない。たしかにもう古びてはいるものの、屋根の上に金色の風見鶏《かざみどり》がのっていたり、たてに上げ下げする細長い窓や、美しい彫刻《ちょうこく》がほどこされた外国風のドアは、おしゃれでロマンチックだった。

佑真は[B]、その家にひかれていた。学校の行き帰りにその家の前を通るたび、いつも少し立ち止まってしまう。佑真の家は、かわら屋根に障子《しょうじ》ふすまという和風の家なので、そんな家に憧《あこが》れていたのかもしれない。

そして[C]、中からポロンポロンとピアノの音が聞こえてくるので、どんな人が弾《ひ》いているのだろうと、想像してみたりした。小学校三年の妹のピアノよりは[D]上手だから、高校生ぐらいのお姉さんかな、と考えたりした。

だからお母さんから、

「あそこは歳《とし》とったおばあさんの、ひとり暮《ぐ》らしよ」と聞いたときは、思わず

通読時間を計ってみよう　□分　□秒

読解ナビ
本文は三〇〇〇字あります。三分で読み通せるようにしましょう。

読解ナビ
「大きな家」が当面の話題です。その家がどんな様子かを説明している部分が、しばらく続きます。

読解ナビ
佑真の心情を確認《かくにん》しながら読んでいきましょう。

A～Dは単なる穴埋《あなう》めではなく、登場人物の心情まで考えて答える問題です。

「うそ！」と、叫《さけ》んでいた。

「②だっていつもピアノ弾いてるよ」

「おばあさんだって、ピアノくらい弾くでしょう。昔、ピアノの先生をしていたらしいわよ」

「ふうん……」

佑真は少しがっかりした。ピアノといったら小さい女の子が『ねこふんじゃった』を弾くか、きれいなお姉さんが『エリーゼのために』を優雅に弾く、といったイメージしかなかったのだ。おばあさんがピアノを弾くなんて、どうもピンとこなかった。

（でも、おばあさんのひとり暮らしだからって、魔女の屋敷はひどいよなあ）

と、佑真は思った。

「あそこにはねえ、a魔女が黒ネコといっしょに住んでいるんだって」

妹のカナまで言いだした。

「家の中に魔法陣《まほうじん》が描《か》いてあって、そこで呪文《じゅもん》を唱えると、おばあさんの魔女が若返《わかがえ》って、きれいな女の人になるんだって」

「なんだそれ。いいかげんなこと言うな」
③佑真がにらむと、
「だって茜《あかね》ちゃんが言ってたんだもん」と、妹は□をとがらせた。

「あらあら、おかしなうわさになってるのねえ」

お母さんは困った顔をした。

「聞いた話なんだけど、b昔、お子さんとご主人を相次いで亡《な》くされたそうよ。もう何十年も前に、事故だったらしいけれど。それからずっとひとり暮らしみたい。お子さんはまだ小学校にはいる前だったっていうけれど、ほんとお気の毒……。お金持ちでも不幸せってこと、あるのよねえ」

読解ナビ
家族と佑真の意見が、すれちがっていることに注目しましょう。

読解ナビ
空らんですが、慣用句の知識があればすぐに解ける問題です。

お母さんの言い方に、④佑真は少し反発した。なんで不幸って決めつけるのだろう。案外、一人で気楽に自由に、生きてきたのかもしれないのに。

でもたしかに、あんな大きな家で、ひとりぼっちでピアノを弾いてるなんて、ちょっとかわいそうだとも思ったりした。

たった一人で、ピアノを弾くおばあさん。子どももだんなさんも死んじゃって、この世の中に、ひとりぼっち……。

それから佑真は、また⑤違《ちが》った目であの家を見上げるようになっていた。

すごくさびしいだろうな、とは思ったけれど、そのころの佑真にとって、とてつもない孤独《こどく》というものは、想像のできないものだった。

学校で、あの屋敷のことが話題になることもあった。夏休みが始まる少し前、岡《おか》ちゃんとクニヤンが、あの家の庭に忍《しの》び込《こ》んだというのだ。

前々からあの家には、いろいろなうわさがあった。「黒魔術《くろまじゅつ》をつかう魔法使《まほうつか》いが住んでいる」だとか、「c亡霊《ぼうれい》になったおばあさんが呪《のろ》いのピアノを弾いている」だとか。

けれど実際に、おばあさんの姿を見たことがある、という子は、佑真のまわりにはいなかった。好奇心《こうきしん》のかたまりの男の子たちのあいだで、そんな屋敷に忍び込んでみたい、という話がでるのは当然だった。どんな人が住んでいるのか確かめたいという気持ちは、佑真の中にも当然あった。

「dすげー草ぼうぼうで、ジャングルみたいな庭だったよな」

「そうそう、だれも手入れしてなくて、荒《あ》れ果《は》てたって感じ」

「とにかく、蚊《か》にさされまくって、まいった。ほら」

⑥岡ちゃんたちは両腕《りょううで》をさしだして、赤いぽつぽつの跡《あと》を、勲章《くんしょう》のように見せびらかした。

荒れ果てた庭、と聞いた佑真は、がっかりした。きれいな芝生と白いテーブルじゃなかったんだ、

読解ナビ

――線④「反発した」は重要語句です。だれに対して、どうして反発したのかを考えておきましょう。

読解ナビ

――線⑤ 家族との会話を通して、佑真の家に対する目が少し変化しています。

読解ナビ

中がどんな家かを確かめたいというのは級友の男の子たちも同じですが、佑真はひとりぼっちで暮らすさびしさについて考えているので、級友たちとは考えにややちがいがあることに注目しましょう。

と思った。

「人の気配もまったくなくて、しーんとしてたのに、とつぜんピアノの音がポロロンて響《ひび》いたから、おれたちびっくりして逃《に》げ出《だ》したんだ」

「へええ」

「でもうちのお母さん、子どものころ、あそこでピアノを習ったことあるって、言ってたよ」

女子の一人が□をはさんできた。

※注　風見鶏…鶏をかたどった風向計。　魔法陣…魔術などで床《ゆか》に描く図や空間のこと。
黒魔術…他人に害を与えるための術。

問1　A～Dに入ることばとして、適切なものを次の中からそれぞれ選んで、記号で答えなさい。

ア　きっと　イ　だいぶ　ウ　ときどき　エ　なぜか

A□　B□　C□　D□

問2　□に入る共通の漢字一字を答えなさい。

□

問3　――線①とはどのような家ですか。本文中から九字でぬき出しなさい。

□□□□□□□□□

問4　――線②について、「佑真」はピアノにどのような印象を持っていましたか。本文中から一文で探して、そのはじめの五字をぬき出しなさい。

□□□□□

読解ナビ　問1　副詞《ふくし》の問題は心情を考える問題です。前後のできごとを意識してください。

読解ナビ　問2　慣用句の問題ですが、心情もおさえておきましょう。

読解ナビ　問3　佑真の心情を考える問題です。

読解ナビ　問4　「ピアノ」という言葉がキーワードです。

問5　〰〰線a～dの中で話されている情報の根拠《こんきょ》として、他と異《こと》なるものを一つ選んで、記号で答えなさい。

□

問6　——線③の理由として、最も適切なものを次の中から選んで、記号で答えなさい。

ア　お母さんが魔女の屋敷についての情報を教えてくれそうだったのに、妹が会話のじゃまをしてきたのが許せなかったから。

イ　自分の気に入っている建物の住人がひとり暮らしのおばあさんだからといって、魔女だとうわさをする妹が許せなかったから。

ウ　ひとりぼっちで暮らす不幸なおばあさんに対して、魔女だとうわさをして喜んでいる妹の冷たい性格が許せなかったから。

エ　自分の好きな建物の住人が魔女であるといううわさを聞いて、魔女なんて本当はいないのに妹はいると信じているのが許せなかったから。

□

問7　——線④の理由を答えなさい。

□

問8　——線⑤の説明として、最も適切なものを次の中から選んで、記号で答えなさい。

ア　西洋風な家を憧れの気持ちで見ていたが、ひとりで暮らすおばあさんのさびしい気持ちを思いやりながら見るようになった。

読解ナビ　問5　人から聞いた話なのか、実際に体験した話なのかのちがいです。

読解ナビ　問6　直前のできごとを読み取り、心情とつなげましょう。まず妹のせりふを確かめます。

読解ナビ　問7　——線④をのばして考えてみましょう。心情の後に解説があります。

読解ナビ　問8　——線⑤をのばしてみましょう。——線⑤の後から、心情の細かな説明を読み取ります。

イ　西洋風な家を憧れの気持ちで見ていたが、魔女のうわさが本当かどうかを確かめる手がかりを探しながら見るようになった。

ウ　自分の家と正反対の造りに興味をもって家を見ていたが、ひとり暮らしを楽しむおばあさんの喜びを感じながら見るようになった。

エ　自分の家と正反対の造りに興味をもって家を見ていたが、自分の想像と異なる点が多いためにがっかりしながら見るようになった。

□

問9　――線⑥の「岡ちゃんたち」の気持ちとして、最も適切なものを次の中から選んで、記号で答えなさい。

ア　だれも魔女の屋敷に忍び込んだことを信じてくれないので、証明しなければいけないとあせる気持ち。

イ　魔女の屋敷に忍び込んだことをクラスメートのみんながほめてくれるので、てれくさく思う気持ち。

ウ　魔女の屋敷に忍び込んだものの、あまりよい情報を得られなかったことをはずかしく思う気持ち。

エ　みんなが気になっている魔女の屋敷に忍び込み、実際の様子を見てきたことを自慢《じまん》する気持ち。

□

読解ナビ

問9　「岡ちゃんたち」がどのような子どもの例であるかを確かめましょう。

● 著　者　　竹中　秀幸（たけなか　ひでゆき）

大手進学塾での最難関校教科責任者や中学受験専門の個別指導など、30年におよぶ指導経験を持つ。

受験国語指導教室「ピクセルスタディ」の管理人として、志望校、学年を問わず一人一人に寄り添った動画配信やオンライン指導などを中心とした受験プロジェクトを進めている。(http://pxstudy.jp)

著書に、『ズバピタ国語　慣用句・ことわざ』『ズバピタ国語　漢字・熟語』（すべて文英堂刊）などがある。

●デザイン　福永重孝
●イラスト　よしのぶもとこ
●表紙デザイン　株式会社ワード

シグマベスト

受験国語の読解テクニック

本書の内容を無断で複写（コピー）・複製・転載することは，著作者および出版社の権利の侵害となり，著作権法違反となりますので，転載等を希望される場合は前もって小社あて許諾を求めてください。

Ⓒ竹中秀幸　2014　　Printed in Japan

著　者　竹中秀幸
発行者　益井英郎
印刷所　中村印刷株式会社
発行所　株式会社　文 英 堂
〒601-8121　京都市南区上鳥羽大物町28
〒162-0832　東京都新宿区岩戸町17
（代表）03-3269-4231
●落丁・乱丁はおとりかえします。

ΣBEST
シグマベスト

受験国語の読解テクニック
親ナビ

保護者の方へ

本書では、お子様の国語の学習を保護者の方がサポートできるように、別冊《べっさつ》として「親ナビ」を用意いたしました。

国語が苦手なお子様の場合、一人で学習し、読解力やテストにおける時間管理術などを身につけていくことは難《むずか》しいものです。

この「親ナビ」には、「親ナビサポートポイント」として、お子さまが問題を解く時に戸惑《とまど》っている場合、手が止まっている場合、どういうふうに声かけをしてあげるとよいかのヒントを多く掲載《けいさい》しています。

また、「例題の研究」として本冊の「例題」の線引き例、「章末問題の研究」として本冊の「章末問題」の線引き例と解答を掲載しました。

なお、この「親ナビ」は受験国語のテクニック・エッセンスをコンパクトにまとめたものです。受験国語を乗り切るための「ハンドブック」として、教科書の復習やテスト前のポイントチェックに活用することもできます。

文英堂

第1章

親ナビ

読みの基本

スピードアップ＆読解力アップ チェックリスト

通読をする前に、このリストをチェックしてください。「通読時間のスピードアップ」「読解力アップ」のために、重要になってきます。文章を読む時の基本テクニックを身につけておくと、今後どんな文章に対しても、同じように向き合うことができます。

読解力アップ

□全体を意識して読んでいますか

初めての文章は全体をながめるつもりで読んでいきます。何について書かれているかがわかる程度で十分です。わからないことがあっても、気にせず最後まで読みきりましょう。

スピードアップ

□何回も出てくる言葉に気づきましたか

読むスピードを上げるコツは、何回も出てくる言葉（＝話題）に注目して、まとめながら読むことです。「話題」は筆者が「言いたいこと」なので、文章にたくさん出てきます。

読解力アップ

□具体例を意識していますか

文章をわかりやすくするために、筆者は「具体例」をあげることがあります。「具体例」を見つけたら、文章から切り分けて、印をしておきましょう。

スピードアップ

□段落《だんらく》ごとにまとめていますか

一つの段落をまとめて読んで、要点を考えます。そして次の段落とのつながりを考えるようにします。そうすることで、読むスピードを上げることができます。

読解力アップ

□登場人物・場所・時間で分けましたか

文学的文章では、登場人物、場所、時間が変わると話が進みます。新しい登場人物や場所、時間の変化には印を入れましょう。

読解力アップ

□筆者の立場に気づきましたか

説明的文章や、随筆文《ずいひつぶん》では、筆者がどのような立場の人か、どのような仕事をしている人かが、手がかりになる場合が多くあります。

読解力アップ

□中心となるできごとは何ですか

要旨《ようし》・主題を考える時には、中心となるできごとに注目することが大切です。そして、説明的文章では「結論《けつろん》」をおさえましょう。

時間管理テクニック

国語の勉強をスピードアップするために

● **手順を一つ一つ進める**
- 手順を守ればミスはしない
- 解き方、読み方のパターンを作る

● **かかった時間を計る**
- 制限時間よりかかった時間を計る
- 次はかかった時間の半分を目標にする

● **短い時間で区切って考える**
- 集中力が続く範囲内《はんいない》で取り組む
- 区切りごとのふりかえりをする

● **今やっていることを半分の時間でやる**
- 今の勉強を半分の時間ですませる
- ふりかえりで新しい目標を立てる

読解テクニック

解く力を生み出す読み方を覚える

■ **一気に読んで後で確かめる**
- わからないところはそのままでよい
- わかるところをつなげるだけでよい

■ **「話題」と「結論」を考える**
- 何度も出てくる言葉を「話題」にする
- 「話題」についての筆者の意見を考える

■ **線引きの基本を身につける**
- えんぴつでうすく短く引く
- シンプルな記号を使い回す

■ **文学的文章の基本を知る**
- 場面の変化で分けておく
- すべての登場人物に共感する

■ **随筆文《ずいひつぶん》の基本的な読み方を学ぶ**
- 「話題」と「結論」は論説文《ろんせつぶん》のように読む
- 出てくる人物の気持ちや考えを読み取る

例題の研究

● 本冊 p.12・13

昔、私《わたし》たちは、「何でも良いから好きなだけ読みなさい」と言われました。乱読《らんどく》したところで、本の点数がそんなに多いわけではありませんから、どこから始めても到達《とうたつ》すべきところにだいたい到達できたのです。

たとえば史書を読んだり、マルクスを読んだり、夏目漱石《なつめそうせき》を読んだり、いったんは外れてしまっても、だいたいゴールは一緒《いっしょ》です。

昔の旧制高校がそうだったそうです。とにかく本を読ませて、先生と生徒が寮《りょう》などで侃々諤々《かんかんがくがく》、議論《ぎろん》をかわす。書を読《よ》み耽《ふけ》って、生とは何か、死とは何か、人生とは何かと論ずるのです。もちろん小説も読みます。一定の方向を目指したわけでもなく、ひたすら乱読したように思えても、振《ふ》り返《かえ》ってみると、何となく、皆《みな》が同じようなものを読んでいました。

ところが今はあまりにも点数が多すぎて、乱読をしていたら、とんでもない方向に行ってしまいます。「多すぎることによる不幸」なのかもしれません。「本を読みさえすればよい」といって、たとえばバイオレンス小説ばかり読んでいたら心がおかしくなります。マンガばかり読んでいても、到達してほしいと思うところにはなかなか行けないでしょう。

だからこそ、今の時代は、かえってきちんとした読書指導が必要な時代だと思います。

★語注　史書…歴史について書いた本　マルクス…経済《けいざい》学者
バイオレンス小説…犯罪や暴力をあつかった場面の多い小説

親ナビ サポートポイント

▼通読の時間は一定にする

テストの形式や学校の傾向《けいこう》によって、入試問題の文章の長さはまちまちですが、**通読の時間は、三分から五分くらいと決めておいた方がいい**でしょう。

読むのが遅《おそ》い場合でも、まずは三分だけと時間を区切って通読をして、その文章の「話題」を説明させてみましょう。

長い文章であれば、三分の通読を重ねて、理解を積み重ねていくといいでしょう。

ていねいに一度だけ読むより、**必要に応じて通読を重ねていくスタイルの方が受験国語には向いています。**

▼「話題」と「結論」の基礎《きそ》知識

文章を読む時に注意すべきことは、**「何について書かれているか」**と**「筆者が読者にどういうことを伝えたいか」**ということです。**「何について書かれているか」＝「話題」、「筆者が読者にどういうことを伝えたいか」＝「結論」**ということができます。

「通読」をして、まず「話題」をつかむようにします。

「結論」については、とりあえずは設問を解いた後に「結論」を言えるようにしておくといいでしょう。いずれは「話題」と「結論」をまとめておけるようにしたいものです。

▼「具体例」と「理由」について

文章に「たとえば」があれば、◯で囲むようにします。そして、どこまでが具体例なのかを、はっきりさせるといいでしょう（「／」

▼通読のポイント

●話題……読書について
●結論……今の時代はきちんとした読書指導が必要だ。

なぜなら　今は本の数が多すぎるから。

昔は乱読でもよかった。

なぜなら←

昔は本の数が少なかった。

乱読(手当たり次第に読むこと)しても、同じような知識を身につけることができた。

しかし←

今は本の点数が増えた。

バイオレンス小説やマンガのような本ばかり読んでいては望ましい知識が身につかない。

だから←

きちんとした読書指導が必要だ。

を引きます)。

また、**言いたいことには「理由」がある**、ということを、文章を読む時に必ず意識してほしいものです。これは、説明的文章でも文学的文章も同じです。

なお、具体例は、必ず**「それが何の具体例か」**を考えていくようにしなければいけません。この「例題」の場合は、読書の中にも娯楽《ごらく》色の強いものがあるということです。つまり、バイオレンス小説や、マンガがよくないというわけではなく、それだけを読んでいてはいけないということです。

意識するのは、それぞれの**具体例の役割《やくわり》**です。

▼説明的文章では「対比」が使われる

この「例題」では、**「過去」**と**「現在」**という**「対比」**が使われています。そのために、「昔」と「今」に印をつけています。

「過去」→「現在」と比べて、「現在の問題点」を述べるのは、説明的文章の基本構成です。「過去」の話が出てきた時に、「だから、これからどうしたらいいのか」を考えるようにすると、「未来(どうするべきか)」という「結論」に気づきやすくなります。

▼文章のまとめについて

答え合わせが終わった後なら、文章の理解もずいぶん進んでいるはずです。**「話題」「結論」「具体例」を短い文にまとめる**ようにしておくといいでしょう。上に一例を示しています。

重要
通読の時間は一定にする
まずは文章を分けることが基本

● 本冊 p.21～23

あらすじ

「わたし」と「実《みのり》くん」は、「木島の湯」の壁《かべ》に描《えが》かれた絵に何か秘密《ひみつ》があるのではないかと疑《うたが》っている。それを二人でいっしょに確かめるためには、男湯と女湯両方の絵を見なければならない。そこで二人が考えたのは、お風呂《ふろ》の掃除《そうじ》を二人で手伝うということだった……

翌朝《よくあさ》8時、わたしと実くんは、ふたたび『木島の湯』にのりこんだ。

「また来たのか。何度来てもだめなものはだめだ。さっさと帰れ」木島さんはモップを取り出しながら、こっちに目も向けずにそう言った。

「いいと言ってくれるまで帰りません」わたしは強気に出た。木島さんの、しかめっ面《つら》じゃないほんとうの顔を、知ってるんだからね。前歯が二本欠けているのを、知ってるんだからね。

「わたし、木島さんがほんとうはだれかに手伝ってほしいと思っていることを、知ってるんです。木島さんは昔、どこかけがしたんでしょう？　えっと、そう、右腕《みぎうで》。右腕をかばっているみたいだもん」

木島さんは、動かしていた手をとめて、眉《まゆ》をひそめた。実くんのおばあさんが古傷《ふるきず》があると言っていたけれど、木島さんが左手を上にしてモップをかけていたのを思い出したのだ。左利《ひだりき》きじゃないみたいだし。木島さんの動きが止まっているすきに、実くんは木島さんの手からモップを取って、入り口の木の床《ゆか》を掃除《そうじ》しはじめた。実くんは器用に小まわりを利《き》かせて、床をふいていく。木島さんはさらに眉をひそめた。

そこへ最後の切りふだ登場だ。わたしは、ガラス戸の外で待っていた実くんのおばあさんを手招きした。おばあさんの姿《すがた》を見ると、木島さんはあわてたように洗面台《せんめんだい》に置いてあったぞうきんを手に取り、ふきはじめた。

「おはようございます」小さな声で木島さんはあいさつした。

「いい子たちですよ。お手伝いしてもらったらどうでしょうか。ほんとうはわたしがお手伝いしてさしあげたいくらいですもの。どうでしょう、わたしが手伝うっていうのは」わたしと実くんは顔を見あわせた。おばあさんはにこにこと笑っている。朝の光の中で、おばあさんの顔は白くてつるつるして見える。

「いやそれは」木島さんは口をもごもご動かして、つっ立ったままだ。

すかさず実くんが言った。

▼文学的文章は線が引きにくい

前ページの説明的文章の「例題」では、**「話題」「結論」**など線を引くところが非常にわかりやすかったと思います。しかし、今回のような**文学的文章、特に物語文は線が引きにくいので、線を引くことに、あまりこだわらない**ようにしましょう。

そのかわり、**知らない言葉や慣用句を見つけたら、印をつけておく**ようにします。慣れないうちは、その語句が、慣用句であることに気づかないかもしれません。アドバイスをする側が、どんどん印をつけてあげて、その語句を調べるようにしていってもいいでしょう。

文学的文章においては、**表情や態度を表す慣用句、季節や時間を表す言葉、そして様子を表す副詞《ふくし》などが語句調べのポイント**です。

読み進めているうちに気がついたものに、どんどん印を入れていくことはもちろんですが、模範《もはん》解答の研究においても、知らない言葉や慣用句に印を入れて調べるようにしましょう。

▼場面ごとの主役を決めること

文学的文章は、**場面ごとに区切ることが基本作業**となります。**「だれかとだれかのやりとり」**、もしくは**「だれかが何かをする一連の動作」**に注目するといいでしょう。

▼登場人物の変化に気をつける

この「例題」では、木島さんの**せりふ**や**行動**、**表情**に注目していきます。木島さんの態度を表すには、「がんこ」や「かたくな」という言葉がふさわしいでしょう。

そして、**そのがんこな態度をとっていた木島さんの態度が変化していく様子を読み取ることが、大切なポイント**になります。

木島さんの変化のきっかけになったのが、実くんのおばあさんの登

「（ぼくたちが手伝わなかったら、おばあちゃんが手伝うっていうんだよ。）そんなの無理だよ。おばあちゃんの代わりに、ぼくたちが掃除します」

おばあさんは、まだにこにこしている。木島さんは、ぞうきんをにぎりしめて立っている。

「銭湯《せんとう》の掃除はそんなに簡単《かんたん》なものじゃない。（タイルもきちんとみがけないようなもんに、手伝わせるわけにはいかん）」しばらくすると、木島さんはそう言って女湯に入っていった。わたしたちはあわてて後を追った。すると、木島さんは（デッキブラシを取り出して、わたしたちの方にほうり投げた）。実くんがそれをうまくキャッチして、お風呂《ふろ》の床のタイルをごしごし洗《あら》いはじめた。（小さい体のどこからそんな力が出てくるんだろう。）タイルはすぐにピカピカと光りはじめた。

「わたしにも貸して」わたしは（実くんからデッキブラシを受け取ると、）同じようにみがきはじめた。（わたしだって車洗いが大好きなんだから、これくらいお手のものだ。）木島さんは品定めするみたいに目を細めて、しばらくわたしたちの手つきをながめていた。

そして、うしろ向きになると言った。

「そんなに手伝いたいのなら、手伝っちゃいけないとはいわん」

「やった！」わたしと実くんは飛び上がって喜んだので、（もうすこしで二人そろってすべって転ぶところだった）。木島さんがため息をついて、ぞうきんを洗面台にほうり投げた。

「まずは、こっちがわのタイルをぜんぶみがいておけ。道具入れに、もう一本デッキブラシがある」木島さんは、脱衣所《だついじょ》に立てかけてあるモップを手にとって出ていった。脱衣所ののれんの前に実くんのおばあさんが見えたので、わたしは笑って手をふった。（しばらくのあいだ、木島さんと実くんのおばあさんは外で話をしているみたいだった。）

わたしと実くんはタイルをみがきながら、こんどは二人同時にくくっと笑った。

▼通読のポイント

- **登場人物**……わたし・実くん・木島さん・実くんのおばあさん
- **いちばん変化した人**……木島さん
- **主題**……がんこな態度をとっていた木島さんが、実くんのおばあさんの登場で急に態度を変え、心をひらく話。

場です。この部分は、場面の切れ目にもなっています。

▼性格の読み取りは場面、行動、語彙《ごい》がカギ

性格の読み取りは、場面を理解すること、そして行動を理解することはもちろんですが、**性格を表す語彙を持っていること**も大切です。

文学的文章、特に物語文の読解のポイントは、**すべての登場人物に共感すること**です。問題になっていない登場人物についても、どんな人物かを考えるようにしましょう。

▼文学的文章では「主題（テーマ）」が重要

文学的文章では、**全体のまとめ**として、**「主題（テーマ）」**という言葉が使われます。**「主題（テーマ）」を見つけるポイントは、文章のはじめと終わりで最も変化の大きかった人物に注目すること**です。ただし、それは主人公とは限りません。この「例題」でも、主人公は「わたし」と「実くん」ですが、大きな変化は「木島さん」にあります。がんこな態度をとっていた木島さんが、実くんのおばあさんの登場で、急に態度を変えます。しかし、態度を変えた後も、木島さんは強がっている様子を見せています。このように、**物語を味わう姿勢《しせい》も国語力をつけていく大きなポイント**になります。

文学的文章を解き終えた後に、子ども自身の感想と、子ども自身のこれまで体験とを結びつけてやるといいでしょう。

文学的文章は「経験」が読解力を支えます。子ども自身の経験だけでは限界がありますので、**解いた作品の中のできごとを、経験として蓄《たくわ》えていく**ようにしましょう。

重要

文学的文章では、登場人物の変化に注目
文学的文章では、「主題（テーマ）」をまとめる

● 本冊 *p.34・35*

動物園で働く前、ぼくは動物園に対し、「ちょっと不愉快《ふゆかい》だな」と思っていた。子どものころ、あんなに生き物に熱中していたのに、動物園に行っても、楽しくなかった。「なんでこんなところに閉《と》じこめておくのだろう。つまんないな」という感覚で見ていたからである。家の近くの雑木林や空き地など、もっと手の届《とど》く範囲《はんい》で生き物を直《じ》かに見ていたから、オリの中に入っている動物に価値《かち》を見いだせなかったのだと思う。

動物園の獣医《じゅうい》になってから、この見方も変わった。

野生動物は、ペットと違《ちが》って、「食うか、食われるか」の連鎖《れんさ》の中でお互《たが》いがギリギリのところで生きている。動物園の動物たちは、まずその恐怖《きょうふ》から解放される、ということを知ったからである。ぼくたちは、電車に乗ったとたん、他種の生き物にパクッと食われたり、歩いていたら突然《とつぜん》、巨大《きょだい》な鳥にさらわれたりしないから、その恐怖を実感できない。しかし、前にも書いたように、野生では四年しか生きられないエゾリスが、動物園では一二年も一六年も生きる。キリンが座《すわ》って寝《ね》る。野生では考えられないことだ。自然界でキリンが座って寝ていたら、すぐに狙《ねら》われてしまうだろう。

動物園の動物たちは、その個体だけでいうのなら、決して〝かわいそう〟ではない。安全と食料が保証されているのは、彼《かれ》らにとってはパラダイスといってもいいほどだ。〝かわいそう〟だと思うのは、野生に生きていない人間の一方的な感情だといっていい。また近年の動物園で飼育されている動物の多くは、動物園生まれである。だから、一方的に〝かわいそうだ〟と決めつけることはできない。また、保護されてきた動物も多い。旭山《あさひやま》動物園の場合、エゾヒグマのトンコや、アザラシのガルなどが保護されてきた動物だ。他にも、エゾシカなどがいるし、野鳥では数え切れない。そうした〝いのち〟を飼育していくのも動物園の役割《やくわり》である。動物園に入りたてのぼくにとって、何から何までもが新鮮《しんせん》な驚《おどろ》きだった。そして、もっと動物園のことを知りたい、と思うようになった。

▼ 随筆文《ずいひつぶん》は「筆者の立場を読み取ること」から始める

この「例題」での「ぼく」は動物園の獣医《じゅうい》です。「**獣医とは何をする人か**」をある程度確認《かくにん》してから、読み進めることになります。

▼ 筆者の気持ちを読み取るところは「物語文」と同じ

随筆文には、ところどころに筆者の感想が入ります。「**筆者がどのようなできごとに出会い、どのように感じたのか**」を常に意識しておくと、随筆文をすらすらと読めるようになります。

そのような「できごとを通じて、筆者の気持ちを読み取るところ」は、物語文と同じように進めていきます。気持ちのわかるところに、うすく線を引くのもいいでしょう。

物語文では、いちばん変化した人物に注目しますが、随筆文の場合は、**注目するのが「筆者自身」というところが大切**です。ここでは、「**動物園で働く前と働いてからで、筆者の動物園に対する気持ちが変わっていった**」というところを、読み取りのポイントにしています。

▼ 筆者の考えとその根拠《こんきょ》を読み取るのは「論説文《ろんせつぶん》」と同じ

随筆文は、物語文の性質と論説文の性質を合わせ持っています。

そこで、「**話題**」を見つけて、そこから**筆者がどんなことを読者に伝えたいのか**を考えます。

また、「筆者が動物園に不愉快《ふゆかい》な気持ちをいだいていたのはなぜか」という部分は、論説文のように読み取ります。また、その後の気持ちの変化も、実際の動物園の様子を具体的に紹介《しょうかい》しながら説明しています。このような読み取り方も論説文と同じです。

▼ 随筆文は「筆者の気持ちに共感すること」が目的

▼通読のポイント

●話題……動物園の獣医として働く筆者について
●結論……新鮮な驚きを感じた「ぼく」はもっと動物園のことを知りたいと思った。

動物園で働く前は動物園が不愉快だった。

なぜなら ←

動物園は動物を閉じこめておくので、つまんないなと思ったから。

しかし ←

動物園の獣医になって考え方が変わった。

どのように ←

動物園の動物たちを〝かわいそう〟と感じるのは一方的な感情だ。

なぜなら ←

野生動物は死の恐怖があるが、動物園の動物は死の恐怖がない。

そして ←

新鮮な驚きを感じた「ぼく」は、もっと動物園のことを知りたいと思った。

随筆文は、**筆者が自分の考えを文章にすることで、「読者と気持ちを共有したい」**と思っています。読者も筆者に共感することで、見聞を広めていきます。**問題として読み進める時も、筆者の経験を味わいながら、筆者の気持ちに共感することを目標としてください。**

この文章においては、**「動物園のすばらしさを知り、動物園のことを知りたいと思うようになった筆者」**を理解することが、読解の目的になります。

重要 随筆文は、物語文の性質と論説文の性質を合わせ持つ 随筆文は、「筆者の気持ちに共感すること」が目的

▼文章をまとめるコツ

読解力をつける作業に**「三分で読んで一分でまとめる」**というものがあります。時間を区切ることで、文章のポイントを拾う力を養います。また、それを一分で構成させることで、まとめる力も養います。

この文章では、**「動物園に不愉快な気持ちを持っていた筆者が、動物園の獣医になってから動物園のすばらしさを知るようになった」**というまとめができれば申し分ありませんが、そこに無理をしてたどりつかせる必要はありません。

▼書きこみの基本

この後の章でも、いろいろな書きこみを紹介していきますが、基本はすべて同じです。**うすく、短く、そして記号だけを書きこんでいくこと**です。読む時のペースを乱《みだ》さないようにしてください。

重要 時間を意識して、文章をまとめてみる 書きこみは、うすく、短く、記号だけ

第2章

親ナビ

傍線の手順と設問チェック

スピードアップ&読解力アップ チェックリスト

問題はたいてい――線を使って示されています。その――線に工夫《くふう》を加えて、問題の仕組みを見ぬきましょう。問題の仕組みがわかるようになると、答えの形式（どのように答えるかの「わく」）も理解できるようになります。問題を読み解いて得点力を上げましょう。

読解力アップ

□――線の前後を見ていますか

――線が短い時は、――線をふくむ一文を見直します。また、一文だけでは答えがわからない時は、――線をふくむ段落《だんらく》も、手早く見直して問題を考えるようにします。

スピードアップ

□設問で聞かれていることを確かめましたか

速く解くには、その設問が「何を聞いているか」をまとめることです。設問文の字数などの条件には線を引きましょう。答える形、探《さが》す場所にも気を配ります。

スピードアップ

□手を動かして考えていますか

「書きこみに正解はない」「まちがえたら消せばいい」とわりきって、どんどん書いてください。書きこみの基本は「えんぴつを使って、うすく、短く、記号だけ」です。

読解力アップ

□注目する段落を決めましたか

問題を解く前に、まず、――線をふくむ段落を読み直しましょう。段落ごとにまとめてつながりを考えておくと、はなれたところに手がかりがあっても、見つけやすくなります。

スピードアップ

□わからない語句があっても気にしない

――線の中や手がかりの段落の中に、わからない語句があっても、気にすることはありません。わかる範囲《はんい》で答えてみましょう。答え合わせの時に点検してください。

読解力アップ

□答え合わせの時にふりかえりをしましょう

答え合わせの時には、――線の前後のヒントや段落の選び方などを確認《かくにん》しましょう。

スピードアップ

□思いついた答えは書いていますか

少々手がかりにとぼしいものでも、答えとして書いてみましょう。それを検証していくことで、本当の答えにたどりつけます。

時間管理テクニック

「手順」をパターン化すると迷わなくなる

聞かれているところにどんどん印を入れる
- 内容より先に答え方をつかむ
- 設問のパターンにあてはめる

——線の近くに指示語がないかを確かめる
- ——線の中の指示語は言いかえる
- ——線を指すものにも注意する

わからない問題は設問の条件を確かめる
- ぬき出し問題かそうでないかは重要
- 本文中心で考えるようにする

見直しは細かく取り組む
- 答え方、条件を確認する
- 一問ごとに見直しをする

読解テクニック

設問パターンから正答率を上げていく

——線が短い時はのばす
- まずは一文にする
- ——線をふくむ段落を読み直す

——線の中のキーワードを探す
- 最も意味のある言葉はどれかを考える
- ——線が長い時は／で区切ってみる

穴埋《あなう》め問題を——線として考える
- 一文の中でどんな働きをしているか考える
- 一文全体を書きかえてみる

設問の整理をする
- ——線の内容を考えて読み進める
- 指示語をたどって前にもどる

すぐやるか後回しにするかの判断をする
- 同じ段落でわかる問題は得点源《とくてんげん》
- 心情や要旨《ようし》などは後回しにすることがある

例題の研究

● 本冊 p.46・47

子どもが生きるための力をつけていく上で、①遊びの果たす役割《やくわり》は絶大です。まず、遊びは、体力を養い、運動技能を向上させます。戸外をかけ回る遊びは、全身の運動能力を高め、生きるための基礎《きそ》体力を強めます。遊びの機会に恵《めぐ》まれなかった子は、見かけは大きくても、がんばりの利《き》かない子になります。もろい体になるのです。体力の有無《うむ》は、将来《しょうらい》、仕事の成否《せいひ》を決するほどの重みをもつようになります。

また、遊びは、雑草のようなたくましい生命力を育てていきます。バイタリティのある子にします。一人遊びや、二人遊びのような、ちまちました遊びでは得られない対立や、葛藤《かっとう》の体験は、子どもを強靭《きょうじん》にしていきます。しかも、土と水と風、そして緑にじかに触《ふ》れる遊びは、野生的なたくましさを育てる上で著《いちじる》しい効果があります。洗濯《せんたく》したてのきれいな服を着せても、すぐどろどろにしてもどってくるという子は、生きぬく上でなくてはならない強さ、たくましさを身につけるための修業《しゅぎょう》をしているのだといえましょう。

遊びは子どもを豊かな人格に育ててくれます。遊びの上手な子、リーダーとなる子は、乱暴《らんぼう》な口をきき、粗雑《そざつ》で荒《あら》っぽいふるまいをしているようですが、実のところ、とてもやさしく親切な子なのです。その典型がガキ大将《だいしょう》です。ガキ大将は、子ども集団の組織者で、遊びの指導者であり、遊びについての博学者でもあります。

問1 ——線①「遊びの果たす役割は絶大です」とありますが、遊びの果たす役割としてふさわしくないものを一つ次から選びなさい。

ア 子どもを豊かな人格に育てる。　**イ** 子どもをバイタリティのある子にする。

ウ 子どもの運動能力を高める。　**エ** 乱暴な口をきき、粗雑な子にする。

親ナビ サポートポイント

▼——線は不完全なところがポイント

問題の——線の長さは不親切です。その不親切なところを補《おぎな》うのが、解くうえで重要な作業となります。

そのため、**短い——線は必ず、一文までのばして考える**ようにしてください。そして、**——線の近くにあるヒントを見のがさない**ようにしてください。

この「例題」の——線①では、**「なにが」「どんな時に」「どうする」役割《やくわり》なのか**を考えていくことがヒントになります。

▼「ふさわしくないもの」について

問1は、「遊びの果たす役割」について、具体的に説明しているものを選ばせる問題です。文章の仕組みから、いくつか例をあげながら説明していることがわかります。

これをまとめて説明するのが難《むずか》しいので、問1のように三つを並《なら》べて、**「ふさわしくないもの」**を選ばせているのです。

論説文《ろんせつぶん》などで、いくつかのことがらを並べている時
物語文などで、いろいろな事情や心情が混じっている時
詩の情景などで、いろいろな解釈《かいしゃく》が可能な時

などに**「ふさわしくないもの」**という形式が選択《せんたく》されます。

すべての選択肢《せんたくし》の文章に○×をつける習慣をつけると、設問条件の「ふさわしくない」を見落とす、というミスを減らすことができます。

● 本冊 *p. 48*

彼《かれ》は、その集団の成員の一人一人の能力に応じた役割《やくわり》をふりあてたりします。責任感も強く、だれかがけがをしたとき、他の子は、「ぼく知らないよ」と責任回避《かいひ》をしがちですが、ガキ大将《だいしょう》は、おしまいまでめんどうを見ます。けがをした子を背負《せお》って連れ帰り、「おばちゃん、この子けがしたよ。……」とちゃんと知らせます。泣いている子がいれば、わけをきいて、適切な措置《そち》をとってやります。②おとなもときに驚《おどろ》くほどガキ大将は親切で、めんどうみがよいのです。こわいだけ、強いだけではガキ大将にはなれません。

問2　――線②「おとなも～よいのです」とありますが、ここではどんな例が書かれていますか、簡単《かんたん》に二つ答えなさい。

● 本冊 *p. 50*

ガキ大将《だいしょう》のいる集団でよく遊んで育った子は、さまざまな人間として生きていくためのさまざまなモラルや知恵《ちえ》を身につけていきます。子ども集団の中で、体力や知力がどんどん伸《の》びてきて、ガキ大将と拮抗《きっこう》するまでになってくると、きまってきびしい処遇《しょぐう》を一時的に蒙《こうむ》ることがあります。出る杭《くい》は打たれるの諺《ことわざ》どおりです。泣かされたり、村八分にされます。それは子ども社会の中で、りっぱに一人前になってきたからこそ受ける試練なのです。③親はこのときこそ、わが子を祝福し、激励《げきれい》してやればよいのです。ガキ大将を怨《うら》むことなど、まったくおかどちがいと言えましょう。

問3　――線③「親は～よいのです」とありますが、それはなぜですか。

▼国語の問題は段落《だんらく》ごとに考えるのが最善《さいぜん》

問題を解く前には必ず、――線をふくむ段落全体を読み直すようにしましょう。制限時間を意識するあまり、――線の部分だけをじっとながめるくせをつけてしまうと、思考が広がりません。また、考えこんでしまって、時間を余計に使ってしまいます。

今回の問1では、段落を読み直しながら、選択肢の記号に印を入れていくという解法が最善です。

▼――線の前に接続語を入れてみる

――線②で答えにつまっていたら、――線の前に**「つまり」**を入れてやるといいでしょう。これにより、**前の部分をまとめるという意識**が芽生えます。

上の線引き例のように「けがをした子」「泣いている子」という部分に意識を向けてもいいでしょう。

▼――線の中の指示語について

読解の問題演習をする時は、指示語はすべて言いかえるようにしましょう。最初のうちは、**指示語には必ず印を入れる**ようにします。その指示語が指す部分に線を引くかどうかは、そのつど判断させるといいでしょう。

「話題」と「結論《けつろん》」を確かめたうえで、結論とつながりのあるものについて、線を引くようにするといいでしょう。

重要　――線は必ずのばす

● 本冊 p.52・53

ガキ大将《だいしょう》は、遊びの名人です。個々の子どもの心理を敏感《びんかん》にとらえる能力は、親以上です。子ども集団の卓越《たくえつ》した組織者で、生活の知恵《ちえ》や技《わざ》に長じ、勘《かん》もよく、いうなれば子ども社会の［1］です。親の及《およ》ばない教育力も持っています。

子どもは、ガキ大将の統率《とうそつ》する集団での遊びを通して、人と喜びや哀《かな》しみをわかち合う共感能力や、いろんなタイプの人と短期間にとけ合える能力、さらには、事にあたっては、ともどもに手を取って進むという連帯心も養われていきます。ガキ大将は、子どもたちが将来《しょうらい》生きていく上で、ぜひとも身につけなければならないさまざまな心性や資質、技能の生きたモデルでもあります。小さいときから、どろんこになって、ときには仲間はずれにされたり、泣かされたりしながらも、集団の中で力いっぱい遊んで育った子は、成人してからでも、いろんな階層《かいそう》や職業の人と、わけへだてすることなく、容易にとけあえる力が備わっていきます。また、人の心を察知し、その場にふさわしい表現形式で、共感してもらえるような話術もおのずと培《つちか》われていきます。もし、遊びに恵《めぐ》まれないままに大きくなれば、どうしても社会的能力が発達せず、組織的能力の未熟《みじゅく》な、ひよわで、なかなか人になじめない人間になりがちとなります。子ども集団の中での遊びは、人間としての生き方やあり方を、実践《じっせん》と行動を通じて会得《えとく》していく［2］でもあります。ガキ大将は、その師範《しはん》であり、お手本なのです。

問4 ［1］、［2］に入る言葉として最も適当なものを次から選び、記号で答えなさい。

ア 政治家　イ 芽　ウ 道場　エ 雑草

▼穴埋《あなう》め問題を——線として考える

穴埋め問題も、——線と同じように考えましょう。つまり、**空らんをふくむ一文まで線をのばし、前後とのつながりを考える**のです。そして、空らんをふくむ段落《だんらく》全体にまで目を向けるようにすれば、考えもまとまりやすくなるでしょう。

▼一文全体を書きかえてみる

穴埋め問題の基本は、**空らんが文の中で、どのような位置にあるかを確かめて、設問を書きかえる**というものです。文章の流れを意識して、空らんを後ろの方に移動させると、答えがわかりやすくなります。**問4**では、もともと一文の最後の方に空らんがあります。これを利用して、本冊 p.53のように一文をイコールでつないで、まとめてみます。こうすることで、つながりがわかりやすくなります。

▼段落ごとに読んで考える習慣をつける

受験の必勝テクニックとして、**「段落を中心とした読解」**があります。小学生はわからないと、つい、問題部分の——線や空らんだけに目がとまりがちです。問題を解いていて、しばらくたってもめどが立たない時は、**「ここからここまでを、もう一度読み直してごらん」**と声をかけて、段落に目がいくようにしてあげるといいでしょう。

重要
穴埋め問題も——線と考える
段落ごとに読んでポイントをつかむ

● 本冊 p.54・55

　①長編小説を書くという作業は、根本的には肉体労働であると僕《ぼく》は認識《にんしき》している。文章を書くこと自体はたぶん頭脳《ずのう》労働だ。しかし一冊《いっさつ》のまとまった本を書きあげることは、むしろ肉体労働に近い。もちろん本を書くために、何か重いものを持ち上げたり、速く走ったり、高く飛んだりする必要はない。だから世間の多くの人々は見かけだけを見て、作家の仕事を静かな知的書斎《しょさい》労働だと見なしているようだ。コーヒーカップを持ち上げる程度の力があれば、小説なんて書けてしまうんだろうと。しかし実際にやってみれば、小説を書くというのがそんな②穏《おだ》やかな仕事ではないことが、すぐにおわかりいただけるはずだ。机《つくえ》の前に座《すわ》って、神経をレーザービームのように一点に集中し、無の地平から想像力を立ち上げ、物語を生みだし、正しい言葉をひとつひとつ選び取り、すべての流れをあるべき位置に保ち続ける――そのような作業は、一般的《いっぱんてき》に考えられているよりも遥《はる》かに大量のエネルギーを、長期にわたって必要とする。身体こそ実際に動かしはしないものの、まさに骨身《ほねみ》を削《けず》るような労働が、身体の中でダイナミックに展開《てんかい》されているのだ。もちろんものを考えるのは頭(マインド)だ。しかし小説家は「物語」というアウトフィットを身にまとって全身で思考するし、その作業は作家に対して、肉体能力をまんべんなく行使することを――多くの場合酷使《こくし》することを――求めてくる。

問1　――線①「長編小説を書くという作業は、根本的には肉体労働である」とありますが、筆者がそのように認識しているのは長編小説を書くことがどのようなことであると考えているからですか。次の文の（　　　）に入る表現を本文中から二十二字で探《さが》し、はじめと終わりを五字ずつ答えなさい。

※　長編小説を書くということは、肉体労働のように（　　　）ことであると考えているから。

問2　――線②「穏やかな仕事」とありますが、「穏やかな仕事」を言いかえた言葉を本文中から十字以内でぬき出して答えなさい。

▼――線の中のキーワードに印をつける

問1は、「作業」というキーワードを手がかりにして、答えを見つけていきます。また、「肉体労働」という言葉も手がかりになります。そこで、ひとまずは「作業」「肉体」「労働」の三つを**キーワードにして、印をつけることが大切**です。また、筆者が「肉体労働」をどのようにとらえているかを考えてもいいでしょう。

▼キーワードの具体例をつなぐことによって解く

――線①の後ろには、「労働」についての言葉が並《なら》んでいます。「重いものを持ち上げる」「速く走る」「高く飛ぶ」など、これが「肉体労働」の具体例であることを確かめておくといいでしょう。

また、「小説を書くという作業はどのようなものなのか」をくわしく説明しているのは、「しかし実際にやってみれば」の後です。ここでは問題にはなっていませんが、**線を引いて目立たせておくと読解が深まります**。

▼――線の近くにある指示語の役割《やくわり》

問2は、――線をのばすと指示語に出会うという問題です。「そんな」とありますから、――線より前に答えがあるということを確かめてから探《さが》すようにします。

――線より前を探すのか、後ろを探すのかという判断は、入試において合否《ごうひ》を分ける大事なポイントです。答え合わせの時に「答えと関連した部分が、――線の前にあったか後ろにあったか」を、必ず確認《かくにん》するようにしてください。

重要　**設問のパターンに注目して、答えを探す場所が、――線の前にあるか後ろにあるかを判断する**

● 本冊 p.58・59

才能に恵《めぐ》まれた作家たちは、このような作業をほとんど無意識的に、ある場合には無自覚的におこなっていくことができる。とくに若《わか》いうちは、ある水準を超《こ》えた才能さえあれば、小説を書き続けることはさして困難《こんなん》な作業ではない。③様々な難関は易々《やすやす》とクリアしていける。若いというのは、全身に自然な活力が充《み》ち満《み》ちているということなのだ。集中力も持続力も、必要とあらば向こうからやってくる。こちらからあえて求めるべきことは、ほとんど何もない。若くて才能があるということは、背中《せなか》に翼《つばさ》がはえているのと同じなのだ。

しかしそのような自由闊達《じゆうかったつ》さも多くの場合、若さが失われていくにつれて、次第《しだい》にその自然な勢いと鮮《あざ》やかさを失っていく。かつては軽々とできたはずのことが、ある年齢《ねんれい》を過ぎると、それほど簡単《かんたん》にはできないようになっていく。速球派《そっきゅうは》のピッチャーの球速が、ずるずる落ちていくのと同じことだ。もちろん人間的成熟《せいじゅく》によって、自然な才能の減衰《げんすい》をカバーしていくことは可能だ。速球派のピッチャーが、ある時点から変化球を主体にした頭脳的《ずのうてき》なピッチングに切《き》り替《か》えていくように。しかしそれにももちろん限界というものがある。喪失《そうしつ》感の淡《あわ》い翳《かげ》もそこにはまたうかがえるはずだ。

問3 ――線③「様々な難関は易々とクリアしていける」ということを比喩《ひゆ》している表現を本文中から十字でぬき出して答えなさい。

▼比喩《ひゆ》（たとえ）は詩だけの問題ではない

問3のように、随筆文《ずいひつぶん》で比喩（たとえ）を考えさせる問題は、点数差がつきやすい問題です。**比喩（たとえ）は、筆者の考えをより印象づけることのできる表現技法**なので、**筆者の考えをまず確かめること**が先決です。

▼難問《なんもん》ほど基本を忘《わす》れやすい

問3を解き進める時は、「様々な難関を易々《やすやす》とクリアしていく」の**だれか**という基本に戻《もど》らなければいけません。ここでも――線ばかりに気をとられると、つい視野《しや》がせまくなります。そして、**「才能に恵《めぐ》まれた作家たち」「――線をふくむ段落《だんらく》を必ず読み直す**ようにします。そして、**「若《わか》いうちは」**という表現に気づくと、ぐっと解きやすくなるはずです。

▼複雑な文を指示語をたよりにして読む

問4の――線④は、――線を一文までのばして**「～を～として使う」**という文の仕組みに気がつけば、案外に楽に解けるのですが、――線だけに視線《しせん》が集中してしまうとなかなか難《むずか》しくなります。**「――線をのばして一文を読む」**という基本をおさえ、**指示語をたどっていく**ことで、解答にたどりつくことができます。

問4がどうしてもわからない場合は、「集中力」「持続力」というヒントを出してもいいでしょう。

▼設問を分析《ぶんせき》することの重要性

受験において最後に力を発揮《はっき》するのは**「即答《そくとう》する力」**です。細かなところは後で考えるとして、まず形式にあてはめて答えてしまいます。

● 本冊 *p.62・63*

その一方で、才能にそれほど恵《めぐ》まれていない――というか水準ぎりぎりのところでやっていかざるを得ない――作家たちは、若《わか》いうちから自前でなんとか筋力《きんりょく》をつけていかなくてはならない。彼《かれ》らは訓練によって集中力を養い、持続力を増進させていく。そしてそれらの資質を（ある程度まで）④才能の「代用品」として使うことを余儀《よぎ》なくされる。しかしそのようにしてなんとか「しのいで」いるうちに、自らの中に隠《かく》されていた本物の才能に巡《めぐ》り合《あ》うこともある。スコップを使って、汗水《あせみず》を流しながらせっせと足元に穴《あな》を掘《ほ》っているうちに、ずっと奥深《おくふか》くに眠《ねむ》っていた秘密《ひみつ》の水脈にたまたまぶちあたったわけだ。⑤まさに幸運と呼《よ》ぶべきだろう。しかしそのような「幸運」が可能になったのも、もとはといえば、深い穴を掘《ほ》り進《すす》めるだけのたしかな筋力を、訓練によって身につけてきたからなのだ。晩年《ばんねん》になって才能を開花させていった作家たちは、多かれ少なかれこのようなプロセスを経《へ》てきたのではあるまいか。

問4　――線④「才能の『代用品』」とはここではどのようなものを指していますか。本文中のことばを使って、二十五字以内で答えなさい。

問5　作家にとって、――線⑤「まさに幸運と呼ぶべき」なのはどのようなことですか。本文中から二十三字で探《さが》し、はじめと終わりを五字ずつ答えなさい。

問5であれば **「幸運」** というキーワードを使って、**「秘密《ひみつ》の水脈」** にたどりつくことが第一歩ですが、設問によっては、その「秘密の水脈」を答えるだけでよい場合もあります。その場合は「すぐ解ける問題」といえます。

ただし、今回は、そこからしばらくさかのぼって、答えを作ることになります。そのように、――線と答えを作る部分の距離《きょり》が遠いほど、設問が少しずつ難しくなっていきます。

▼設問の分析の基本

説明的文章・文学的文章、それぞれにおいての設問で、特に注目することがあります。

説明的文章では、**「筆者の考えを理解すること」** が中心となり、**文学的文章**では、**「登場人物の心情を味わい、作品の主題（テーマ）を読み取ること」** が中心となります。

次にあげることを頭に置いて、設問を分析するようにしましょう。

- **説明的文章** …… **理由・要旨《ようし》を中心にして考える。**
- **文学的文章** …… **心情を中心にして考える。**
- **共　　通** …… **常に「〜が」「〜は」のように主語を考える。**

▼「設問チェック」で注目する部分

テンポよく読むためには、設問の条件に印を入れることが大切です。印を入れるのは **「聞いていること」** と **「答え方」** です。

- **記号選択《せんたく》問題** …… **どんなことを　いくつ　選ぶのか**
- **ぬき出し問題** …… **どんなことを　どこから　どれだけ　探《さが》すのか**
- **記述問題** …… **どんなことを　どうやって　何字ぐらい　答えるのか**

といった部分に線を引いておきましょう。

章末問題の研究

● 本冊 p. 66～68

　中学一年になったとたんに、シンサクは、がぜん、働き者になって、家じゅうをびっくりさせた。だれもなんとも言わないのに、日曜日になると、朝早くから、べんとうを持ってとびだし、夕方、札《さつ》をにぎって帰ってくる。去年、洪水《こうずい》で落ちた橋の修繕《しゅうぜん》の土方《どかた》、よその家のこやしの運搬《うんぱん》、なんにでも出かけていった。

　このごろは、百姓《ひゃくしょう》も不景気で、家に入れば、小言《こごと》きり出ない父ちゃんも、「やっぱす、中学に入ると、べつだな」という感想をもらし、母ちゃんなどは、ときどき、「シンサク、帰りにナットウ三十円買ってきてけろな」とたのんだりする。

　そういうときは、母ちゃんは、金をよこさない、母ちゃんのサイフに金がないからだ。シンサクは、自分の箱から三十円出しながら、①ちょっといい気もちになる。父ちゃんたちは、小さい子ばかりの家のなかに、シンサクというかせぎ人がでたことを、うれしく、重宝《ちょうほう》に思っているのだ。けれども、シンサクにしてみれば、そう重宝がられてばかりもいられないのだった。②シンサクには決心したことがあるのだ。

　四月十日、新築された中学校のりっぱな講堂で、盛大《せいだい》な落成式兼《けん》始業式があった。村長さんはじめ、えらい人の演説があったあとで、シンサクたちもお祝いの菓子《かし》包みをもらった。それからわいわい言いながら、二階の新しい教室へ上っていった。

　先生も小学校のときのタケシ先生が、生徒といっしょに中学の先生になったのだから、みんなの意気は、天をつくようだった。先生は、もったいないほどきれいな黒板に字を書いて、中学生たる心得、新しい教室の掃除《そうじ》のしかたをいって聞かせたあとで、

「さあ、何かまだ聞きたいことあるか」と聞いた。

「ハイ！」勉強のときには手をあげたことのない、愛嬌者《あいきょうもの》のトキオが言った。

「おい」と先生が指すと、

「先生、今度の遠足、どこっしゃ？」

　シンサクをぬかして、みんなが笑った。

「おめえ、遊ぶことばかり考えてるな」先生も笑いながら叱《しか》ったあとで、少しまじめな顔になり、「今度の春の遠足は、金のかからないように近いところにする。そのかわり、夏はハッコマ山登山だ。人生には、たのしいことも、苦しいこともある。おめえたちも、これから、人生の坂をのぼりはじめるところだ。それで、先生、考えて、記念のために登山を計画したんだ。みんな、夏までよく家の手つだいしろ」

　教室のなかは、ちょっとま、息をのんだように静かになって、それから、まえより大きくわア

親ナビ サポートポイント

問1　**前後のできごとに注目して解く問題**です。

　シンサクの心情を聞いているので、シンサクが何をしている場面かを考えます。まず、**――線を一文までのばしましょう**。すると、シンサクが自分の箱から三十円出している場面だということがわかります。

　そして、**――線の後ろを確認《かくにん》**しましょう。「父ちゃんたちは、うれしく、重宝《ちょうほう》に思っているのだ」という心情が書いてある部分が見つかります。この二つに注目して、選択肢《せんたくし》の文章と比べましょう。

　記号選択問題の解き方は、第4章で学習します。

①まず、**選択肢の文章を「、」（読点）などの部分で分けます。**

②そして、**すべての選択肢の文章に○×をつけていきます。**特に本文と合わないところや、本文には書いていないところを見つけたら、×をつけて選択肢の文章に線を引くようにします。

　心情の読み取りは、場面を理解すること、そして行動を理解することはもちろんですが、**心情を表す語彙《ごい》を持っていることも大切**です。

問2　**――線の中にキーワードを見つけて解く問題**です。

　また、**十字以上十五字以内**で答えを書く**記述問題**です。

　――線の中の**「決心」に印をつけてから解き始めます**。そして、本文を読み直す前に、どんなことを答えたらいいのかを簡単《かんたん》にまとめておくといいでしょう。

　シンサクの心情を聞いているので、シンサクが何をしている場面かを考えます。「シンサクが働き者になって」「お金をためようとしている」のはなぜか、ということをはっきりと意識することです。

……という声があがった。

③シンサクは、胸《むね》のなかが、スウと寒くなった。遠足と聞くと、いつもそうなるのだ。遠足といえば、いつも「いかせる、いかせない」で、家のなかがもめて、けっきょく、いままで一度も遠足というものにいったことがない。

「ああ、父ちゃん、なんと言うべや」

先生は、説明を続けていた。「登山だけなら、食い物のほかは、金はかからない。だが、帰りに温泉《おんせん》で一泊《いっぱく》したい。それには、三百五十円くらいあれば、いいだろう。」

「よし、おら、自分で金ためる！　五百円ためる！」

みんながガヤガヤさわいでいるなかで、シンサクは、ひとり、深い穴《あな》のなかに座《すわ》っているように、だまりこみながら、こう決心したのだ。

問1 ——線①「ちょっといい気もちになる」とはどんな気持ちですか。最も近いものを次から選びなさい。

ア お金をよこさない母ちゃんと、文句も言わずにだまって箱からお金を取り出すことができる自分とを比べて、優越感《ゆうえつかん》にひたっている。

イ 自分のわずかなかせぎでも両親にたよりにされていることを自覚し、また家族の役に立っていることに、ほこらしさを覚えている。

ウ 母ちゃんのサイフにはお金がないのにもかかわらず、自分の箱には大人のかせぎ以上の金額が入っていることをうれしく感じている。

エ 自分が働いてかせいだお金をナットウ代に使われてしまうのはいやだが、家族が喜んでくれていることに、おおかた満足している。

イ

問2 ——線②「シンサクには決心したことがあるのだ」とありますが、それはどのようなことですか。十字以上十五字以内で書きなさい。

登山にいく費用を自分でためる こと

（十四字）〈同意可〉

問3 ——線③「シンサクは、胸のなかが、スウと寒くなった」のはなぜですか。簡単《かんたん》に説明しなさい。

家が貧しくてお金がないので、遠足にはいけないと思ったから。

〈同意可〉

本文中の「決心」を探《さが》すと、本文の最後に「シンサクは〜こう決心したのだ」とあります。「こう」という指示語があるので、その前を見ると、「よし、おら、自分で金ためる！　五百円ためる！」とあります。そして、それは何のお金か、と考えると答えを作ることができます。

問3 問1と同じように**前後のできごとに注目して解きます**。文学的文章独特の表現も、前後を見ておけばこわくありません。

「なぜですか」と聞かれているので、**「〜から。」**と答えます。

前後のできごとを確かめると、前の場面は、先生がハッコマ山への遠足を発表する場面です。周囲は大喜びですが、シンサクは「胸《むね》のなかが、スウと寒くなった」わけです。

ここを慣用句と考えると難《むずか》しく見えますが、**——線の後に注目する**ことで答えにぐっと近づけます。

遠足にいけないのは、家が貧しくてお金がないからです。「お金がない」ということと「遠足にいけない」ということを結びつけるには**「ので」「から」を使う**ようにするといいでしょう。

つまり、**「〜ので、〜から。」**という形に答えがなるということです。

▼通読のポイント

- **登場人物**……シンサク・父ちゃん・母ちゃん・タケシ先生・トキオ
- **いちばん変化した人**……シンサク
- **主題**……貧しい暮《く》らしの中で、自分で遠足の費用をためようというシンサクの心情と行動の変化。

第3章

親ナビ ぬき出し問題の手順

スピードアップ＆読解力アップ チェックリスト

ぬき出し問題では、答える内容がわかっても、それがどこにあるのかわからない（見つからない）という状況《じょうきょう》がよく起こります。ここであげたポイントを落ち着いてチェックすることで、答えにたどりつけるようになります。

読解力アップ
□ 通読をして解き始めていますか

どんな問題でも、解く前に本文を通読しましょう。わからないところがあっても、最後まで同じ速度で読めるように意識します。線引きは必要ありません。

読解力アップ
□ 話題と構成は確かめましたか

通読で話題をつかみましょう。そして、その話題について言おうとしているところがあればうすく印を入れます。大きく本文が分かれるところがあれば印を入れましょう。

スピードアップ
□ 設問チェックはしましたか

答えを探《さが》す前に、設問からどんなことを答えるべきか確かめましょう。簡単《かんたん》にメモをしておくだけで「迷って時間を浪費《ろうひ》すること」を防げます。

スピードアップ
□ 探す範囲《はんい》を決めましたか

まずは設問（――線部）と同じ段落《だんらく》を点検して、そこから探す範囲を徐々《じょじょ》に広げていきます。段落の上に印をつけて、探す場所を明確にしましょう。

読解力アップ
□ 答える前に本文に印を入れて書いていますか

答えを書く前に、ぬき出しで使った部分には必ず線を引いてください。答案用紙と本文の線を引いた部分とを見比べて、正確に写すようにしましょう。

読解力アップ
□ あてはめて確認《かくにん》しましたか

線を引いた部分が設問で聞かれた形に合っているかどうかを、設問にもどってあてはめてみましょう。

読解力アップ
□ 解き終わったらふりかえりをしましょう

ぬき出し問題の答えでは、

- 字数が問題の条件に合っているか
- どこからどこまでをぬき出すべきか

を点検していくと力がつきます。

時間管理テクニック

ぬき出し問題を速く解くために

下準備をしてからぬき出しをする
- 設問チェックで探す内容を決める
- 構成を確かめて探す場所を決める

まずは設問がある段落を探す

- ——線の前後から探し始める
- キーワードを探してその段落を読む

文章の切れ目をこえる時は「後回し」
- 通読の時に分けた部分の中を探す
- 見つからない時は次の設問に進む

ぬき出しの精度をあげるテクニック
- 同じような表現をすべて候補《こうほ》にする
- いったん記述問題のように書いてみる

読解テクニック

ぬき出し問題を正確に解くために

まず文章の仕組みを確かめる
- 「話題」「結論《けつろん》」「具体例」「理由」に分ける
- 答えの「5W1H」を確かめよう

はじめと終わりを確かめる
- キーワードとその説明を確かめる
- 「音符型《おんぷがた》の線引き」を心がけよう

聞かれていることを整理して解く
- 探す前に答えの特徴《とくちょう》を考えよう
- 注目するところに線を引こう

ぬき出しを見直すテクニック
- 設問と答えを短くまとめよう
- ぬき出すところには線を引いておこう

記述問題を意識したぬき出しをする
- ぬき出しは記述の基本
- 設問から文末を決めておこう

例題の研究

● 本冊 p.74・75

縄文《じょうもん》時代や弥生《やよい》時代にはそれぞれの文化があり、室町《むろまち》時代には今につながる食事や芸能《げいのう》の文化が始まり、江戸《えど》時代には庶民《しょみん》の文化が生まれた。そういう文化の話と、教育との間にどういう関連があるのか。

そう思うかもしれないが①文化という言葉を、そんなにこむずかしく考えることはないのだ。

★私《わたし》がここで言っている文化は、それぞれの国や民族にとっての、生活習慣《しゅうかん》の規範《きはん》というほどの意味である。そういう生活習慣の規範が民族ごとに守られているというのは、美しいことだ、と言っているのだ。文化を、生活習慣の美と言いかえてもいい。

問1　――線①について筆者は「文化」をどのような意味として使っていますか。文章中から七字でぬき出して答えなさい。

● 本冊 p.76・77

日本では、正式な場では正座《せいざ》するというのが生活習慣上の美である。②私《わたし》などは足が軟弱《なんじゃく》で、お葬式《そうしき》のお経《きょう》の時ですら、一分もするともう限界《げんかい》です、ごめんなさい、とばかりに足をくずしてしまうのだが、文化が守れていないのであり、恥《は》ずかしく思う。

そういう時に、喪服《もふく》を着たお婆《ばあ》さんなどが、腰高《こしだか》にならないでこぢんまりと正座し、背筋《せすじ》がすっとのびている姿《すがた》を見ると、ああ、美しいな、と思う。その姿は日本の文化の中にあるものだからだ。

もちろん、日本文化だけが美なのではない。韓国《かんこく》のお婆さんは、片膝《かたひざ》を立ててあぐらをかいてすわってこそ美しいのだ。その地の人はその地の文化の中にいなくちゃいけない。

我々《われわれ》は、自分でも気がついていないようなところで、文化のくくりの中に生きている。日本人として知らず知らず守ってしまっていることが、ちゃんとあるのだ。そういうことがだんだんなくなっていくのは、文化の崩《くず》れである。

問2　――線②「私などは足が軟弱で～とばかりに足をくずしてしまう」とありますが、筆者は自分のこの行動をどのようなこととしてとらえていますか。文章中から五字でぬき出して答えなさい。

親ナビ　サポートポイント

▼ヒントになるところにはどんどん印を入れる

問1では、設問にある「文化」という言葉をキーワードにしています。ぬき出しの答えになる部分に印を入れるのはもちろんですが、**ヒントになるところにも印を入れる**というのが、効率よく問題を解く時の大切な作業になります。

▼キーワードとその説明で「音符型《おんぷがた》の線引き」を作る

キーワードを◯で囲み、その説明を線で示します。形が二分音符(♩)に似ているので、勝手に私《わたし》が「音符型の線引き」と呼《よ》んでいるものです。「音符型の線引き」は、**ぬき出しのはじめと終わりを確かめるのに、非常に役に立ちます**。「必要な部分はどこまでか」を考える時に有効なので、この線引きをぜひ覚えてください。

▼答えが見つからない時は

「ぬき出す内容はわかっているのに場所が見つからない」ことがあります。その時は**解答らんの横に書きたい内容を(自分の言葉でいいので)書く**ようにします。また、答えにつながる場所が見つけられない時は、ヒントとして答えをふくむ段落《だんらく》を示してもかまいません。

▼ぬき出しを工夫《くふう》すれば記述問題にも答えられる

記述問題の大半は、本文中の言葉を使って答えを作ることができます。「本文のどこから答えを作ればいいのか」を考え、**ぬき出しを速く、正確にできるようになることが大切**です。

● 本冊 *p.* 80・81

二十年ぐらい前に、テレビの中である評論家《ひょうろんか》の言ったことをきいて、ああそうか、と納得《なっとく》したことがある。③私《わたし》たちは半ば無意識《むいしき》のうちに私たちの文化の中に生きている、ということの一例を、その人がズバリと指摘《してき》したのだ。

女子の長距離走《ちょうきょりそう》（マラソンか、一万メートル走かだった）のゴールのシーンをカメラが映《うつ》し出《だ》していた。そして、ありったけの力をふりしぼってゴールした日本人選手は、ゴールしたとたんに、ヨレヨレになって崩《くず》れ落ちるか、誰《だれ》かに肩《かた》を支《ささ》えられてようやく歩けるというふうだった。肩を支えられて歩いていても、今にもぶっ倒《たお》れそうである。

ところが、外国人選手はそういう様子ではないのだ。その人も全力を出しきって走ったのだろうに、軽く筋肉《きんにく》をほぐすための走りをしたり、屈伸《くっしん》運動をしたりしている。いい走りだったと祝福されれば笑顔《えがお》で応《おう》じたりしている。

なのに日本人選手は、表情《ひょうじょう》を作る余力《よりょく》もなく、失神寸前《すんぜん》という様子なのである。それは成績《せいせき》には関係ない。一着だったとしても、残念なことにビリだったとしても、同様に、ぶっ倒れそうなのである。

それを見て、その評論家（スポーツ評論家ではなく、社会評論家）はこう言った。

「あんなふうに、日本人選手がフラフラの様子を見せるのは、それが日本の文化だからなんですね」

そう言われてすぐには納得できなかった。あれは別に演技《えんぎ》でやってることじゃないだろう、と思ったのだ。そんな計算ずくのものではなくて、本当に、疲《つか》れてぶっ倒れる寸前まで頑張《がんば》ったので、ゴールしたらもうヨレヨレなんだろうと。

問3 ――線③「私たちは半ば無意識のうちに私たちの文化の中に生きている、ということの一例」とありますが、「一例」として取り上げられている女子長距離走での出来事とは、どのようなことですか。次の空らんにあうように、文章中の言葉を用いて二十五字以内で答えなさい。

◎ 女子長距離走で（　　　　）こと

▼ぬき出しを見直すポイント

問題を解き終えたら、必ず設問にもどって見直しをします。問1は「どのような意味」、問2・問3は「どのようなこと」を聞いています。また、答えた内容を設問とつなげて意味の通る文になるかを確かめます。

● 字数は問題の条件に合っているか
● 字数の指定がない場合は、
　かかりうけに注意してどこからどこまでをぬき出すべきか

の二つがポイントになります。

ぬき出しの範囲《はんい》を正しく考えるためには、かかりうけに注目するのがいちばんです。**「主語・述語の関係」**や**「修飾語《しゅうしょくご》の関係」**をつなげていくと、ぬき出しの過不足に気づきやすいでしょう。

問3の場合、「女子長距離走で」がつながっていくのは、答えの「崩れ落ちる」なのですが、その「崩れ落ちる」に、「だれが」「どのように」かかっているか、と考えるとわかりやすいと思います。

また、今回のように、ほとんどぬき出しで答えられる記述問題にあたる時は、本文の表現をうまく活用することを目標としてください。本文の言葉を不必要に改変すると、字数がうまく合わなかったり、表記をまちがえたりすることにつながります。本文に線を引かせ直すなどしてください。

なお、記述問題などの漢字の誤《あやま》り、文法上のまちがいなどは、大人が確認《かくにん》しないと、書いた本人はなかなか気づかないものです。**大人が点検する**ことで、正しく書く力がついていきます。

重要　設問を確かめて、答える内容・条件を確認する

● 本冊 *p.82・83*

でも、同様の事例を何回も見ているうちに、私《わたし》にもだんだんその人の言ったことが当たっているように思えてきた。欧米人《おうべいじん》は体が大きくて基礎身体能力《きそしんたいのうりょく》が高いのに対して、小柄《こがら》な日本人はありったけの体力を使いきるからああなる、と考えたこともあるのだが、体格が日本人とそう変らないアジアの国々の選手も、日本人のようには倒《たお》れ込《こ》まないのである。

日本人選手だけが、医者を呼《よ》べ、と言いたくなるほどにヨレヨレになる。日本人の運動能力がよほど低いのかと考えたくなるところだが、それにしては成績《せいせき》はそう悪くないのである。決してビリではなく、一着とか二着だったとしても、立っていられないくらいにグロッキー状態《じょうたい》なのだ。

つまり、日本人がスポーツマンに何を求めるか、という文化の中から、あのフラフラ状態というのは出てくるのだろう。日本人はスポーツに、死ぬほど頑張《がんば》って、その精神力《せいしんりょく》のおかげでいい成績をあげる、という物語を求めるのだ。選手たちももちろん、そういう精神力神話の信奉者《しんぽうしゃ》である。彼《かれ》らは心から、気力で闘《たたか》い抜《ぬ》きます、と思っているのだ。

そうすると走り終えた時、作為《さくい》でも演技でもなく、気力を出しきった姿《すがた》になってしまうのだ。④だからゴールするともう、立っていることもできないのである。

そういうことに、無意識のうちに文化の美が原因《げんいん》しているのだ。

だからあれは、韓国《かんこく》の人が身内の人の死に号泣《ごうきゅう》するのと同様のものなのである。韓国人は決して、うそ泣きをしているのではない。悲しみが大きければ大きいほど、大きな声で泣くはずだ、という文化の中にいるから自然にああなるのだ。

そして日本人は、気力で頑張り抜いて勝つ、ということを尊《とうと》ぶ文化の中にいるから、決して計算してそうするのではないが、ヨレヨレになるのだ。

我々《われわれ》はそんなふうに、文化の美に左右されて生活している。

問4　――線④「だからゴールするともう、立っていることもできない」とありますが、それはなぜですか。本文中から三十字以内の言葉をぬき出して答えなさい。

● 本冊 *p.84・85*

ヤスは足を速める。意地になっている感じだ。上り口まで来ると、ヤスは足を止め、後ろを振《ふ》り返った。少し離《はな》れた場所をデカが歩いている。足の運びは重く、落ち着きなく左右を見回し、後ろを振り返っている。

▼キーワードでたどる

問4の特徴《とくちょう》は、――線部が**「だから」**で始まっていることです。つまり、**「――線の前を見ながら解いていく問題だ」**ということに気づかねばならないということです。

第2章で確認《かくにん》したように、まず、――線の前後の文章を確認してみましょう。前の一文には「気力を出しきった姿になる」という表現があります。また、後ろには指示語「そういうこと」があり、続いて「無意識のうちに文化の美が原因している」という表現がありますから、これにも注目します。

気力を出しきった姿になる

←

だからゴールするともう、立っていることもできない

＝そういうこと

←

無意識のうちに文化の美が原因している

ということです。

答えを作る時に、いったん記述問題を経由するという方法がありますが、この問題にもそれが有効に働きます。つまり、

「気力を出しきる文化の美が原因だから。」

という答えが考えられます。

あとはキーワードをたどって答えを探していけば、簡単《かんたん》に見つけられるようになります。

文章の内容を読み解いて答えることと、**テクニック(キーワードをたどる)で答えること**のバランスをうまくとっていくと、答案作りにおいては安定した力をつけることができます。

こっち、と言って、ヤスはぼくの手をつかみ、道の端《はし》にある大きな石の柱の陰《かげ》に駆《か》け込《こ》んだ。しゃがむと、木の幹と石の柱に隠《かく》れて、道からは見えなくなる。デカの足音が近づいてくる。おーい、とデカが呼んでいる。待ってくれよ、そんなに早くいくなよ。

デカはぼくたちが先にいってしまった、と思い込んだようだ。ぼくたちが隠れているあたりを捜《さが》そうともせずに、お城への坂道を上り始めた。

「どういうことなんだ?」

デカの姿《すがた》が見えなくなってから、ぼくたちは道に戻《もど》った。草が触《ふ》れて腕《うで》が少しかゆかった。ヤスが半ズボンのポケットの中から虫さされ用の薬を取り出して、渡《わた》してくれた。

「実はね」とヤスは言った。「ちょっとデカをこらしめてやろうと思って。あいつ、近頃《ちかごろ》、すごく横暴だろう?」

ぼくは腕に薬を塗《ぬ》りつける。たしかにデカは横暴だけれど、それは今に始まったことではない。小学校に上がった頃からずっと横暴だったのだ。

「どうして?」

「コーヘイをいじめるし」ヤスはちょっと顔をしかめた。「ぼくも自転車を倒《たお》された」

「知らないよ。ふざけてやったんだ。自転車が倒れて、ぼくは頭にケガをした。いたかったよ、結構」

「それが理由か?」

まあね、とヤスはうなずいた。

「デカは、本当は怖《こわ》がりなんだ。幽霊《ゆうれい》なんか見たら、おしっこちびってしまうよ。それで、コーヘイと相談したんだ。肝試《きもだめ》しをする時に、幽霊を見せてやろうって。この先にコーヘイが潜《ひそ》んでいるんだよ。デカが来たら、うらめしや、って白い布を巻《ま》いたコーヘイが出ていくことになってるんだ。びっくりするだろうな、デカは」

ヤスはにやにや笑う。

問1 ――線「デカは、本当は怖がりなんだ」とありますが、「デカ」の「怖がり」な態度を最もよく表している一文を、――線より前の本文中からぬき出して、はじめの三字を答えなさい。

▼文学的文章の線引きの復習

文学的文章は、説明的文章に比べて線が引きにくいので、まずは**「登場人物」＋助詞《じょし》「は」**の部分に線を引くことから始めましょう。

次に線を引くのは、**気持ちをはっきりと表しているところ**です。**「〜と思って」**はもちろんですが、**「びっくりして」「よろこんで」**など、**気持ちを直接表現しているところ**があれば印をつけましょう。

気持ちがわかる慣用表現は特に注意しましょう。

▼文学的文章のぬき出し問題の注意点

文学的文章では、**「気持ち(性格)」と「行動(発言)」の組み合わせを、いわゆる想像力で補《おぎな》う必要がある場合**が多くあります。そのため、文学的文章が苦手な子の場合、この問1での、「ぼくとヤスを呼んでいる『デカ』」が「怖がり」である、という組み合わせに、発想がおよばないことがあります。

そのような場合は、まず「デカ」の行動だけに注意して探《さが》すことをうながしてください。ある程度文章を区切ってやってもかまいません。その後「デカ」の行動をまとめて、それがなぜ「怖がり」につながるのかを、いったん説明してやる必要があるでしょう。つまり、「周囲にだれもいなくと心細くなる」→「ふだんいばっているデカがぼくとヤスを探している」と解説してやるということです。

重要 「気持ち」と「行動」の組み合わせの知識をつける

文学的文章では、このように**「性格、心情が表れた行動のぬき出し」**という問題が多く出てきます。テクニックとしては**「だれの行動」「どんな心情」をまとめてから解く**、ということになりますが、それを支えるのは**「気持ち」と「行動」の組み合わせの知識**だということです。

章末問題の研究

●本冊 p.88〜90

「社会人入学」や「社会人野球」「社会人のマナー」というような言葉をよく目にする。コーラスのコンクールに、「社会人の部」というのもあるし、図書館の閲覧室《えつらんしつ》には「社会人席」というのもある。

①社会人とはいったい何だろう?

社会人という言葉は、たぶん学校を卒業して就職《しゅうしょく》し、自立した社会生活を始める時に、とりわけ意識されるのではないだろうか。その逆に定年退職して勤《つと》め先《さき》を去り、社会の中の個人に戻《もど》って暮《く》らすときに、また違《ちが》った意味で再び意識される言葉かもしれない。

現在は社会人になる第一歩としての就職が難《むずか》しい時代である。安定した職に就《つ》いた人は、ほぼ六割《ろくわり》弱《じゃく》という推計《すいけい》もある。それでは就職できなかった人は社会人ではないのだろうか。失業者や、定年退職した人や、主婦や高齢者《こうれいしゃ》、障害《しょうがい》を持った人は社会人ではないのだろうか?

②。この社会に生きている人は、ともに社会をつくっていく仲間として、社会の構成員の一人として、みな社会人なのである。

私《わたし》たちは、個人であると同時に社会人であり、自然の一部として生きている自然人でもある。この三つはどれも切り離《はな》すことができない一体のものとして、③人間を人間たらしめている要素なのだ。この三つが偏《かたよ》りなく撚《よ》り合わされて私たちの人生の意味と目的を支えているときに、私たちは、たぶん豊かな幸福感を持つことができるのだと思う。社会的動物である私たちは意識してもいなくても、社会とのかかわりの中でしか生きていけない。現実に個人が、どんな人生を全《まっと》うするかは、社会のあり方によって大きく左右される。

現在では特に地縁《ちえん》・血縁《けつえん》が弱まり、非婚《ひこん》の人が多くなり、④社会と重なって、一人暮らし世帯が、全世帯数の過半をしめるようになっている。他方では会社員としてのつながりもない非正規労働者が四割に迫《せま》る。まさに個人化社会である。もし、思わぬ人生の事故に見舞《みま》われた時、社会からの支えがなかったら、生き延《の》びることも人生の建て直しも不可能だろう。しかし、その社会を作っているものこそは、私たち個人なのである。とくに、民主主義社会が必要とするのは、自由の中にしっかりと立つ⑤個人の積極的な社会参加であり、同じ人間としてのつながりを大切に思う社会人としての連帯意識である。

資本主義社会は、自分の暮らしや、人生計画をより良いものにしたいという個人的欲望《よくぼう》―とりわけ所得に関心と努力を集中させる。自己《じこ》責任や競争を基本的価値《かち》とする市場経済《けいざい》の社会は、経済や個人の行動を表面的には活性化させるが、その反面、共同して社会をより良くしていこうとする意志や、人間的な相互扶助《そうごふじょ》にたいする関心を希薄《きはく》にする。

もし、自由主義市場経済が国民所得の総額を効率的に増やしたとしても、格差社会がひろがれば、

親ナビ サポートポイント

問1 **「社会人」というキーワードを説明している部分を探《さが》す問題**です。まず、設問から条件を確認《かくにん》しましょう。

- **――線部に答える一文を探すこと**
- **はじめの六字で答えること**
- **句読点などは一字とすること**

本文中の「社会人」というキーワード(話題にもなっています)に印をつけながら探していきます。また、キーワードの説明ですから、**「社会人とは○○」**または**「○○が社会人だ」**というように書いているところが答えになります。10〜11行目の「〜みな社会人なのである」がその説明にあたります。

探しにくい場合は、16行目の「社会的動物である…」という段落の手前まで、と**範囲《はんい》を指定して探す**ようにしてもいいでしょう。

問2 **それぞれの選択肢《せんたくし》を言いかえてヒントをつかみます。**それぞれが言おうとしていることを確かめないと、ちがいに気づきません。

空らん②の前では、「就職していない人は**社会人ではない**のか?」という内容の問いが書かれています。これに対して、

ア　社会人ではない
イ　社会人ではないかもしれない
ウ　やはり社会人である
エ　社会人ではないにちがいない

と言っているわけです。言いかえる作業を大切にしてください。

問3 **――線を一文にのばして考えます。**また、設問からは**「三つの語句を探す」**ことがわかります。

貧困《ひんこん》から抜《ぬ》け出せず、「私はこのように生きたい」という希望さえも語れない社会になるのだ。

問1 ——線①「社会人とはいったい何だろう?」とありますが、それに答える一文を本文中より探《さが》し、はじめの六字をぬき出しなさい。（句読点などがあれば一字とします）

答：この社会に生

問2 ［②］に最もあてはまるものを選び、記号で答えなさい。

ア　そのとおりである　　イ　そうかもしれない
ウ　そんなことはない　　エ　そうにちがいない

答：ウ

問3 ——線③「人間を人間たらしめている要素」にあてはまる語句を本文中より三つぬき出しなさい。

答：個人／社会人／自然人

問4 ［④］にあてはまる語句として最も適するものを選び、記号で答えなさい。

ア　高学歴化　　イ　高層化　　ウ　高度情報化　　エ　高齢化

答：エ

問5 ——線⑤「個人の積極的な社会参加」について、このほかに民主主義社会が必要とするものを本文中より十一字でぬき出しなさい。（句読点などがあれば一字とします）

答：社会人としての連帯意識

▼通読のポイント

話題は**「『社会人』とは何か」**です。社会人という言葉の意味を考えながら、社会と個人について考える文章です。難しい言葉が多く出てきますが、「〜とは〜である」という言葉の意味づけに注意しながら読んでいきましょう。

- **話題**＝「社会人」とは何か。
- **筆者の意見1**　この社会に生きている人はみな社会人である。
- **筆者の意見2**　社会を作っているのは個人である。
- **筆者の意見3**　資本主義のあり方と個人。

——線をのばすと、「この三つ」という指示語が見つかりますから、——線より前に答えがあることがわかります。

「人間たらしめる」という表現でとまっている時は、言いかえてやってかまいません。「人間であるようにする」という意味です。**ぬき出したキーワードには印をつける**ようにしてください。

問4　空らんも——線のように一文にのばして考えます。

選択肢のそれぞれが「高〜化」と同じような形になっているので、語句の意味を確かめてから解くようにします。

一文を見ると、空らん④は「一人暮らしの人が増えている原因」の一つだとわかります。

答えの「高齢化」が、なぜ一人暮らしの増加につながるのかは、読解とはやや外れた社会常識（知識）の一つでしょう。ピンとこなければ「おじいさん、おばあさんのどちらもが、いつまでも長生きというのは珍《めずら》しいから」ということは教えてもいいでしょう。

問5　——線を一文にのばして考えます。まず、設問を整理します。

- **民主主義社会が必要とするものを探すこと**
- **「個人の積極的な社会参加」のほかのものを探すこと**
- **十一字で探すこと**
- **句読点などは一字とすること**

——線をふくむ一文の構成は

「民主主義社会が必要とするもの」＝｛「個人の積極的な社会参加」／「社会人としての連帯意識」｝

となっています。「民主主義社会」をはじめ、難《むずか》しい言葉が並《なら》びますが、基本作業ができれば簡単《かんたん》に解ける問題です。

第4章

親ナビ 記号選択問題の手順

スピードアップ＆読解力アップ チェックリスト

記号選択《せんたく》問題は、当てずっぽうでも答えは書けます。でも、いったん迷うと、迷路《めいろ》にはまりこんだようにわからなくなります。そして、最もくやしいのは「書き直してまちがえた」という時です。ここであげたポイントを落ち着いてチェックするようにしましょう。

読解力アップ

□ 設問のキーワードをつかんでいますか

——線部の考え方は、ぬき出し問題などと同じです。それぞれの選択肢《せんたくし》の文章を見る前に、自分の考えをまとめましょう。

スピードアップ

□ 本文にもどって考えていますか

どれにしようか迷う時は、ほとんどの場合、本文を見ずに考えているからです。選択肢と本文は半分ずつの時間で見ましょう。そうすることで、時間が短縮《たんしゅく》されます。

スピードアップ

□ 明らかなまちがいの選択肢は消しましたか

まずは、「本文に逆のことが書いてある」「本文には書いていない」という、「ちがうもの」を消しましょう。問題により集中できますし、見直しの時にも役立ちます。

スピードアップ

□ 選択肢の文章を分けて考えていますか

選択肢が長い文章であれば、それぞれを二つ、三つの部分に分けて、○×をつけていきます。それをテンポよくやることで、全体のスピードが上がります。

読解力アップ

□ 選択肢はすべて確かめましたか

前の方に「正しそうな」記号があったからといって、いきなりそれを答えとして選ばないことです。あくまで候補《こうほ》の一つとして、次の記号にいきましょう。

読解力アップ

□ 本文のどこにあるか確かめましたか

選択肢ばかり見ていると、「正しいけれど、本文にはない」ものが気になって、「正解を消して、まちがいに訂正《ていせい》する」ことがあります。必ず本文にもどって見直してください。

読解力アップ

□ 設問を通じて読み取ることは何ですか

記号選択問題をきちんと解けば、本文の読解が進みます。問いと答えのつながりを確かめて、読解を深めていきましょう。

時間管理テクニック

記号選択問題を速く解くために

聞かれていることをまとめてから解く

- 注目している「話題」「人物」をおさえる
- 本文の答えに関連する部分に線を引く

〇×をつけることに集中する

- 答えを決めてかからない
- ×が入っているものを候補《こうほ》から必ず外す

本文の読解も深めてみる

- 作問者の視点《してん》を意識する
- 前後の設問の読解を見直す

即答《そくとう》する力をつける

- ややレベルを下げたもので練習する
- まずはアだと決めて読み取りの方向性をつかむ

読解テクニック

記号選択問題を正確に解くために

自分で答えを作ってから考える

- 通読、設問の分析《ぶんせき》を忘《わす》れない
- 本文の言葉で答えてみる

選択肢を選ぶ順番を意識する

- 設問チェックによっておかしなものを消す
- 消した順番がわかるようにしておく

すべての選択肢に〇×をつけてから答える

- 選択肢の文章を分けて分析する
- すべての選択肢を分析してから選ぶ

本文のどこから作ったのかを考える

- 選択肢が本文のどこにあてはまるか確認《かくにん》する
- 本文に書かれていない表現はまちがい

記号選択問題を使って読解を深める

- 記号選択問題は作問者の読解と考える
- はずれの記号にも見るべきところはある

例題の研究

● 本冊 p. 94・95

「申《もう》し訳《わけ》ありません。お持《も》ち込《こ》みになったお弁当は、ゲートの外にありますピクニックエリア（専用《せんよう》の食事場所）でお召《め》し上《あ》がりいただくことになっています。お食事中申し訳ありませんが、ご案内いたします」

「えー、なんでですか」

「申し訳ありません。多くのお客様がご飲食するものをお持ち込みになられると、長い時間をかけてお越しになった場合、食中毒が発生することもあります。万が一そのようなことになりますと、保健所に届《とど》けなければなりませんし、場合によってはパーク内の飲食施設《しせつ》のすべてを何日間か休業しなければならなくなり、多くのお客様にご迷惑《めいわく》をおかけすることになりますので」

「本当はレストランの売り上げを上げようとしているだけじゃないの？」

「申し訳ありません。多くのお客様がパーク内でお弁当を広げると、芝生《しばふ》に新聞を敷《し》いたり、ビニールシートを持ち込んだりするようになり、『夢の国』ではなくなってしまうのです。また、お弁当の中身で競《きそ》い合うような雰囲気《ふんいき》になってしまえば、楽しい場所でなくなるからです」

「……」

問1 ——線部で、「『夢の国』ではなくなる」とはどういうことですか。それを説明したものとして最も適当なものを、次の中から選び、記号で答えなさい。

ア 日常とは違《ちが》う楽しさを提供《ていきょう》しようとしているのに、日常のありふれたものを持ち込まれると、現実に引きもどされてしまう。

イ 日常とは違う高級感を体験してもらおうとしているのに、日常の安っぽいものを持ち込まれると、すべて台無しになってしまう。

ウ 日常とは違う清潔感を味わってもらおうとしているのに、日常のつまらないものを持ち込まれると、見栄《みば》えが悪くなってしまう。

エ 日常とは違う理想の世界を見せようとしているのに、日常の現実的なものを持ち込まれると、くだらないものになってしまう。

親ナビ サポートポイント

▼すべての記号に○×をつける

記号選択《せんたく》問題の問い方のほとんどは、「最も適当なものを次から選び、記号で答えなさい」です。

例えば、「イ」を正解だと選んだ時、**残りの選択肢《せんたくし》が、すべてふさわしくないことを確かめておく**ようにしてください。

なぜなら、「最も適当なもの」を選ぶ問題では、「イもまちがっていないけれど、エの方がもっとよい」ということも起こりえます。また、はじめの方で正しいと思いこんでいたことが、後の選択肢を読んで、まちがっていたことに気づくなんてことも多くあります。

記号選択問題では、**すべての記号の○×を判断する**ようにします。そのうえで、**×のついていないものから答えを選ぶというスタイル**を作りあげてください。

いきなり正しいものを選んで、まちがいの理由を考えていくというスタイルにすると、はじめに選んだ答えが正しいという思いこみからぬけ出せないことがよくあります。

▼最後の二択は、「正しいところ」より「おかしなところ」

記号選択問題では、四つあるうちの二つにしぼりこむのはけっこう簡単《かんたん》です。たいてい、最後の二つで迷うのです。

この問題では、イ・ウを外した視点《してん》と、ア・エを選ぶ視点が異《こと》なることが重要です。

本文に必ず視線《しせん》をもどし、「楽しい場所」などの**キーワードをふくむところを、もう一度読み直すようにしてください。**

●本冊 p.98・99

隼人は正和の声に全身を緊張《きんちょう》させた。

「隼人、お兄ちゃんがしっかりしてくれなきゃ、パパは安心して仕事ができないんだよ。わかるだろ？」

仕事を邪魔《じゃま》していると知り、恐怖《きょうふ》を感じた。「うん」

「なんだ、この部屋は。泥棒《どろぼう》が入ったのかと思ったぞ。直也《なおや》に注意して片付《かたづ》けさせなきゃだめだろ」

片付けさせることは難《むずか》しいと思ったが、①とにかく隼人は謝《あやま》った。「ごめんなさい」

「直也の勉強も見てくれてるね？」

「えっ？」

「小六なんだから、小一の勉強なら見られるだろ？」

「うん。でも…直也は勉強が嫌《きら》いみたいなんだ」

隼人は必死だった。②がっかりさせたくない。でもわかって欲《ほ》しい。直也をいつも見てるのはたいへんだってことを。

正和は屈《かが》み、隼人と視線《しせん》の高さを合わせた。「皆《みな》そうだよ。でも勉強の楽しさを教えてやればいいんだ。そうすれば直也も喜んで勉強するようになる。パパはローテーションによっては直也と顔を合わせられないこともあるんだ。わかるね？」

「うん。ま－くんは消防士だから」

「そうだ」笑顔《えがお》で頷《うなず》いた。

隼人はほっとする。

問1　――線①、②のときの隼人の気持ちをそれぞれ答えなさい。

●本冊 p.101

ア　早く謝っておかないと、この後もっと強くしかられてしまうのでこまるという気持ち。

イ　仕事の邪魔などしたつもりはなかったが、とにかく父の怒《いか》りをしずめようという気持ち。

ウ　父の要求にはうまく応《こた》えられそうにないが、仕事の邪魔をしてはいけないという気持ち。

エ　なまけて弟の世話をしなかった自分が注意されるのは当然だと、強く反省している気持ち。

▼――線の分析《ぶんせき》を忘《わす》れない

記号選択問題は、ぬき出し問題や記述問題に比べると答えるのが楽なので、設問チェックをおこたりがちです。**問1**の①であれば、――線にふくまれる**「謝った」**と**「とにかく」**に注目できれば、決して難《なん》問《もん》ではありません。

記号選択問題でも、きちんと下準備をしたうえで、選択肢を考えていくようにしてください。

特に、**「――線をのばしておくこと」「段落《だんらく》全体を見て、――線につながっていることがらをまとめておくこと」**は、忘れないようにしてください。

▼本文にない表現に注意する

記号選択問題は**「作問者の読み方に従《したが》う」**問題です。**問1**の①のイ・エは、「自分ならそう思うから」と考えると、引っかかってしまう選択肢です。この二つを選んでしまった時は、「本文のどこにある？」という問いかけをしてあげてください。

「本文にないもの」をまちがいの選択肢として入れるというのは、作問者が記号選択問題を作る時の基本作業です。**「本文にないものがある」**ということに気づくだけでも、得点力が上がるはずです。

重要

すべての記号に○×をつける
はじめの二つを消す時に内容を確かめる
設問チェックを忘れない

● 本冊 p.103

ア 弟の世話をするのは、本当はいやでやりたくないということを、父にばれたらまずいという気持ち。
イ 父の期待通りに弟のめんどうを見るのは難《むずか》しいということを、父に気づかれたくないという気持ち。
ウ 父の期待にもかかわらず、実は弟は勉強ができないということを、父に知られたくないという気持ち。
エ 小六の自分には、弟に勉強の楽しさを教えられないということを、父に知られたくないという気持ち。

● 本冊 p.104・105

父をまーくん、母を美穂《みほ》と呼んでも許されるのは隼人《はやと》だけだった。特別に自分だけが許されていること。二人だけのときに限られていたが。弟の直也《なおや》が生まれたとき、「これからはパパ、ママと呼ぶように」と言われた。理由を尋《たず》ねると、「お兄ちゃんになったのだから」と言われた。パタンと目の前でドアが閉まったと感じた瞬間《しゅんかん》だった。隼人はびっくりして泣いた。それを見た両親は二人っきりのときには、今まで通りまーくん、美穂と呼ぶ許可を与《あた》えた。直也には内緒《ないしょ》だと念を押《お》された。まーくんと美穂と自分だけの秘密《ひみつ》——満足した。

「パパの仕事は月曜から金曜まで働いて、土曜日曜は休みっていうんじゃないんだ。三日働いて一日休む。泊《と》まりもある。そうすると直也と話せない日もある。③でもパパは安心してるんだ。隼人がいるからって」励《はげ》ますように水色のパジャマの両肩《りょうかた》を抱《だ》いた。「頼《たの》むよ。パパの期待に応《こた》えてくれ。いいな」

「うん」

正和は満足そうな笑《え》みを浮《う》かべて頷《うなず》いた。

問2 ——線③「でもパパは安心してるんだ」とありますが、この時の父の気持ちとして最も適当なものを次の中から選び、記号で答えなさい。

ア 隼人に弟に対する責任を持たせようとする気持ち。
イ 自分の仕事を理解している隼人に感謝する気持ち。
ウ 隼人に兄として自信を持たせようとする気持ち。
エ 隼人が理解してくれてほっとしている気持ち。

▼「、」(読点)などを手がかりに、選択肢《せんたくし》を分ける

長い記号選択問題を考える時は、まず**選択肢の文章を分けていきます**。分けることによって、考えることがはっきりします。

例えば、問1の②では、すべての記号が**「〜を父に〜という気持ち。」**という形をしています。この後半部分は、すべて同じと考えてかまいません。細かなニュアンスはちがうものの、ひとまず同じと考えることで、前半のちがいに集中できるのです。

選択肢の文章を分けた後は、**「本文に逆のことが書いてあるところ」「本文には書いていないところ」に×をつけます。**

全体としてまちがっているように思える文章でも、部分的には正しいものがふくまれていることがあります。その内容を通じて、文章の読解が進むことがありますので、**とちゅうで読むのをやめず、最後までテンポよく、○×を入れる**ようにしましょう。

▼まちがいの記号をもとに、読解のポイントをさぐる

問1②のアでは、弟の世話を隼人《はやと》がどのように感じているかを確かめることができます。イ・ウは、父の期待に対する隼人の気持ちを確《かく》認《にん》することができます。

記号選択問題のやり直しでは、その問題からわかったことを簡単《かんたん》な文章にしてまとめてみると、本文の読解を深めることができます。

例 ●隼人にとって、弟の世話は、父の期待に応《こた》えるためにやろうと思っていることである。
●隼人にとって、弟の世話はつらいことである。

問1の②では、この二点をまとめておけばいいでしょう。

▼心情を選ぶ問題は、まず「状況《じょうきょう》」を考える

心情を考える時は、つい「登場人物の気持ちになって」と言ってし

● 本冊 *p.106・107*

隼人《はやと》は迷った。今日、直也《なおや》がアニメを見ていて突然《とつぜん》泣き出したことを父さんに言うべきか。そのとき、燃えている建物に飛《と》び込《こ》んで行く父さんの姿《すがた》が頭に浮かんだ。だめだ。父さんに言っちゃだめだ。父さんは凄《すご》いんだ。たいへんなんだ。命を懸《か》けてる。隼人は正和《まさかず》の顔を見上げた。夜勤《やきん》の続いた父さんは疲《つか》れているように見えた。大丈夫《だいじょうぶ》だよね。僕《ぼく》にもできるよね、直也を守ること——やってみるよ。隼人は大きく一つ息をした。もっと頑張《がんば》らなきゃ。父さんは自分に期待しているんだから。

隼人の頭を撫《な》でた。「もう寝《ね》なさい。パパも風呂《ふろ》に入ったら寝るよ」

「おやすみなさい」

「おやすみ」

隼人はそっと自分の部屋に入った。二段《にだん》ベッドの下で直也が眠《ねむ》っている。直也の寝顔《ねがお》を見ていたら④急に泣きたくなった。直也のように苛々《いらいら》して泣きたい。でもそれはしちゃいけない。母さんにも頼《たの》まれた。直也をよろしくねって。病院の母さんはどんどん白くなっていった。ベッドもふとんも白くて、シーツのなかに消えてしまいそうに見えた。

はしごを上り、ベッドに腹《はら》ばいになった。目覚まし時計の隣《となり》にある写真立てを手に取った。右手で掴《つか》み窓《まど》へ近づける。カーテン越《ご》しに入る街灯で写真が見える。母さんが光りながら笑っている。

問3 ——線④「急に泣きたくなった」とありますが、この時の隼人の気持ちとして最も適当なものを次の中から選び、記号で答えなさい。

ア 部屋で寝ている弟を見ると、これからいつまで世話をしなければいけないのかと思い、そのつらさから悲しい気持ちがわきあがってきたから。

イ 実際に弟の寝顔を見ると、兄として父の期待には、やはり応《こた》えられそうにないという情けない気持ちがこみ上げてきたから。

ウ 一度は父の期待に応えようと思ったが、弟の寝顔を見ていると、自分がなぜそれをしなければいけないのかという不満の気持ちでいっぱいになったから。

エ 自分が世話をしなければいけない弟の寝顔を見ていると、母はもういないのだという切ない思いがこみ上げてきてしまったから。

まいますが、それは無理な話です。**想像するには、状況をとらえることが大切です。記号を考える前に、——線に関連するところに線を引いてから解くようにしてください。**

問2では、——線後の「頼《たの》むよ。パパの期待に応えてくれ」というところは特に大切です。そこから「自分の期待に応えてほしいという気持ち」という答えを作ってから選ぶとまちがえにくいでしょう。

イ・エを外したあと、ア・ウで迷うことになりますが、「責任」と「自信」というキーワードを確かめてから、改めて考えるようにするといいでしょう。

▼場面の変化を見のがさない(忘《わす》れない)

記号選択問題は本文にもどるという作業を忘れがちです。**問3**では、——線の後ろにある「直也のように～よろしくねって」に線を引いてください。**隼人が母のことを思い出して、気持ちの変化が起こったことに気づけば**、かなり簡単に解ける問題です。

▼まちがっているものを消す意義

答案の採点をしていると、記号選択問題でも「ああ、おしい」という記号と、「なんでこれを選ぶの?」と首をかしげる記号があります。首をかしげるような記号を選んでいる時は、たいてい文章を読みまちがえているので、点数はさんざんになってしまうようです。

記号選択問題で、**「ぜったいにちがうと思うもの」を消しておく作業には、「本文の内容を正しく理解しているか」を確かめるという意義**があります。はじめに候補《こうほ》から外したものが正解の場合は、記号選択の手順というより、読解の段階《だんかい》でまちがっているということになります。この場合は、段落のまとめを作るなど、文章の理解につとめてください。

章末問題の研究

●本冊 p.110〜114

ひらめきについては、多くの誤解《ごかい》があるように思います。まずあげられるものは、ひらめきはある種の天才にだけ起こるもので、発明家や、科学者、芸術家といった特殊《とくしゅ》な職業の人々の特権《とっけん》である、という思《おも》い込《こ》みです。

実際には、誰《だれ》にでもそれと気づかずにいるたくさんのひらめきがあります。「ああ、そうか！」と世界について新しい何かをつかんだ時に、私《わたし》たちはまた一つひらめきの階段《かいだん》を上っているのです。

次に多い誤解は、ひらめくためには、考えることを脳《のう》に強制し無理やり何かひねり出す必要があるのではないかというものです。しかし、実際にひらめきやすい環境《かんきょう》というのは、脳への強制とは無縁《むえん》で、まったく正反対のものなのです。

脳は、どんな時にもつねに自発的に活動しています。生きているかぎり、心臓《しんぞう》が決して止まることがないように、脳の神経細胞《さいぼう》も、ぼんやりしている時も眠《ねむ》っている時も、全体としては一瞬《いっしゅん》も止まることがありません。強制して活動を促進《そくしん》させるよりも、むしろその活動をいかにおさえるかの方が難《むずか》しいのです。

ひらめきが生まれやすい環境とは、脳がリラックスできる状態のことなのです。極端《きょくたん》に言うと、ひらめきは、脳に対する抑制《よくせい》を外しさえすれば勝手に起こってしまうものなのです。

松下幸之助《こうのすけ》さんは、「松下電器」の創業《そうぎょう》時代、まだまだ貧しかった日本にモノをあふれさせようと、「水道哲学《てつがく》」を唱えました。私たちの脳はひらめきにあふれています。［Ⅰ］、脳は、その気になればいつでもひらめきを起こすことができるのです。

問題は、そのような自分の潜在《せんざい》能力に気づくかどうかという点にあると言えるでしょう。何よりも、ひらめきは一部の特権的な人たちだけが持つ能力であるという思い込みを消し去る必要があるのです。

①ひらめきは、リラックスすることによって簡単《かんたん》に引き起こすことができます。

私が、そのことを説明する時にしばしば持ち出すのは、京都の東山にある銀閣寺《ぎんかくじ》から南に下る「哲学の道」の話です。「哲学の道」は、近くに住んでいた哲学者《てつがくしゃ》・西田幾太郎《きたろう》の散歩コースでした。西田がここを歩きながらよくインスピレーションを得ていたことから「哲学の道」と名づけられました。

私も京都を訪《おとず》れた時、そこを歩けば何か良いアイデアが浮《う》かぶのではないかとよこしまな考えを抱《だ》いて、たびたび歩いたことがあるのですが、そうしたことはこれまで一度もありませんでした。私は西田に比べて筋《すじ》が悪いのかなあなどと思ったこともあったのですが、ある時ふと気づきました。［a］

過去に自分がひらめいた瞬間《しゅんかん》がどういう環境であったかを繰《く》り返《かえ》し考えていたのですが、そうした瞬間というのは、自宅《じたく》から最寄《もよ》りの駅に行く道や、いつも歩き慣れている道をリラックスして歩いて

親ナビ サポートポイント

問1　段落《だんらく》を読んでたとえを考える問題です。

選択肢《せんたくし》を見ると、「水道」か「水道の水」でたとえていることがわかります。

空らんの前後に「ひらめきにあふれている」「いつでもひらめきを起こすことができる」とあるので、まず、イ・ウを外してください。イは「どこにでも設置されている」と自分から行動を起こしているのではありません。ウは「いつでも飲めるとはかぎらない」と否定《ひてい》しているので合いません。

次に、「ひらめきにあふれている、いつでもひらめきを起こすことができることを『水道の水』でたとえるとどうなるか」という問いかけを大切にしてください。

アの「どこでも水が出てくる」というたとえが、「あふれる」「いつでも」をうまく表しています。

問2　――線の前までの話を確認して、――線の後ろの「哲学の道」の例も参考にして解く問題です。記号選択問題を解く時は、次のことを確認してから問題を解くようにしましょう。

① **設問から手がかりを探《さが》す。**
② **本文のどの場所を見ながら考えるのか決める。**
③ **選択肢の文章を分ける。**
④ **すべての選択肢の文章について、〇×を書きこんでいく。**

設問からは、**「理由としてもっともふさわしいものを選ぶ」**ことがわかります。

いる時が最も多かったのです。歩き慣れていない京都の「哲学の道」を歩くと、私はきょろきょろと周りの風景に目を奪《うば》われてしまって、脳がリラックスできなくなってしまいます。つまりリアルタイム・オンラインで、時々刻々《じじこっこく》と周囲から入ってくる情報の処理《しょり》に脳が手いっぱいの状態になっている。〔b〕

要するに、西田にとって東山のその道が「哲学の道」であったというのは、西田がそこを毎日散歩し、リラックスできる道であったからこそ、というわけです。東山のその道そのものに何か特別なしかけがあったわけではありません。

つまり、ひらめきやすい環境というのは、外部からどういったインスピレーションが与《あた》えられるかではなく、いかに自分の脳がリラックスできるかということが大事なのです。毎日自分が通っている道が、すべての人にとって「哲学の道」となるわけです。

なーんだ、と思うかもしれませんが、「ひらめき」のためには特別な環境や、才能は必要なく、ただリラックスすることが必要である、という事実に目覚めるために、「哲学の道は特別な道ではない」ということの話は、とても大切なメッセージを含《ふく》んでいると思うのです。

「哲学の道」のエピソードは、ひらめきについて重要なことを教えてくれます。ひらめきを外の環境から促進させることはできないということです。むしろそういった外部からの情報は、ひらめきにとってじゃまになってしまう。いかにリラックスした状態を作り出すか、脳に空白を作るか、このことこそが重要なのです。〔c〕

よく、この絵を見ると、あるいはこの音楽を聴《き》くと、インスピレーションがわいてくるという人がいますが、これもそうすることでリラックスができるから、脳に空白を作ることができるから大事なのです。その絵や音楽の「情報」自体に、ひらめきを促《うなが》す特別な性質があるわけではないのです。モーツァルトの音楽でも、それを聴いてさえいればひらめくというものではないでしょう。むしろ、モーツァルトの音楽がもたらす「うるわしいリラックスという空白」がひらめきを促すものと思われます。〔d〕

自分がふだん歩く道というのは、おもしろいものがない場合が多い。しかしその方が、オンラインで処理する情報が少なく、よりリラックスできるとも言えます。何も、特別な刺激的《しげきてき》な風景が広がっている必要はないのです。どんなに刺激的な繁華街《はんかがい》といえども、車がビュンビュン走っているところや、人が多くてガヤガヤそうぞうしいところでリラックスできる人はあまりいないでしょう。

リラックスできる環境は、表現を変えると退屈《たいくつ》な時間、退屈な場所でもあります。しかし②どうやら脳は退屈がきらいではないようなのです。むしろ「退屈という空白」を補《おぎな》おうと何かを自発的に作り出そうとします。だからこそ、ひらめく。

そう考えると、退屈というのもひらめきにとってとても重要な要素なのです。退屈だからこそ、何かを作り出そうと脳が活動する。退屈はひらめきの近道なのかもしれません。

次に、本文中から「ひらめき」「脳」について書かれている部分を確認します。

● 「ひらめきはある種の天才にだけ起こるもので、発明家や、科学者、芸術家といった特殊《とくしゅ》な職業の人々の特権《とっけん》である、という思《おも》い込《こ》み」（1〜3行目）

● 「実際にひらめきやすい環境《かんきょう》というのは、脳への強制とは無縁《むえん》で、まったく正反対のもの」（7・8行目）

● 「脳は、どんな時にもつねに自発的に活動しています」（9行目）

● 「ひらめきは、脳に対する抑制《よくせい》を外しさえすれば勝手に起こってしまうもの」（13・14行目）

● 「脳は、その気になればいつでもひらめきを起こすことができる」（16・17行目）

● 「ひらめきやすい環境というのは、外部からどういったインスピレーションが与《あた》えられるかではなく、いかに自分の脳がリラックスできるかということが大事」（36・37行目）

本文にある、こうした材料をもとに、選択肢の文章を分けて、○×をつけていきましょう。

ウは、ひらめくのは、「ある種の天才」だけではないので、これをまず外しましょう。ただし、後半の「リラックスできる環境を与えれば、ひらめきは生まれる」は△です。

次に、アは「きっかけを強制的に与えること」「いつかは」の部分が本文と合わないので、外します。

イとエを比べると、前半の「脳はつねに自発的に活動している」はどちらも正しいので、後半を比べましょう。エの「外部からの少しのインスピレーションを与えてやれば、すぐにひらめきが起こる」は、本文と合わないので、イが正解となります。

一般《いっぱん》にネガティブだと思われている感情も、それなりの意義があるから進化の過程で消えることなく存在《そんざい》し続けているわけですが、「退屈」にもまた、ひらめきを促すという効用があるのです。

◎本文を一部省略してあります。また、表記を変更《へんこう》しているところがあります。
※インスピレーション　瞬間的な思いつきやひらめき　　※リアルタイム　同時
※オンライン　中央本体とつながっている状態

問1　Ｉ に入れるのにふさわしいものを次から選び、記号で答えなさい。
ア　水道の蛇口《じゃぐち》をひねればどこでも水が出てくるように
イ　水道が、都会ならどこにでも設置されているように
ウ　水道の水が、いつでも飲めるとはかぎらないように
エ　水道の水が、私たちをうるおしてくれるように

ア

問2　――線①「ひらめきは、リラックスすることによって簡単に引き起こすことができます」とありますが、その理由としてもっともふさわしいものを次から選び、記号で答えなさい。
ア　脳にひらめきのきっかけを強制的に与えることで、誰でもいつかはひらめきを手にすることができるから。
イ　脳はつねに自発的に活動しているので、脳が手いっぱいの状態でなければ、誰にでもひらめきは起こるから。
ウ　ある種の天才は、つねにひらめきの能力を持っているので、リラックスできる環境を与えれば、ひらめきは生まれるから。
エ　脳はつねに自発的に活動しているので、外部からの少しのインスピレーションを与えてやれば、すぐにひらめきが起こるから。

イ

問3　つぎの文が文中からぬけています。文中の〔a〕～〔d〕のどこに入りますか。記号で答えなさい。
そんな時にひらめく余裕はさすがに誰の脳にもありません。

b

問4　――線②「どうやら脳は退屈がきらいではないようなのです」とありますが、どうしてですか。その理由としてもっともふさわしいものを次から選び、記号で答えなさい。
ア　私たちは、退屈するとエネルギーがたくわえられ、活動することができるから。
イ　私たちは、退屈するとそれをまぎらわすために、活発に様々な活動をするから。
ウ　私たちの脳は、退屈することによって余裕ができて、活動できるようになるから。
エ　私たちの脳は、退屈することによって刺激され、強制的に活動が促進されるから。

ウ

問3　**指示語に注目して解く問題**です。

この問題は**文の挿入《そうにゅう》問題**ですが、**「そんな時」**に注目し、**「誰《だれ》にとってもひらめく余裕《よゆう》がないのはどんな時か」**という問題に変換《へんかん》します。そして、挿入文の初めに「そんな時」と、指示語があるので、前の部分から続いてくる文章であることを確認《かくにん》します。

13行目に「ひらめきが生まれやすい環境とは、脳がリラックスできる状態」とあるので、**リラックスできない環境が書かれているところを探す**といいでしょう。

挿入する部分はすべて、どこかの段落の最後になっています。挿入文の初めが指示語になっているので、a～dの直前の部分を確認することで、挿入する部分を見つけましょう。

「ある時ふと気づきました。」〔a〕
「つまりリアルタイム・オンラインで、時々刻々《じじこっこく》と周囲から入ってくる情報の処理《しょり》に脳《のう》が手いっぱいの状態になっている。」〔b〕
「いかにリラックスした状態を作り出すか、脳に空白を作るか、このことこそが重要なのです。」〔c〕
「むしろ、モーツァルトの音楽がもたらす『うるわしいリラックスという空白』がひらめきを促すものと思われます。」〔d〕

この中で「リラックスできない環境」が書かれているのは、〔b〕となります。

問4　**――線をふくむ段落を読んで考える問題**です。

問2に示した①～④を確認しましょう。

設問からは、**「理由としてもっともふさわしいものを選ぶ」**ことがわかります。

――線をふくむ段落を確認して、――線の後ろの「むしろ『退屈という空白』を補《おぎな》おうと何かを自発的に作り出そうとします。だか

問5 本文の内容に合っているものには○、合っていないものには×を、それぞれ答えなさい。

ア 「ひらめき」は、いつも何かを考え、脳を働かせることによって可能になる。
イ 京都の「哲学の道」にはすべての人に「ひらめき」を起こさせる何かがある。
ウ 初めての道より、いつも歩いている道の方が「ひらめき」が起こりやすい。
エ モーツァルトの音楽でひらめく人は、その音楽でリラックスできる人である。

ア ×　イ ×　ウ ○　エ ○

▼通読のポイント

話題は**「ひらめき」**です。そして、説明的文章での視点《してん》は「この文章を読めばどうなるか」です。つまり「この文章を読めば読者がひらめきやすくなる」という視点です。問題を解く前に、本文と自分をしっかり結びつけてから解くようにしましょう。

- **話題**＝ひらめき
- **筆者の意見1** 誰《だれ》にでもたくさんのひらめきがある。
- **筆者の意見2** 脳《のう》は抑制《よくせい》さえ外せばひらめくようになる。
- **筆者の意見3** 「ひらめく」という潜在《せんざい》能力に気づいていない人が多い。

らこそ、ひらめく」に線を引いておきましょう。

では、選択肢《せんたくし》の文章を分けて○×を書いてみましょう。後半の部分は、**ア**〜**エ**まで、すべて「脳が活動する」になっているので、それはすべて○です。

前半部分を比べると、**ア**は「エネルギーがたくわえられ」、**イ**は「まぎらわす」、**ウ**は「余裕《よゆう》」、**エ**は「刺激《しげき》」というところに、ちがいがあります。

それぞれのキーワードは本文にありません。先ほど確認した——線の後ろから、「『退屈という空白』を補う」という言葉を読み取って、それにもっとも近いモノを選ぶことになります。

イの「まぎらわす」は、退屈から気をそらす、ということですが、ここでは退屈を好ましいものと考えるので、ふさわしくありません。

リラックス＝退屈＝余裕

とよいイメージで結んでいる、**ウ**を選ぶことになります。

問5 **○×問題は本文のどこに書いてあるかを確かめます。**

ア 「『ひらめき』は、いつも何かを考え」の部分がまちがいです。59行目に「退屈というのもひらめきにとってとても重要な要素なのです」とあります。

イ 24・25行目に、筆者自身がアイデアが浮《う》かばなかったことが書いてありました。×です。

ウ 「いつも歩いている道」については52行目に書いてありました。おもしろいものがない＝リラックスできる＝退屈となるので○です。

エ 50行目「モーツァルトの音楽がもたらす『うるわしいリラックスという空白』がひらめきを促す」とあるので、○です。

第5章

親ナビ 記述問題の手順

スピードアップ&読解力アップ チェックリスト

記述問題がわからない、書けないとよく聞きますが、筋道《すじみち》を立てて、答えを作っていけば、部分点は必ず取れるようになります。あきらめずに、ていねいに書いて、難問《なんもん》から、一点でも多く取るように努力しましょう。

スピードアップ □ 答えの「わく」を作りましたか

内容を深く考える前に、どのような形の答えになるか、字数はどう割《わ》りふるかという「わく」を作ります。答えの「わく」は暗記しましょう。

スピードアップ □ 思いついたことを下書きに書いていますか

思いついたことは、必ずメモを取って下書きに書きましょう。満足のいく答えが作れなくても、短い時間で部分点がもらえる答案を優先《ゆうせん》しましょう。

読解力アップ □ 注目する部分を決めてから解いていますか

記述問題の多くは本文の言葉を活用できます。また、自分の言葉で書く問題でも、まずは本文の言葉を使って、下書きを作ります。

読解力アップ □ 短い答えを積み重ねましょう

まずはあっさりした答えからはじめて、そこに説明を足していくようにしましょう。また、その部分に指示語などがふくまれている場合は、別の言葉に言いかえます。

読解力アップ □ 「、」(読点)をうまく使えていますか

ある程度の字数を書いたら、「、」(読点)を打って区切りをつけましょう。考えが整理されますし、部分点も取りやすくなります。

読解力アップ □ 本文に線を引いていますか

本文の使ったところには、必ず線を引くようにしましょう。考えているうちに、本文の内容からはなれないように、本文のキーワードをたどるようにします。

スピードアップ □ 十分で満点より、三分で五十点

制限時間を意識して演習する時は、完璧《かんぺき》な答えより、減点されても手早く書くことを目指しましょう。

時間管理テクニック

記述問題を速く解くために

「わく」と構成を考える

- 設問をチェックして答えの「わく」を決める
- 「〜」を使って答えを書いてみる

字数をもとに構成を考える

- 字数の多い記述問題は書くことを分けて考える
- 書くポイントの数を決める

下書きをして効率を上げる

- そのまま解答らんに書ける下書きを作る
- 字数の半分を目安に下書きをする

短い時間で部分点を取る

- 後で見直すつもりでさっと書く
- 最後まで書ききる練習をする

読解テクニック

記述問題を正確に解くために

本文の言葉を活用する

- 線引きを通じて本文の言葉を使う
- ある一文に注目して、説明不足を補《おぎな》う

字数との関係を知る

- 字数の限りくわしく書く
- 圧縮《あっしゅく》して内容を足していく

言いかえを活用する

- 言いかえるポイントを考える
- 言いかえる時はなるべく本文の表現を活用する

読みこむ範囲《はんい》をしぼる

- 前後のポイントを並《なら》べてみる
- 場面の変わり目までを一区切りにする

自分で考える問題のコツ

- 本文の言葉で作り、言いかえてみる
- 前後から想像する

例題の研究

●本冊 p.120～125

NHKに報道記者として入局した私《わたし》は、人事異動《いどう》で一九八九年からキャスターを務めることになりました。この人事に、私は少々戸惑《とまど》ってしまいました。記者にはなりたかったけれど、テレビに出たいという希望は少しも持っていなかったからです。しかし、キャスターの仕事はその後も続き、一九九四年から一一年間は『週刊こどもニュース』のお父さん役を務めたりしました。

NHKの『週刊こどもニュース』には、ありがたいことに「わかりやすい。」「これまでわからなかったニュースが初めてわかるようになった。」などという声をたくさんいただきました。①こうした評価をいただいた理由はどこにあったのか、私なりに分析《ぶんせき》してみると、主な理由は二つあるようです。

一つは、番組の制作スタッフにニュースの素人《しろうと》が入っていたことです。

『週刊こどもニュース』は報道局と制作局が共同で作っていた番組で、報道局に所属《しょぞく》していたのは私だけでした。ほかのスタッフは制作局で主に教育テレビの子ども向け番組を作ってきたディレクターたちでした。おそらく子ども向けのニュース番組を始めるにあたって、子ども向けの番組を作っているスタッフとニュースの取材をしているスタッフを組ませればいいだろうと、当時の上層部《じょうそうぶ》が考えたのでしょう。

教育テレビの子ども向け番組を作りたいと思ってNHKに入局した人たちは、そもそもあまりニュースに興味関心がありません。多くがNHKのニュースを見ていませんし、新聞も取っていません。これには驚《おどろ》きました。

彼《かれ》らの部屋をのぞいてみると、常に教育テレビの番組が流れていました。自分たちが制作した番組をチェックしなくてはいけないから、これは当然といえば当然のことです。でも、そうなると、同じ放送局に属しているといえども、ニュースは見ないことになってしまいます。

ということで、制作局のスタッフのニュースに関する知識はわずかなものでした。打ち合わせをしていると、「それはどういう意味ですか。」「どうしてそうなるんですか。」と、政治や経済《けいざい》、国際問題の基礎《きそ》知識に関する質問が次々に私に浴びせられることになりました。「エッ!?そこから説明しないとダメなの?」と思うこともしばしば。でも実は、こうした環境《かんきょう》が『週刊こどもニュース』にはプラスに働くことになるのです。

『週刊こどもニュース』が高評価を得たもう一つの理由は、聞き手が子どもたちだったことです。小学生ですから、まだまだ素直《すなお》です。わからないことに対する妙《みょう》なプライドもなく、わから

親ナビ サポートポイント

▼「なぜ」という問いかけでリズムを作る

文章のところどころで、「なぜ」という問いかけをしてみましょう。ただし、**説明的文章(論説的随筆《ろんせつてきずいひつ》)の場合は、後ろに「なぜ」に対する答えが出ている場合が多いのが特徴《とくちょう》です。**

▼指示語が何を指しているかをきちんと考える

問1は——線①をふくんだ段落《だんらく》をきちんと読むことで、解きやすくなる問題です。——線の中の「こうした評価」の言いかえや、——線の後ろにある「主な理由は二つあるようです」への印つけなど、基本的な作業をしているかどうかを意識させてください。

▼設問から答えの「わく」を作ること

内容を考える前に、答えの「わく」を下書きします。問1では、「なぜですか」とあるので、「～から。」で終わるようにします。**内容に当たる部分は、「～」を使ってかまいません。**

答え合わせをする時でも、答えの「わく」が合っているかどうかは、まず確かめなければならないことです。内容ばかりに気をとられずに、まずは**形式を固める意識**を養ってください。

▼内容を考える前に、形式を整えておく

問題に合わせた「わく」をたくさん覚えておくと、答えが書きやすくなります。

●「～ので、～から。」……理由を二つ並《なら》べて書く時に使う。

例 つかれた**ので**、休もうと思った**から**。

ないなら、「わかりません。」「それって、何ですか？」などと、ほんとうに思ったとおりに素直に聞いてきます。このことも『週刊こどもニュース』の番組作りには、大いにプラスに作用しました。

スタッフにニュースの素人《しろうと》が多かったことと、聞き手が子どもだったことが、どうして番組作りに役立ったのでしょうか。それらによって、番組はなぜわかりやすいという評価を受けることになったのでしょうか。

それは、スタッフや子どもたちの〝素直な疑問〟が私を鍛《きた》えてくれたからです。彼らの素直な疑問によって、私自身、伝えるテーマについて、わかるまで掘《ほ》り下《さ》げ、根本から徹底的《てっていてき》に調べ、考えるようになったのです。

問1　――線①「こうした～理由はどこにあったのか」とありますが、番組が高い評価を得たのはなぜですか。本文中の言葉を使って二十字以内で、二つ答えなさい。

●**「～のに、～こと。」**……「のに」という逆接の言葉を使って、物事がうまく言っていないことを示す。いらだちなどの、あまりよくない気持ちに使うことがある。

例　急いでいる**のに**、定期券が見つからない**こと**。

このようなわくを組み合わせると、複雑な記述も方針《ほうしん》が立ちます。

例　急いでいる**のに**、定期券が見つからない**ので**、いらいらする**気持ち**。」

▼字数について

字数が決まっている場合は、なるべくその字数ぎりぎりで書くように練習するといいでしょう。**「字数の限りくわしく答える」**というのが目標です。

八割《はちわり》という制限は、「八割より少ないものは無条件に×にできる」などの採点上の便宜《べんぎ》です。これを「八割書いたら十分」と誤解《ごかい》している受験生は少なくありません。はじめのうちは、制限字数より五字少ないところを目標とするといいでしょう。

字数が決まっていない解答らんでも、その大きさから字数を決めて書くようにすると、足りないところに気づきますし、考えがまとまりやすく、スピードアップにつながります。

解答らんは一文字一センチ四方を基準にしていることが多いのですが、ぬき出し問題のマス目の大きさを参考にしてもいいでしょう。**解答らんの大きさに応じて、字数の目安をつける**ようにしてください。

重要

設問から答えの「わく」を作る
細かな内容は「～」で代用できる
字数の限りくわしく答える

● 本冊 p.128・129

日本に来た台風が豊後《ぶんご》水道を通ったことがありました。そのことを伝えたとき、番組を見てくれていた子どもから「豊後水道というのは、水道なのですか？」という質問がきました。

確かにもっともな疑問《ぎもん》ですね。「水道」というと、一般的《いっぱんてき》には「水を供給《きょうきゅう》する施設《しせつ》」のことを思《おも》い浮《う》かべます。あるいは、水が出てくる管《かん》の蛇口《じゃぐち》を思い浮かべる人も多いでしょう。後者は水道とは意味が少し異《こと》なりますが。

そうして考えてみると、「豊後水道」と聞いて、水を供給する施設などを思い浮かべる人がいても不思議ではありません。小学生なら、頭が混乱《こんらん》しそうです。「エッ、台風が水道を通って出てくるの？」なんて思って、わけがわからないかもしれません。

豊後水道の「水道」の意味は何かといえば、実は海峡《かいきょう》とほぼ同じ意味です。国語辞典で水道を引いてみると、「海が陸地に挟《はさ》まれて、狭《せま》くなっている所」「海峡」などの意味も載《の》っています。

でも、ここで疑問に思うことがあります。では、なぜ［　X　］。子どもでなくても、疑問に思いますよね。

『週刊こどもニュース』を担当《たんとう》していたとき、私は海上保安庁《ほあんちょう》の水路部に電話してみました（水路部は現在、海洋情報部という名称《めいしょう》に変更《へんこう》）。正確な地図を作るために海の測量をしている役所だから、何かわかるのではないかと思ったのです。しかし驚いたことに、役所としては、水道と海峡の定義の違《ちが》いはない、ということでした。

担当者《たんとうしゃ》にさらに聞いてみると、おもしろいことがわかりました。一八七一年（明治四年）にイギリスの指導のもとに日本周辺の海図を作った際、指導に来日したイギリス人が、「ここはチャンネル、ここはストレート。」と指示を出していったのだそうです。その後、チャンネルは「水道」、ストレートは「海峡」と翻訳《ほんやく》されました。つまり、海図を作った際のイギリス人担当者の〝感覚〟で水道か海峡かが決まったというのです。ヘェー、そんなことだったのか、と驚いたものです。

番組では、こうしたことも紹介《しょうかい》していきました。きっかけは子どもの視聴者《しちょうしゃ》からの質問です。私自身、これまで知らなかったことを学べましたし、おそらくは多くの視聴者も初めて知って、学べたことがあったのではないかと思っています。

スタッフや子どもたちの素朴《そぼく》な質問によって、ニュースの専門家《せんもんか》ではない人たちは何がわからないのかを知ることができたからです。何がわからないかを知れば、それを説明すればいいのです。

新聞記者はニュースの専門家。テレビニュースを担当している放送局の報道局（報道部）も

▼空らんを埋《う》める形の記述問題について

空らんを埋める形の記述問題では、基本的には、**空らんの前後を見て、キーワードを決める**ようにします。

［X］では、**「ここで」**という指示語が大きなヒントになっていますし、［Y］では、**「専門家《せんもんか》」**という言葉が解答への手がかりになっています。

▼書いてよかったと思える採点のコツ

記述問題は、「内容」と「形式」が半分ずつ点数になります。読み進めるうちに誤解をすると、内容がまるでとんちんかんな答えを書くこともあります。しかし、それは文章経験を積めば、いつか正答できるようになります。

採点をする時のコツは、問題条件を正しくクリアしているかということを最優先《さいゆうせん》にすることです。形式が整えられていたら、まずほめてやってください。

内容のチェックについては、まず**模範《もはん》解答が本文のどこから作られているのかを確かめること**から始めます。そのうえで、自分で書いた答えとのちがいを考えるようにします。本文に注目した答えであれば、×になることは少ないでしょう。

大切なのは内容がずれていても、形式がきちんとしているなら、解法としてはしっかりした答案だということです。

実際のテストでは、形式のみで△になることはありませんが、自宅《じたく》の学習においては形式に従《したが》っている答案は大いにほめるべきものです。

ニュースの専門家。専門家は概《がい》して視野《しや》が狭くなり、［　Y　］と勘違《かんちが》いしがちです。素朴な質問が、そんな私の勘違いを正してくれたのです。

● 本冊 *p. 134・135*

靴が好きだ、といえば、けげんに思われるかたも多いだろう。

靴は道具である。好きとかきらいとかいうたぐいのものではない。鍋《なべ》が好き、とか、パンツが好き、とかいえば奇妙《きみょう》にきこえるだろう。それと同じことだ。あらためて好きだと宣言《せんげん》するほどの話ではないはずだ。

だが、それでも私は靴が好きである。なによりもの証拠《しょうこ》は、部屋のいたるところに転がっている靴の数である。

机《つくえ》の下に三足。ベッドの下に五足。洗面所《せんめんじょ》に二足。押入《おしい》れに十数足。そして靴箱《くつばこ》には満員電車さながらに、いろんな靴たちが折り重なって、ひしめいている。本棚《ほんだな》の上にもある。ベランダにも見える。ありとあらゆるところに靴が存在《そんざい》する。

それというのも、私が靴に特別の偏愛《へんあい》の情をいだいているからだ。一週間に一足ずつ靴がふえた時期もあった。最近ではやっと落ち着いて、一ヵ月に二足程度でおさまっている。

季節も関係があるらしい。四月、①桜のころがいけない。この時期は天候が変わりやすく、雨も多い。自然、靴底がラバー製のヘビーデューティーな靴に目がゆく。

今年の桜の季節には、横浜《よこはま》の店でイタリア製のウォーキング・シューズを買った。ソールは例のビブラムで、アッパーが軽いゴアテックス仕様になっている。少々の雨風など平気である。

「花に嵐《あらし》のたとえもあるさ」

など雨にぬれそぼった松並木《まつなみき》の下を、その靴で歩く。

問1　——線①「桜のころがいけない」とはどういうことなのかを三十字以内でわかりやすく答えなさい。

▼「どういうことですか」は「言いかえ問題」

問1の「どういうことですか」は、よく出てくる設問の形で、つまりは、「言いかえ問題」です。

この問題では、「桜のころ」を言いかえるところから、答えをつかもうとしています。また、「いけない」というのは、「靴《くつ》がほしくなる」「靴を買ってしまう」ということでしょう。

情景がわからないようなら、「いたるところに靴があるのに、これ以上靴を買ったら住むところがなくなる」などの話をして、その場の情景を想像できるように説明してあげてください。

▼ある一文に注目して、説明不足を補《おぎな》う

記述問題は「ある一文に注目して、説明不足を補う」という手順をマスターすると、ずいぶんと答えが書きやすくなります。

また、まず下書きをして、説明不足のところはないかを考えていくことで、ポイントを外すことはありません。

記述問題の答えは一気に書いてはいけません。**はっきりとわかったことから書いて、じっくり答えを作っていく方が、字数の調整もしやすいのです。**以下に答えをどのように言いかえていったかを示します。

桜のころがいけない。

↓

桜のころに靴がほしくなること。（15字）

↓

桜のさく季節になると、靴を買いたくなること。（22字）

↓

桜のさく季節になると、どうしても靴を買いたくなること。（27字）

● 本冊 *p. 138*

五月に入って、あざやかな茶の靴《くつ》を買った。イタリアへ旅行の予定が近づいてきたので、そのためである。

流行の本場であるミラノへ行くとあれば、イタリア人にも一目おかれるような靴をはいてでかけようという心算《しんさん》。

靴を買いにボローニャへおとずれたのは去年のことだ。音に聞く老舗《しにせ》の靴を、山ほどかついで帰ってきた。税関でたずねられて赤面したのもそのときである。

「まさか（　※　）じゃありませんよね」

と年配の税関の人がきいたのだ。

問2（　※　）にふさわしいことばを十字以内で入れなさい。

● 本冊 *p. 140〜142*

最近では国産の靴《くつ》にこっている。目下、気に入って愛用しているのは、七千八百円で西武デパートで買った茶色の靴だ。やはり幅広甲高《はばひろこうだか》の日本人の足には、よくできた日本の靴がいいかもしれない。

しかし、どういうわけで靴にこうも関心があるのだろう。そのことをずっと考えつづけてきた。

ひょっとすると、少年時代に靴と縁《えん》がなかったせいだろうか。

私《わたし》の中学時代は、ずっと下駄《げた》だった。九州のいなかでは、中学生は厚歯の高下駄《たかげた》をはく。もちろん、いまから四十年も昔のことである。下駄の歯を鳴らして歩いていると、すぐに歯がすりへってしまうので、歯の下に古いタイヤを切ってくぎで打ちつけたりしたものだ。

高校に入学しても、革靴《かわぐつ》をはいた記憶《きおく》はない。都会の高校から転校してきた不良学生が、いきな革靴をはいていたのが、まぶしいような気がしたものである。大学受験のために上京するとき、はじめてズック靴をはいた記憶がある。

大学時代も、靴では苦労が絶えなかった。古靴を買って、足に合わない靴を無理してはいているうちに、底に穴《あな》があいてしまったのだ。天気の日はいいが、雨が降《ふ》ると足の裏《うら》がぐしょぬれになる。当時は街頭にずらりと靴修理のおっさんがならんでいて、ハンバリという靴底のはりかえをやってくれたものである。

その代金がどうしても用意できずに、穴のあいた靴で歩きまわっていた。

▼文学的文章の語彙《ごい》をきたえる

問2は、何を書いたらいいのかが、すぐにはわからない問題です。まず、慣用表現があちこちにあるので、それがわからないと内容がつかみにくいと思います。

「赤面」＝「はずかしい思いをする」などは、アドバイスをする側が説明するだけでなく、**実際に余白などにメモを書きこんで、残していくようにするといいでしょう。**

▼字数の多い記述問題のアドバイス

八十字などの字数の多い記述問題は、書くことを分けて考えます。二十五字を目安に、ポイントの数を決めましょう。八十字ですと、三つに分けることになります。ここで身につけてほしいのは、**細かな内容を書いていく前に、大ざっぱな答えを作るという習慣です。**

きちんとした答えの形になるまで、頭の中で練り上げようとすると、考えがまとまらず、大きな時間の浪費《ろうひ》になります。

例えば

- ●（できごと）＋（心情）という気持ち。
- ●（昔の体験）＋（今の体験）がちがうから。
- ●（〜）がほしかったので、（〜）気持ち。

など、わからないところは（　）のままでもいいので、まず、書いてみてください。

書いたものをながめることで着想が広がりますし、進み具合が目でわかるようになります。

当時の大学生はおおむね貧しかったから、仲間も似たようなものだった。大学に通っていたあいだ、ついに新しい靴を買う機会はなかったように思う。

そのころの後遺症《こういしょう》がいまでてきているのかもしれない。靴にうらみは数々ござる、といったところだ。

しかし、よく考えてみると、私の靴に対する執着《しゅうちゃく》は、もっと古い時代にさかのぼるような気がする。

一九四五年の夏、私たちは朝鮮《ちょうせん》半島の北部の街で敗戦をむかえた。一年あまりの難民《なんみん》生活ののち、私たちはそれぞれグループをつくって南へ脱出行《だっしゅつこう》をくわだてた。三十八度線を越《こ》えれば、帰国のための列車がでているという情報が伝わってきたからだ。

私たちは途中《とちゅう》までトラックや牛車で、そして後半を徒歩で、おもに夜間を移動の時間にあてて歩きつづけた。途中で脱落《だつらく》する仲間もすくなくなかった。

そんな脱出行のなかで、ちゃんとした靴をもっていない者が、先に脱落してゆくケースが多かった。はだしで歩くのは論外《ろんがい》だった。軍用の兵隊靴をはいていたりするのは、エリートだった。地下足袋《じかたび》もたいしたものだった。ほとんどが靴らしい靴をはかずに、足をひきずって歩きつづけた。

〈ちゃんとした靴さえあれば――〉

と、何度思ったことだろう。破れた運動靴を、布でぐるぐるまきにしながら、私たちはようやく徒歩で三十八度線を越えたのだ。

きっとそのころのことが体のどこかに残っているのかもしれない。そんな気がする。

問3 筆者が「靴」に異常《いじょう》なほど執着《しゅうちゃく》する理由を八十字以内で答えなさい。

▼文学的文章の記述問題の注意点

文学的文章の記述問題でも、答えの「わく」を作ったり、問題から内容をそろえたりするのは、説明的文章とかわりはないのですが、とちゅうで行きづまりやすいのです。

そういう時には、**「わかっていることははっきり書いてみる」**ことをおすすめします。頭の中でぐるぐる考えるより、余白を使って下書きをする方が、考えが進みます。

また、**文学的文章は答えの「わく」をつくっておいて、きちんと方《ほう》針《しん》を立てておかないと、あれこれ書いているうちに、重要なポイントをぬかしてしまう**ことがあります。部分点をきちんと取るための「わく」を作って、どういうことを聞かれているかを、自分で問題を作るような気持ちで考えましょう。

それから、必ず、**「だれの」**というところに注目してください。**――線をふくむ一文を読んで、その問いが、出てくる人物のうち、「だれ」についての問題かを意識すること**です。**「だれの行動」**か**「だれの心情」**かということに注意しましょう。設問の後ろに書きこんでもいいでしょう。

▼記述問題の見直し

記述問題を見直す時は、まず、**主語と述語のつながりを点検してください**。主語を書き忘れていることもあるので、注意してください。

次に、答えの終わり(つまり答えの要点)と問いがつながるかを確かめます。

内容の点検が終わったら、日本語の誤り、つまり、**文法のチェックや誤字・脱字《だつじ》を点検していきましょう**。

猫《ねこ》のマドレーヌは一年ほど前にかのこちゃんの家に突然《とつぜん》やってきて、犬の玄三郎《げんざぶろう》と夫婦《ふうふ》のように暮《く》らすようになる。

「お父さんとお母さんにも相談したけど、マドレーヌは玄三郎の奥《おく》さんでしょ？　玄三郎がここにいるから、マドレーヌもいっしょにいてくれたと思うの。だから、玄三郎がいなくなってしまって、マドレーヌはもうどこへ行ってもいいんだよ。もちろん、うちにいてくれるのがいちばんだけど、それはマドレーヌが決めたらいいと思う」

そう言って、かのこちゃんは夫人の首輪を外してくれた。かのこちゃんは夫人が人間の言葉を解するとまるで信じて疑《うたが》わない様子で、「三日後、学校から帰ってきたときに、もしもまだいてくれたら、そのときはもうマドレーヌはずっとうちの猫だから。また首輪つけちゃうから」と真剣《しんけん》な表情で告げた。

久々に首のまわりが解放された感覚に戸惑《とまど》いながら、夫人は密《ひそ》かに驚《おどろ》きを噛《か》みしめた。なぜなら、かのこちゃんの言葉は夫人の気持ちをそのまま代弁したものだったからである。

夫人はこれまで、決して一カ所にとどまらず、住むべき場所を常に変えるという生き方をしてきた。そういう生き方しかできない猫だった。一年以上もひとところにとどまったのは、夫人にとってはじめてのことだ。それもひとえに玄三郎という存在があったからだった。空き地に集《つど》う和三盆《わさんぼん》やミケランジェロの存在があったからだった。この町には、夫人が生涯《しょうがい》はじめて得た夫と友がいた。はじめて得た「マドレーヌ」という自分だけの名前があった。

かのこちゃんが設けた期限までの三日間、その三分の二を相変わらず眠《ねむ》りに費やしながら、夫人は真摯《しんし》に考えた。玄三郎を失ってからというもの、①かつての感覚が少しずつ蘇《よみがえ》りつつあることを夫人は敏感《びんかん》に悟《さと》っていた。かのこちゃんから首輪を外され、夫人が真っ先に感じたのは、驚くほど近くに旅立ちの時節の気配がうずくまっていたことだ。

かのこちゃんは夫人に自由を与《あた》えた。だが、馴染《なじ》みあるはずの自由の前で、夫人は戸惑っていた。いつの間にか、②自由というものが、夫人のなかでその価値《かち》を変えてしまっていたからである。

かのこちゃんが学校から帰ってくるまであと半日、いまだ答えが出ぬまま、夫人は縁側《えんがわ》でさらに姿《し》勢《せい》を崩《くず》し横たわった。家の中から、お母さんが掃除機《そうじき》をかけている音が聞こえてきた。庭の隅《すみ》にはまだ玄三郎の鎖《くさり》が丸まったまま、水道の蛇口《じゃぐち》の下にうずくまっている。赤いエサ皿はいつの間にか見当たらず、夫人との共用だった銀色のボウルだけが、今もさびしく水をたたえていた。

夫人は大きくあくびして、十月の陽気を確かめた。口を閉《と》じた拍子《ひょうし》に、ふと縁側の隅に視線《しせん》を向けた。珊瑚《さんご》色の首輪の下に、何か紙のようなものが挟《はさ》まっている。空き地から帰ったときにはなかったか

親ナビ　サポートポイント

問1　**――線と同じ段落《だんらく》にヒント**があります。答えの「わく」は**「～という感覚。」**となります。

「どのような感覚」とあるので、――線①と同じ段落に、**「旅立ちの時節の気配」**というヒントがあります。それと、――線①の中の**「かつての」**という言葉に注意して、これまで**マドレーヌがどのような暮《く》らしをしていたか**を読み取ります。

ここでは前にもどって考えるのがよいでしょう。**「決して一カ所にとどまらず、住むべき場所を常に変えるという生き方」に線を引き、設問にあわせて少し変える**という解答法です。

問2　**――線部の言葉を分析《ぶんせき》**して答えます。

「理由」とあるので、答えの「わく」は**「～から。」**となります。――線②の中の**「価値《かち》を変えた」**を**「価値が下がった」に言いかえる**ことで答えの糸口が見つかります。コツは**この後のマドレーヌの行動**です。マドレーヌがかのこちゃんの家にとどまる決意をしたことをとらえましょう。とすると、**「自由の価値が下がってしまった」**となります。さらに**「自由」を言いかえて「住むべき場所を変えることの意味がなくなった」**とすれば、なおよいでしょう。

――線部の言葉を言いかえつつ、分析していく必要があります。しばらく――線部の表現が簡潔《かんけつ》なものである場合、

「自由」より価値があるものとは、玄三郎《げんざぶろう》との生活であったと考えられます。

まずは、**「玄三郎とともに夫婦《ふうふ》として暮らしたという経験。」**と書いてみます。これが二十二字あります。ここで行きづまることが多

ら、どうやらかのこちゃんが学校へ行く前に置いていったものらしい。

夫人は腰《こし》を上げ、首輪に近づいた。その下にあるものを、輪っかの内側にのぞいた。それを見た瞬間《しゅんかん》、玄三郎のにおいがふっと夫人を包みこんだ。最後の夜、虫の合唱に混じって伝わる、玄三郎の乱《みだ》れた息の音が耳のすぐそばで聞こえてきた。

九月に入ってからの、急激《きゅうげき》ともいえる玄三郎の衰弱《すいじゃく》ぶりを、夫人は為《な》す術《すべ》なく見守るほかなかった。病院に玄三郎を連れて行っては、暗い表情で帰ってくるお父さんの顔を見るたび、夫人の心はきりきり痛《いた》んだ。

もはや食べ物がいっさいのどを通らなくなった日に、玄三郎は「もう駄目《だめ》みたいだね」と力なくつぶやいた。夫人は何も言えず、物置の屋根に上り、丸まって泣いた。

最後の夜は、唐突《とうとつ》にやってきた。

苦しそうな呼吸《こきゅう》を繰《く》り返《かえ》す玄三郎の前で、夫人は落ち着きなく犬小屋の前をうろうろするばかりだった。

「家のみんなを呼《よ》んでくる」

たまらなくなって、夫人は玄三郎に訴《うった》えた。

「大丈夫《だいじょうぶ》、まだ窓《まど》を開けて寝《ね》ているから、網戸《あみど》を破って入る。きっと気づいてくれるはずよ。インターホンだってその気になれば押《お》せる」

「駄目だ」

犬小屋の入り口からせり出すように、前脚《まえあし》を伸《の》ばし、そこへ斜《なな》めにあごをのせていた玄三郎が静かに口を開いた。

「どうして？　だって、このままじゃ――」

「そうしたら、僕《ぼく》は家のなかに連れていかれてしまう。きみに二度と会えなくなってしまう。僕はずっときみといっしょにいたいんだ」

夫人の言葉を遮《さえぎ》り、乱れた息もそのままに、驚くほど力強い声で玄三郎は告げた。

「で、でも、それだとあなたが」

「それでいいんだ」

それでいいんだよ、と繰り返し、玄三郎はそれまで閉じていた目を開け、すっかり濁《にご》った瞳《ひとみ》を夫人に向けた。

「どうして――」

思わずヒステリックに声のトーンを上げた夫人に、玄三郎は何を当然なことを、とでもいうように、

「③だって、きみは僕の妻じゃないか」

とどこまでもやさしい口調で、少しだけ笑った。その一瞬《いっしゅん》だけ、不思議と荒《あ》れた呼吸が静かになった。

夫人はもう何も言わなかった。

ただ、玄三郎の前に座《すわ》って、白髪《しらが》が目立つ顔を何度もなめた。

いのですが、**このできごとがマドレーヌの「性格」を変えた**ということに気づくといいでしょう。

玄三郎とともに夫婦として暮らした経験から、家族とともに暮らすことの喜びや幸せを理解したから。

とつなげていきます。

問3　**前後のできごとから答えを作る問題**です。

答えるべき内容がたくさんあるので、かえって書きにくい問題ですが、**夫人(＝マドレーヌ)が家族を呼《よ》んでこようとしたこと(前のできごと)、そのまま玄三郎が息をひきとったことだけに注目して答えを作るのがポイント**です。

夫人に家族を呼ばせようとしなかったこと＝夫人と一緒《いっしょ》に過ごしたい

という気持ちの表れです。この段階《だんかい》で下書きを書きます。

「夫人と一緒に過ごしたいという気持ち。」と書いてみます。「夫人」は**「妻であるマドレーヌ」**とした方が具体的でいいですね。そこに、**「自分がもう死ぬことをさとり」**を足すことで正解になります。

問4　**「もし……」と考えることで解決できる問題**です。

いろいろな心情を想像しなければいけませんが、まず考えるのは、**「ありがとう」という表現から、マドレーヌが果たした役割《やくわり》を考えなければならない**ということでしょう。

そして、「何が起きたかわかった」(70行目)とありますが、最期《さいご》のマドレーヌと玄三郎のやりとりも、ある程度はお父さんが理解したと考えられます(あくまで想像ですが)。

東の空が、ほんのわずかだけ白みがかってきた頃《ころ》、玄三郎の呼吸が急に速くなった。

「痛い？」

「もう痛くないよ」

すでに意識が遠いのか、ぼんやりした声で玄三郎は答えた。それきり、どれだけ夫人が呼びかけても、玄三郎は二度と応答しなかった。

ふっと呼吸が穏《おだ》やかになった。

玄三郎はまぶたを持ち上げ、触《ふ》れんばかりに顔を近づける夫人に焦点《しょうてん》を合わせた。

「さようなら、マドレーヌ」

それが最後の言葉だった。

明け方、玄三郎の様子を見に庭に出てきたお父さんは、犬小屋の前で腰《こし》を下ろしている夫人の姿を見た瞬間に、何が起きたかわかった、と玄三郎のお葬式《そうしき》のとき、かのこちゃんに語った。

お父さんは夫人の隣《となり》にしゃがみこむと、玄三郎の顔を丁寧《ていねい》に撫《な》でた。手を置いたまま、声を出さずに泣いてから、

「④ありがとう、マドレーヌ」

と夫人の顔をやさしく撫でてくれた。

そのときのお父さんの大きな手のひらが頭上を覆《おお》った感覚を思い起こしながら、夫人は⑤縁側に置かれた首輪を見下ろした。

輪っかの中央で、そろってあくびしている、自分と夫の写真をいつまでも見つめていた。

※（注）和三盆、ミケランジェロ……マドレーヌと友達の猫。真摯に……まじめに。

問1 ――線①とはどのような感覚ですか。説明しなさい。

一か所に定住しないで、住む場所を常に変えて生きるという感覚。〈同意可〉

問2 ――線②の理由は何だと考えられますか。五十字以内で答えなさい。

玄三郎とともに夫婦として暮らした経験から、家族とともに暮らすことの喜びや幸せを理解したから。（四十六字）〈同意可〉

問3 ――線③で玄三郎は何を言おうとしているのですか。四十字以内で説明しなさい。

自分がもう死ぬことをさとり、妻であるマドレーヌと一緒に過ごしたいという気持ち。（三十九字）〈同意可〉

つまり、マドレーヌがその場にいなければ、玄三郎はさびしい思いをしたまま死んでしまうところだったということになります（これはマドレーヌが家族を呼んだ場合も同じです）。

答えとしては**「玄三郎がさびしい思いをせずにすんだこと。」**や**「玄三郎が妻の横で息をひきとることができたこと。」**を中心にして考えることになります。

問5　主題を考える問題です。

文学的文章では、最も変化した登場人物に注目します。この文章では、常に住む場所を変えてきた**マドレーヌの変化がポイント**です。

首輪というのは、かのこちゃんの家に飼われているという印です。なぜ、かのこちゃんの家にいるようになったかというと、玄三郎の妻になったからです。

そうやってポイントを書き出していくと、**首輪がマドレーヌの心の中を表している**と考えられます。

三十字以内の記述ですが、**「玄三郎との思い出」**は必ずふくめるべきポイントでしょう。

そして、この文章で**話題**になっていたのは、**マドレーヌが今後どのように生きていくのか**ということですから、

玄三郎との思い出を大切にしていこうというマドレーヌの思い。

という書き方をすればよいとわかります。

問4 ――線④で、お父さんはマドレーヌに何のお礼を言っているのですか。説明しなさい。

玄三郎が妻の横で、さびしい思いをせずに息をひきとることができたこと。〈同意可〉

問5 ――線⑤は「マドレーヌ」にとって何を表していますか。三十字以内で説明しなさい。

玄三郎との思い出を大切にしていこうというマドレーヌの思い。（二十九字）〈同意可〉

▼通読のポイント

- **登場人物**……猫のマドレーヌ・犬の玄三郎・かのこちゃん・お父さん
- **いちばん変わった人**……猫のマドレーヌ
- **主題**……決して一ヵ所にとどまらず、住むべき場所を常に変えるという生き方をしてきたマドレーヌが、玄三郎との別れやかのこちゃんたちの愛情に出会い、家族として暮らすことを決意する話。

▼模範《もはん》解答の研究の仕方

記述問題において、答えの形式を覚えるには、**模範解答を研究するのがいちばん**です。

模範解答は言葉の選び方、字数のバランスなど、まさに模範となる答えです。

ですから、**自分の書いた答えとのちがいを確かめておくことが、重要なポイント**となります。

① 言葉の選び方

模範解答の中で使われていた言葉で、「内容を的確に表している言葉」があれば、調べて覚えるようにしましょう。

② 字数のバランス

内容が一致《いっち》していても、模範解答がその内容にどのくらいの字数を費やしているかを確かめます。模範解答に線を引いて確認しましょう。

③ 解答の「わく」の確認

解答の形式(「のに」「ので」「気持ち」など)に印を入れて、どのような「わく」があるのかを、きちんとおさえておきましょう。

なお、「じっくり考える」というのは、時間をかけることではありません。特にテストにおいては、五分考えてわからない問題は、三十分考えてもわからないものです。わからない問題をいつまでも考えるのではなく、ひとまずは「できなかった問題」として後回しにします。そして、**答え合わせの時に模範解答を見て、①～③の部分を確認することも大切な勉強**です。

第6章
親ナビ 入試で使う「手順」

スピードアップ＆読解力アップ チェックリスト

テストでは、制限時間内に最高の結果を出さなければいけません。時間不足で実力を出し切れなかった……とならないように、時間を意識した演習を心がけましょう。

スピードアップ
□ 設問まで通読しましたか

テストでは、漢字や語句といった知識の分野で考えこまないようにしましょう。知らないものは仕方ありませんから、すぐに書きこんで次にいきましょう。

読解力アップ
□ 字数の多い記述問題などをチェックしましたか

通読の後に、字数の多い記述問題など、本文全体を見る必要がある問題を確かめておきましょう。解き進める時に、常に頭に入れておくべき問題となります。

スピードアップ
□ 一つの文章題に使える時間を確かめましたか

制限時間から、単純《たんじゅん》に大問の文章題に使える時間を割《わ》りふります。その時間がきたら、問題のとちゅうでも、次の文章題にとりかかるようにしましょう。

スピードアップ
□ 真ん中で残りの時間を確かめましたか

一つの大問の解答らんを半分書きこめたら、時間を確かめましょう。もし、早く仕上がりそうなら、次の大問に進んで、残りの時間を見直しに費やしましょう。

読解力アップ
□ 作業が止まったら後回しにしましたか

ここまでの読解テクニックで、「線を引いて考える」ことを学んできました。書きこむことができないということは、迷っているということです。後回しにしましょう。

スピードアップ
□ 即答《そくとう》することができていますか

文章の内容や設問について、すぐに短く答える練習をしましょう。それが読解のテンポを作ります。

読解力アップ
□ 見直しをその場でしていますか

テストの問題をすべて解き終わった時点で見直しをしても、ミスに気づきにくいものです。気になる時は、設問一問ごと、大問の文章題ごとに見直しをするようにしましょう。

時間管理テクニック

時間を味方にするために

文章題ごとの制限時間を守る

- 時間がきたら次の文章題に進む
- 制限時間の真ん中で進行を確かめる

設問まで通読する

- 語句や知識問題、読解などに分けてみる
- 字数の多い記述や要旨《ようし》は後で解く

設問をもとに答えの骨格《こっかく》を作る

- 答えやすい問題で答えの骨格を作る
- 二回答えることのできるスピードを目指す

「即答力」をつける

- すぐに答える、すぐに書く
- 答えたもの、書いたものをすぐ見直す

読解テクニック

制限時間の中でじっくり解く

解答のヤマを確かめる

- 配点の大きな設問への準備をする
- 解きながら読解を進める

解答らんを見て戦略を立てる

- 記号や語句などすぐ解けるものを見つける
- 記述やぬき出しにかかるタイミングを考える

設問のない段落《だんらく》に注意する

- 言いかえがないかを点検する
- 具体例やまとめの関係を確かめる

後回しのコツ

- ——線の近くでわからないものは後回し
- 後回しにした場合、スピードアップを忘《わす》れない

要旨・主題を役立てる

- 要旨・主題は答えにも影響《えいきょう》する
- 本文のはじめにもどって考えてみる

例題の研究

● 本冊 *p.154〜159* （本文を一部省略しています）

最近、ＴＶをつけるとクイズ番組をやたら目にするようになった。それこそ世界史から娯楽《ごらく》や漢字にまつわるものまでありとあらゆるジャンルのクイズがＴＶという箱の中で飛《と》び交《か》っている。

人類《じんるい》が生きてきた長い歴史を考えると、クイズの種は尽《つ》きることがない。［Ａ］この手の番組はつくろうと思えばいくらでもつくれるのだろう。

それにしても①クイズ番組がここまで流行《はや》るのはなぜだろう。一つには知識や情報といったものがこの社会では非常に値打《ねう》ちがあるからだろう。

もう一つの理由としては、現代人は「答え」というものを強く欲《ほっ》しているからだと思う。先行きの見えない時代にあって、これからどう生きていくのがよいのか、何を求めていけばいいのか、何を心の拠《よ》りどころにしていけばいいのか、わかりやすい明快な「答え」はどこにもないし、誰《だれ》かがきちんと答えてくれるわけではない。

そんな漠然《ばくぜん》とした不安が蔓延《まんえん》する中にあって、クイズは「答え」という手応《てごた》えを1［さしあたって］与《あた》えてくれるものとして無意識に求められているような気がする。

クイズの「答え」なんてその場かぎりのものでしかないのだが、「答え」をたくさん知っておくと、ぼんやりとした不安感もいくらかは薄《うす》れるような気持ちになるのだろう。

そう言えば、この社会に氾濫《はんらん》するマニュアルというものも「答え」があらかじめ用意されたものである。

（18〜30行目中略）

私自身はわからないことがあっても、それを本で調べたり、知識のありそうな人に聞いたりということはしない。はっきりとわからなくても、だいたいこんなところだなというつかみ方をする。

その状態で放っておくと、いつの間にか自然とわかってくることもある。わからないからといって気持ちが落ち着かなくなるようなことはなく、むしろその状態を［Ｘ］ような感覚が私にはある。

（37〜45行目中略）

動物も植物も地球も月も太陽も、彼《かれ》らは「答え」を求めない。「分からない」という状況《じょうきょう》にあって「迷い」を起こすのは人間だけ。

親ナビ サポートポイント

▼時間は最初に決めておく

過去問などは受験するテストの形式（制限時間や長文の数など）がわかっているので、大問の文章題ごとの制限時間が決まってきます。

親がタイムキーパーの役目をするなら、演習を始める前に制限時間を話し合っておくようにします。通読にかかる時間なども、文章の長さなどから割《わ》り出《だ》しておくといいでしょう。

親が手元に解答用紙の写しを持っていて、通読や設問を解くのにかかる時間を記入していくのもいいと思います。

▼漢字・語句は一気にやらないほうがよい

漢字・語句は、設問の最初、または最後にまとめて出てくることが多いのですが、それは配点の都合上そうなっているだけです。

この「読解テクニック」では、本文の流れを優先《ゆうせん》しているので、**通読の後に本文の内容を検討《けんとう》しながら解く、という中で、一つ一つ書き取りや語句の問題を進める**ようにしています。

そのため、この問題でまず考えるのは［Ａ］となります。問1からではありません。

▼手を動かす作業を重視《じゅうし》して進める

問4には記述問題やぬき出し問題が出てきます。そこで、解き方の方針《ほうしん》が定まらずに、手が止まってしまう受験生が多いものです。注目するポイントは**手の動き**です。

アであれば、設問の**「価値《かち》があり」**に印がつけられていることがポイントです。手が止まっているようであれば、「アの下にキーワード

53

でも、「分からない」というのは、本当に魅力的《みりょくてき》なことだし、楽しいことだ。異性《いせい》に惹《ひ》かれるのも本質的に相手がわからないからである。「分からない」という状態は生きることを豊かにするものなのだ。だから、もっと「分からない」ということは大事にすればいいと思う。「分からない」ことに耐《た》えられなくなって、人生の「答え」をeアンイに求めることはないのだ。 50

問1 〰〰線a～eのカタカナを漢字に改めなさい。

a 具体　b 大勢　c 複雑
d 永遠　e 安易

問2 [A]、[B]に入る最も適切な語をそれぞれ次の中から一つ選び、記号で答えなさい。

ア もっとも　イ だが　ウ たとえば
エ だから　オ さて　カ いっぽう

A エ　B イ

問3 [1]～[3]の語の本文における意味として最も適切なものをそれぞれ次の中から一つ選び、記号で答えなさい。

1 「さしあたって」
ア 適切に　イ 他に先んじて
ウ とりあえず　エ 幸いなことに
ウ

2 「疎《うと》い」
ア 予測できない　イ よく知らない
ウ 話せない　エ 関《かか》わっていない
イ

3 「身も蓋《ふた》もない」
ア 内容が薄《うす》くて、丁寧《ていねい》でない　イ 幼稚《ようち》で、難《むずか》しくない
ウ 露骨《ろこつ》すぎて、味わいがない　エ あいまいで、手応《てごた》えのない
ウ

問4 ――線①「クイズ番組がここまで流行るのはなぜだろう」について、その理由を説明した次の文の空欄《くうらん》に入る適切な語句を答えなさい。ただし、[ア]については五字で本文からぬき出し、[イ]についてはあてはまる表現を指定された条件に即《そく》して考えて書きなさい（句読点を含《ふく》む）。

＊クイズで得られる[ア（五字）]が現代社会では価値《かち》があり、明快かつたくさんの「答え」という手応えを提供《ていきょう》するクイズは、[イ（「時代」と「不安」という語を必ず用いて四十字以内で）]から。

があるよ」と声をかけてやってもかまいません。また、何も作業をせずに答えを書いたのであれば、「何かヒントがあったんじゃないの」と聞いてやることも大切です。

イも「時代」「不安」というキーワードがあるわけですから、そこに**印をつけてから解く**ということを確認《かくにん》してください。

▼手が動いていない＝迷っている

「作業を通じて解く」という習慣をつけていくと、「考えている」と「迷っている」の区別がつくようになります。「印がつけられない」「手が止まっている」という状況《じょうきょう》になると、それは「迷っている」状態ですから、次の問題にいくようにうながしてください。

どれだけ設問を進めても「迷っている」状態が続くようであれば、問題を解く技術や、内容を読み解く知識が、そのテストの要求するレベルに到達《とうたつ》していないということですから、問題演習の効果がないということになります。

自主的な勉強であれば、問題のランクを下げる、また、課題として与《あた》えられているものであれば、語句調べなどをして、内容をある程度理解してから問題を解き始めるようにするといいでしょう。

考えこむくせがついてしまうと、常に「時間不足で点数が悪い」ということになりかねません。

重要

手を動かす作業を重視する
手が動いていないということは、迷っているということ

ア 知識や情報

イ 先行きの見えない時代において、ぼんやりとした不安感がいくらか薄れる気持ちになる（三十九字）〈同意可〉

問5　本文において、「クイズ」と特徴《とくちょう》が似ているとされるものを五字でぬき出しなさい。

マニュアル

問6　X に入る適切な動詞《どうし》（三字）を、本文に用いられている言葉を参考にして答えなさい。

楽しむ

問7　――線②「どんなに科学文明が発達しても、人が生きるとは何なのか、はっきりとした『答え』は出てこない」について、その理由を説明した次の文の［　］に入る適切な語句を、二十五字以内で本文からぬき出しなさい（句読点を含む）。

＊科学文明を支える物理や数学などの科学は、［　］する学問だから。

対象となるものをある形に分けて、理解できるように（二十四字）

問8　本文の内容を説明した次の文章の空欄に入る語句を答えなさい。ただし、［ア］、［イ］はそれぞれ指定された字数で本文からぬき出し、［ウ］は指定された字数で考えて書きなさい（句読点を含む）。

＊現代人は仕事や生き方における［ア（二字）］を強く求めている。しかし、そもそも人生にそのようなものはない。したがって、この「［イ（五字）］」という状態に不安を抱《いだ》く必要はなく、［イ（五字）］ことがあったら、［ウ（四十字以内）］する姿勢《しせい》が大切である。

ア 答え　イ わからない

ウ だいたいこんなところだなということをつかみ方をして、「分からない」ということを大事に（三十九字）〈同意可〉

▼設問の難易度《なんいど》は解答を作る部分で判断する

設問の難易度は、「答えが本文のどこから作られているのか」で判断します。

この「読解テクニック」では、――線部や空らんの近くから、徐々《じょじょ》に読んでいく範囲《はんい》を広げていく解法を使っていますので、**――線部や空らんと答えの手がかりとの距離《きょり》が遠いほど、難《むずか》しい問題だと判断しています。**

――線との距離で難度を測るというのは、本文がきちんと構成で分けられていないとわかりません。アドバイスをする時には、**本文に分ける印（＜）を入れる**ようにうながしてください。

▼大問一問を解き終えたら、見直しをする

大問一問を解き終えたら、必ず見直しをしましょう。そのための時間を確保するようにしてください。

文章の頭にもどって、問1から内容と答え方を点検します。

① **漢字は正しく書けているか。**
② **記号選択《せんたく》問題は、本文から理由を探《さが》したか。**
③ **ぬき出しは本文と一致《いっち》しているか。**
④ **記述問題で、日本語のまちがいをしていないか。**

国語の場合、「テスト終了間際《しゅうりょうまぎわ》に全体を見直す」というのは意外に難しいはずです。大問ごとに見直しておけば、本文の記憶《きおく》がきちんと残っているうちに見直しができます。

重要　**大問ごとに見直しをする**

● **本冊 *p.168～178***（本文を一部省略しています）

（1～13行目中略）

―おじゃまやありません？

山名さんは、少しかたい声でたずねた。

―いいや大丈夫《だいじょうぶ》。

とうさんは、まだ少年の声ではずんで答えた。山名さんは右手の白い籐《とう》の鞄《かばん》をもちあげて言った。泳ぎにいかはれしません？　今年は仕事のつごうで伊豆《いず》へ帰る時間はないンですけど、なんだか、むやみに泳ぎたくなったンです、それも、ごいっしょに……。

おしまいのところは早口になったので、もう少しでとうさんは聞《き》き逃《のが》すところだった。え？という表情になりながら、とうさんはできるだけおちついて（②年相応《としそうおう》の口調にととのえて）言った。それやったら、どこぞ近くのプールにでも？　山名さんはうなずき、それも日焼けせん室内プールがいいんですけど……と答えた。ははあ、日焼けしては困るんやな、泳ぎにでかけたことは［※］なンやな……と、とうさんは気がついた。なるほど［※］にごいっしょか。

（25～31行目中略）

そこまで、おなかの中で暗算する（?）と、ま、あがって下さいと山名さんを誘《さそ》った。山名さんは画室に入りたがった。いま、どんな仕事をしているか見たがった。何だか急に思い切ったように、とうさんのことをいろいろ知りたがっているケハイがあった。

いまなら、絵本の仕事にいきづまっているところを見られてしまう。それよりも、だいたいが仕事の途中《とちゅう》を人に見せることはしないとうさんだったが、このときはすぐ見せる気になった。山名さんの、③これまでになかった積極性みたいなものをかぎ取ったからかもしれない。とにかく、むしろ自分からすすんで、「壁《かべ》」に当たっているところを山名さんに見てもらいたいと思ったのだ。

とうさんは黙《だま》って、出来上がっていた分を次々に手渡《てわた》していった。山名さんも唇《くちびる》をきゅっとひきしめて、ちょっとこわいような表情になって見ていったが、目からだんだんきつさが消えていった。そしておしまいの一枚《いちまい》を見終わったときの山名さんの瞳《ひとみ》の輝《かがや》きを見ると、

（なんや、自分ひとりであんなにくよくよするほどのものでもなかったンや……）

と安心してしまったほどだ。山名さんは、ひとこと感想をのべてくれた。

―この子の（山名さんはタマテバコのことを犬と呼ばなかった。ごく自然に「子」と言った）気もちが―、不安のゆらめきが、いつも対比して描《えが》いてある木の、森の大きさと色彩《しきさい》にようで

▼文学的文章は通読に時間をかけない

文学的文章は、「場面分け」だけに集中して通読をすることです。

この文章であれば、とうさんと山名さんの会話、あかりの登場あたりを目安にして、三つに分ければ十分です。三三〇〇字ありますので、普通《ふつう》に音読すると十分近くかかります。**だれが何をしたかということだけに注目して読んでいくことで、通読のスピードは上がります。**

▼設問を利用して文章全体を見渡《みわた》す

設問を通読して、答えていく見通しを立てましょう。ここでは問3に注目します。通読して、だいたいの場面がわかったら、**読み取りの中心を決める**ことにします。問3でとうさんの心情に注目すると、山名さんに対する好意が読み取れますし、また、問6では山名さんのとうさんに対する好意が読み取れます。

そして、問8では、とうさんが言おうとした言葉について考え、問9では山名さんの本心と、とうさんの様子がわかります。

このように**設問を利用して、本文全体を読み取る**練習をしておくと、設問にこだわりすぎて全体が見えないということがなくなります。

▼文学的文章の主題（テーマ）について

「主題（テーマ）」というのは、受験においては暗記項目《こうもく》の一つです。文章の味わいに関することは、問題を解くごとに知識の一つとしてとらえてください。

この文章は、とうさんが山名さんへの好意に気づいて、再婚《さいこん》に大きく心がかたむいていく場面です。**この文章全体にかかわる「主題（テーマ）」を読み取れていなければ、そうした心情を「知識として」覚えていくことになります。**

て、やっぱり思っていたよりもずっと新しい世界を拓《ひら》きはりましたわ。仕上がりがほんまにたのしみ……。

見せてよかった――と、とうさんはしんからうれしかった。④目の前の画稿《がこう》の中のタマテバコが小さくほえ、とことこと歩きだしたように思えた。

（51～58行目中略）

――お客さん？

（60～73行目中略）

――おじゃましてます。

山名さんは、初対面みたいにかしこまった声で挨拶《あいさつ》した。あかりは、おやという表情になった。それまでのおつきあいはなかったみたいな挨拶の仕方やないのン……という気もちがしたからだ。そしてすぐに、

（もしかしたら、これから始める気もちできやはったからやな……）

と、敏感《びんかん》に「スイリ」した。とうさんにもまだ分かっていない山名さんの「決心」をみごとに探《さぐ》りあてた「第[B]感」で、こちらの「スイリ」の方がずっと名探偵ぶりをdハッキしたものだったが、とうさんはまだそこのところに気がついていなかった。⑥燈台《とうだい》もと暗し……。

あかり名探偵は、とうさんの方へ「eカンサツ」の目をむけた。とうさんは生き生きした目をしていた。

――タマテバコがうごいたン？

ふたりだけの暗号を言うようにあかりがきいた。とうさんは、え？という顔になったが、⑦ああ、おかげさんでなあ……と、妙《みょう》なことを言った。おかげさん？　こんどはあかり名探偵が、え？　の目つきになった。それから、山名さんの前にひろげられた画稿を見ると、そうかあ、やっぱり……という顔つきになった。それから、ませた口調で冷やかすように、

――なにか⑧いいことあったよな……。と言ってやった。

するととうさんはかんちがいして、⑨いいことがあるいうたら、おまえにもやぞ……といきごんで、プール行きのことを告げた。あかりは一瞬《いっしゅん》きょとんとなった。とうさんと山名さんとを結びつける「スイリ」の糸をぷちんと切られたみたいな気がした。

（93～99行目中略）

文学的文章は子どもの経験値《けいけんち》によって、大きく点数が変わるという性質があります。この文章も、とうさんの心情や山名さんの女心などがわからないと難《むずか》しいかもしれません。**大切なのは問題演習を通じて経験を増やすこと**です。問題演習の前後に、文章内容についてあれこれ親子で話してみるのも効果的です。

重要　**文学的文章は通読に時間をかけない**
知識として文学的文章の主題（テーマ）を覚える

▼各設問のくわしい解説

本冊では、問題を解ききるために注目することを中心に解説していきます。各設問について、くわしい解説も入れながら見ていきましょう。

問1・2　**漢字・語句なので読みながら解きます。**問2は、選択肢《せんたくし》の語句も難《むずか》しいので、わからないものは調べておきましょう。

問3　**対比に注目するとわかりやすい問題**です。

――線①の「少年の声をあげていた」時は、山名さんが訪《たず》ねてきた場面。――線②の「年相応の口調にととのえ」た後は、泳ぎにいくなら……と冷静に考えている場面、と考えます。それぞれ――線だけを見ると難しいのですが、まず、この問題が「**とうさんの心情を答える問題だ**」と気づくことが手がかりとなります。**とうさんの心情を理解するためには、直前の行動を読み取ることが必要**です。

一度、記述問題の下書きのように「**山名さんがきて（　　）だったが、プールに行こうと誘《さそ》われて（　　）だったから。**」と書いてみると、考えやすいかもしれません。「少年」というのは、女の子の訪問《ほうもん》を受けて、「とまどいながらも少しうれしい」という気持ちでしょう。

問1 〜〜線a〜eのカタカナを漢字に改めなさい。

a 気配　b 短縮　c 推理　d 発揮　e 観察

問2 1〜3の語の本文における意味として最も適切なものをそれぞれ次の中から一つ選び、記号で答えなさい。

1「いぶかりながら」

ア おそるおそる　イ けげんな顔で　ウ ためらいがちに

エ やきもきして　オ しぶしぶと　【イ】

2「すこぶる」

ア あたかも　イ なかなか　ウ それなりに

エ はなはだしく　オ 思いのほか　【エ】

3「くさる」

ア がっかりしてやる気を失う　イ 悲しみで胸がふさがる

ウ 引け目を感じて小さくなる　エ よい方法がなくて困《こま》りはてる

オ 腹《はら》が立ってむかむかする　【ア】

問3 ——線①「少年の声をあげていた」「とうさん」が、——線②「年相応の口調にととのえ」たのはなぜか、その理由として最も適切なものを次の中から一つ選び、記号で答えなさい。

ア 山名さんの突然《とつぜん》の訪問《ほうもん》に驚《おどろ》いたが、山名さんがやって来た理由をおちついて考える必要があったから。

イ この暑いさなかに山名さんが来てくれたことに感心したが、突然泳ぎに誘われてとまどったから。

ウ 麦わら帽子をかぶった山名さんの姿に胸がときめいたが、すぐにプールの話題に気をとられたから。

エ 山名さんの突然の訪問を喜んだが、山名さんが切り出した言葉の意味を冷静に把握《はあく》しようとしたから。

オ あかりがいない時に山名さんが来て気が動転したが、それを悟《さと》られないようにしようとしたから。　【エ】

問4 ※にはどんな言葉が適切か、自分で考えて五字以内で答えなさい（句読点を含む）。

しかし、とうさんは大人なので、うかれてばかりもいられないということです。ここでは**とうさんの山名さんに対する好意が読み取れる場面**です。

問4 **しばらく考えて後回しにする問題**です。

「**日焼けしては困《こま》る」ということが、周りに泳ぎにいったことを知られたくない**、ということだとわかったでしょうか。もとの素材文では、この空らんは、「**ないしょ**」となっています。なぜ「ないしょ」なのかは山名さんの複雑な心情もあるでしょう。ただし、ここでは「**知られては困る＝ないしょ**」と単純《たんじゅん》に考えてください。

設問の条件に、「**自分で考えて**」とあるので、近くに手がかりがないかもしれないと考えましょう。ただし、ここには、山名さんの心情がふくまれていることに、気づかなければいけません。

この問いは、**後回しにするべき典型的な問題**です。「山名さんの気持ちを考えて解く問題だから後回しでもいいよ」と声をかけてあげてください。そして「**後回しにしたら、スピードアップ**」ということを、必ずアドバイスしてください。

問5 語句の問題ですが、Aは前後の様子を見ないとわかりにくいでしょう。Aの「**日曜画家**」というのは、趣味《しゅみ》で絵を描《えが》いている人という意味です。Bの「**第六感**」は目で見たり、耳で聞いたりする以外に、直感で感じとることです（あかりの「スイリ」も第六感です）。

問6 ——線③の前に、山名さんが、「山名さんは画室に入りたがった。いま、どんな仕事をしているか見たがった。何だか急に思い切ったように、とうさんのことをいろいろ知りたがっているケハイがあった」と**積極的に行おうとしたこと**が列挙されています。

ないしょ〈同意可〉

問5　A、Bに入る最も適切な語をそれぞれ次の中から一つ選び、記号で答えなさい。

A〔ア　日曜　イ　月曜　ウ　水曜　エ　金曜　オ　土曜〕

B〔ア　一　イ　二　ウ　三　エ　五　オ　六〕

A　ア　B　オ

問6　――線③「これまでになかった積極性みたいなもの」とはどのような様子をいうのか、それを説明した次の文の（　　）に本文から適切な箇所《かしょ》を二十字以内でぬき出しなさい。

＊山名さんが（　　）様子。

とうさんのことをいろいろ知りたがっている（二十字）

問7　――線④「目の前の画稿の中のタマテバコが小さくほえ、とことこと歩きだしたように思えた」のはなぜか、その理由として最も適切なものを次の中から一つ選び、記号で答えなさい。

ア　今まで山名さんの気持ちをはかりかねていたが、山名さんが好意を抱《いだ》いていることが感じられたから。

イ　山名さんにどんな感想を言われるかびくびくしていたが、それが取《と》り越《こ》し苦労だったとわかったから。

ウ　絵本の仕事の「壁」に当たっていたが、山名さんの感想を聞くことでそれが取《と》り除《のぞ》かれたから。

エ　山名さんが画稿のタマテバコをほめてくれたので、山名さんのことをあらためて見直したから。

オ　山名さんが励《はげ》ましてくれたおかげで、絵本の仕事にいきづまっていたのも気のせいだと気づいたから。

ウ

問8　――線⑤「さっき口にしたかった言葉」とあるが、それはだれに何をしてもらおうという言葉か、「とうさん」のセリフとして二十字以内で書きなさい（句読点を含む）。

山名さん、ぼくとけっこんしてください。（十九字）〈同意可〉

▼場面の切れ目で一度読解内容を確かめる

問7あたりから場面が変わります。ここで一度、**読解内容を確かめます。制限時間二十五分のうち何分を使ったのか、これまでのペースは正しかったのかを考える、いいチャンス**です。親がタイムキーパーをしている時は、**通読のタイミングや解いている順序などもチェック**してあげるといいでしょう。

問7　表現にまどわされず**本質を見ぬきましょう**。まず、**直前の事実に注目**します。**山名さんが絵の感想を述べること**で、――線④のような変化が起こったのです。

また、――線④のように感じたのはとうさんですから、**「とうさんの心情の変化を答える問題」**であるという分析《ぶんせき》も、いっしょに確かめるようにします。

問8　**少しずつ答えを作っていく問題**です。文学的文章が苦手な子だと、手がかりがわからず、苦戦する問題です。

まず、**「とうさんが　だれに　何を」**というように分けて、順々に考えるといいでしょう。**「とうさんが　山名さんに　何を言おうとしているのか」**というところまで考えて、**「結婚《けっこん》を申しこむ」**ということがわからなければ、**答えを見てもかまいません。**

「山名さん、ぼくとけっこんしてください。」が標準的な解答です。

問9　**骨組《ほねぐ》みを作っていけば難《むずか》しくない問題**です。

まず、――線を前にのばして、「燈台《とうだい》もと暗し」の意味「身近なことには、かえって気がつかないものだというたとえ」をきちんととらえて、**「〜ことをとうさんが気づいていないということ。」**という骨組みを作ります。次に、**山名さんはどんな気持ちできたのか、**というこ

問9 ——線⑥「燈台もと暗し」とはここではどういうことをたとえているのか、その内容を六十五字以内で答えなさい（句読点を含む）。

山名さんに近い関係のはずのとうさんが	、山名さんはとうさんとけっこんしたい	と思ってここに来たということに気づい	ていないということ。

（六十四字）〈同意可〉

問10 ——線⑦「ああ、おかげさんでなあ……と、妙なことを言った。」とあるが、この言葉が「妙なこと」となるのはなぜか、その理由として最も適切なものを次の中から一つ選び、記号で答えなさい。

ア 「とうさん」は山名さんの存在《そんざい》をあかりが受け入れてくれたと思って感謝の言葉を述べたが、あかりにはそういうつもりは全然なかったから。

イ あかりは暑さでぐったりしていたタマテバコのことを話題にしたつもりだったが、「とうさん」は画稿の中のタマテバコのことだとかんちがいしたから。

ウ 二人にしか通じないものの言い方をしたあかりに対して、「とうさん」は山名さんにもわかるような返事をしようとしてかえっておかしくなったから。

エ あかりは「とうさん」が悩みから解放されたとばかり思っていたが、「とうさん」は画稿のことをいまだに気にしていて返事が上の空になったから。

オ 「とうさん」が仕事のいきづまりから抜け出せたのはあかりのおかげではないうえに、娘《むすめ》に対していやに他人行儀《ぎょうぎ》なものの言い方をしたから。

ウ

問11 ——線⑧、⑨の「いいこと」とはどのような内容か、それぞれ二十字程度で答えなさい（句読点を含む）。

とうさんと山名さんがさいこんすること	。

（十九字）〈同意可〉

とうさんがあかりをプールにつれていく	こと。

（二十一字）〈同意可〉

とをおさえます。そして、**問8**の内容、**主題の「とうさんの再婚《さいこん》」**をおさえます。

このように、一つ一つ書くべき内容を確かめていけば、本当は難しくありません。

問10 **本文全体をふり返る問題**です。それぞれの選択肢《せんたくし》の文章を分けて考えましょう。

ここは、**山名さんの感想で、とうさんが仕事の悩みから解放されたという場面**です。それをあかりは「タマテバコがうごいたン？」と表現しています。それは、**山名さんの「おかげ」なのですが、その言葉を「あかり」に言ったために妙《みょう》な言い方になった**のです。

アは「感謝の言葉」、イは「暑さでぐったりしていた」がおかしいので外せます。エは、とうさんが悩みから解放されたことを考えると外せます。

ウ・オで悩むところですが、「ふたりだけの暗号」とは、**「タマテバコ」の絵がうまくいかない＝「タマテバコが生き生きしていないように思える」**ということで、ここでは「あかり」しか知らないことだったのでしょう。ところが、「おかげさん」というのは、山名さんあってのことだったので、事情を知らないあかりは「え？」と思ったのです。オは「他人行儀」がおかしいとわかります。

問11 これも**本文全体をふり返る問題**です。⑧はあかりの言う「いいこと」、⑨はとうさんの言う「いいこと」です。

本文の主題を考えると、**「とうさんの再婚《さいこん》」がいいこと**のはずです。そして、それを「あかり」が「ませた口調」で言っているのです。そして、「とうさん」はここでも少し上の空で、**「いいこと＝プールにいくこと」**とかんちがいしているという場面です。どちらの答えも「だれが」をきちんと書きましょう。

その大きな家が『①魔女《まじょ》の屋敷《やしき》』とよばれていることを、佑真《ゆうま》は最近まで知らなかった。

深緑色のとんがり屋根と、真っ白い窓《まど》わくの洋風の家は、このへんの住宅街《じゅうたくがい》でも目立っている。高い生垣《いけがき》で庭は見えなかったけれど、A芝生《しばふ》の上にはパラソルと、下に白いテーブルとイスがあるんだろう。晴れた日にはそこで紅茶《こうちゃ》を飲んでいる、そんな優雅《ゆうが》な光景を想像させる、古いけどりっぱな家だった。

(なんでこの家が、魔女の屋敷、かなあ)

その家を見上げるたびに、佑真は思う。

そんなおどろおどろしい雰囲気《ふんいき》は、まったく感じられない。たしかにもう古びてはいるものの、屋根の上に金色の風見鶏《かざみどり》がのっていたり、たてに上げ下げする細長い窓や、美しい彫刻《ちょうこく》がほどこされた外国風のドアは、おしゃれでロマンチックだった。

佑真はB、その家にひかれていた。学校の行き帰りにその家の前を通るたび、いつも少し立ち止まってしまう。佑真の家は、かわら屋根に障子《しょうじ》ふすまという和風の家なので、そんな家に憧《あこが》れていたのかもしれない。

そしてC、中からポロンポロンとピアノの音が聞こえてくるので、どんな人が弾《ひ》いているのだろうと、想像してみたりした。小学校三年の妹のピアノよりはD上手だから、高校生ぐらいのお姉さんかな、と考えたりした。

だからお母さんから、

「あそこは歳《とし》とったおばあさんの、ひとり暮《ぐ》らしよ」と聞いたときは、思わず

「うそ!」と、叫《さけ》んでいた。

「②だっていつもピアノ弾いてるよ」

「おばあさんだって、ピアノくらい弾くでしょう。昔、ピアノの先生をしていたらしいわよ」

「ふうん……」

佑真は少しがっかりした。ピアノといったら小さい女の子が『ねこふんじゃった』を弾くか、きれいなお姉さんが『エリーゼのために』を優雅に弾く、といったイメージしかなかったのだ。おばあさんがピアノを弾くなんて、どうもピンとこなかった。

(でも、おばあさんのひとり暮らしだからって、魔女の屋敷はひどいよなあ)

と、佑真は思った。

「あそこにはねえ、a魔女が黒ネコといっしょに住んでいるんだって」

妹のカナまで言いだした。

親ナビ サポートポイント

問1 **副詞《ふくし》の問題は、心情を考える問題**です。

時間配分において、このような接続詞《せつぞくし》、副詞を入れる問題は、一気に解かずに文章で出てきた時に解くようにします。副詞はそこに人物の心情がふくまれていますから、前後のできごとを意識して解いていくようにしてください。

ここは、佑真《ゆうま》の考えていることが示されている場面なので、**佑真の心情を確認しながら、あてはまる副詞を入れていく**ことになります。

問2 **慣用句を答える問題**ですが、**心情を考える問題**でもあります。

一つ目は、佑真ににらまれた妹が、不満そうな態度をとるところです。二つ目は話の内容に興味をひかれた女子の気持ちです。

「口をとがらせる」「口をはさむ」といった、慣用句の意味だけでなく、**その場面からわかる心情にも注意**しましょう。

問3 **佑真の心情を考える問題**です。

周囲の人は、「魔女の屋敷《やしき》」と言って、「おどろおどろしい雰囲《ふんい》気《き》」の家と考えています。しかし、佑真は和風の家に住んでいるせいか、その家に憧《あこが》れを持っています。**家の説明をしているところを注意**して読んでいきましょう。

わかりにくいのであれば、探す場所を13行目までに限定して考えるようにしてもいいでしょう。

「家の中に魔法陣《まほうじん》が描《か》いてあって、そこで呪文《じゅもん》を唱えると、おばあさんの魔女が若返《わかがえ》って、きれいな女の人になるんだって」

「なんだそれ。いいかげんなこと言うな」

③佑真がにらむと、

「だって茜《あかね》ちゃんが言ってたんだもん」と、妹は□をとがらせた。

「あらあら、おかしなうわさになってるのねえ」

お母さんは困った顔をした。

「聞いた話なんだけど、b昔、お子さんとご主人を相次いで亡《な》くされたそうよ。もう何十年も前に、事故だったらしいけれど。それからずっとひとり暮らしみたい。お子さんはまだ小学校にはいる前だったっていうけれど、ほんとお気の毒……。お金持ちでも不幸せってこと、あるのよねえ」

お母さんの言い方に、④佑真は少し反発した。なんで不幸って決めつけるのだろう。案外、一人で気楽に自由に、生きてきたのかもしれないのに。

でもたしかに、あんな大きな家で、ひとりぼっちでピアノを弾いてるなんて、ちょっとかわいそうだとも思ったりした。

たった一人で、ピアノを弾くおばあさん。子どももだんなさんも死んじゃって、この世の中に、ひとりぼっち……。

それから佑真は、また⑤違《ちが》った目であの家を見上げるようになっていた。すごくさびしいだろうな、とは思ったけれど、そのころの佑真にとって、とてつもない孤独《こどく》というものは、想像のできないものだった。

学校で、あの屋敷のことが話題になることもあった。夏休みが始まる少し前、岡《おか》ちゃんとクニヤンが、あの家の庭に忍《しの》び込《こ》んだというのだ。

前々からあの家には、いろいろなうわさがあった。「黒魔術《くろまじゅつ》をつかう魔法使《まほうつか》いが住んでいる」だとか、「c亡霊《ぼうれい》になったおばあさんが呪《のろ》いのピアノを弾いている」だとか。

けれど実際に、おばあさんの姿を見たことがある、という子は、佑真のまわりにはいなかった。好奇心のかたまりの男の子たちのあいだで、そんな屋敷に忍び込んでみたい、という話がでるのは当然だった。どんな人が住んでいるのか確かめたいという気持ちは、佑真の中にも当然あった。

「dすげー草ぼうぼうで、ジャングルみたいな庭だったよな」

「そうそう、だれも手入れしてなくて、荒《あ》れ果《は》てたって感じ」

「とにかく、蚊《か》にさされまくって、まいった。ほら」

⑥岡ちゃんたちは両腕《りょううで》をさしだして、赤いぽつぽつの跡《あと》を、勲章《くんしょう》のように見せびらかした。

荒れ果てた庭、と聞いた佑真は、がっかりした。きれいな芝生と白いテーブルじゃなかったんだ、と思った。

「人の気配もまったくなくて、しーんとしてたのに、とつぜんピアノの音がポロロンて響《ひび》いたから、

問4　キーワードを決めて解く問題です。**「ピアノ」というキーワード**にどんどん印をつけていきます。「どのような印象」と設問にありますが、「印象」とは「イメージ」と同じような言葉です。佑真の様子が書かれているところに限定して探すと、すぐに見つかります。

▼**時間配分の点では、ここで一度、時間経過を点検してください。** 問5は後半の導入となる問題で、また問7は記述問題です。ここで制限時間のどのぐらいを使ったかを確かめてください。問3、4あたりで大きく時間を使っていたのであれば、問題を考える時間を、ある程度で切り上げることも大切だということを確認《かくにん》して、後半に進んでください。

問5　〰〰線をていねいに確認することで解ける問題です。**人から聞いた話なのか、実際に体験した話なのか、**のちがいに気をつけて、a～dを確認しましょう。

問6　――線をのばして、会話を確認することで解ける問題です。**直前のできごとを読み取り、心情とつなげます。**

まず、「家の中に魔法陣《まほうじん》が描《か》いてあって、そこで呪文《じゅもん》を唱えると、おばあさんの魔女が若返《わかがえ》って、きれいな女の人になるんだって」という、妹のせりふを確かめます。そして、この妹のせりふの前に佑真の思いとして、「でも、おばあさんのひとり暮らしだからって、魔女の屋敷はひどいよなあ」とあることに注目すると、わかりやすいでしょう。

そして、それぞれの選択肢の文章を分けて、**佑真の妹に対する気持ちを表している部分に線を引いてみます。**

おれたちびっくりして逃げ出《にだ》したんだ」

「へええ」

「でもうちのお母さん、子どものころ、あそこでピアノを習ったことあるって、言ってたよ」

女子の一人が□をはさんできた。

※注　風見鶏…鶏をかたどった風向計。　魔法陣…魔術などで床《ゆか》に描く図や空間のこと。
黒魔術…他人に害を与えるための術。

問1　A～Dに入ることばとして、適切なものを次の中からそれぞれ選んで、記号で答えなさい。
ア　きっと　イ　だいぶ　ウ　ときどき　エ　なぜか
A ア　B エ　C ウ　D イ

問2　□に入る共通の漢字一字を答えなさい。
口

問3　――線①とはどのような家ですか。本文中から九字でぬき出しなさい。
古いけどりっぱな家

問4　――線②について、「佑真」はピアノにどのような印象を持っていましたか。本文中から一文で探して、そのはじめの五字をぬき出しなさい。
ピアノとい

問5　〰〰線a～dの中で話されている情報の根拠《こんきょ》として、他と異《こと》なるものを一つ選んで、記号で答えなさい。
d

問6　――線③の理由として、最も適切なものを次の中から選んで、記号で答えなさい。
ア　お母さんが魔女の屋敷についての情報を教えてくれそうだったのに、妹が会話のじゃまをしてきたのが許せなかったから。
イ　自分の気に入っている建物の住人がひとり暮らしのおばあさんだからといって、魔女だとうわさをする妹が許せなかったから。
ウ　ひとりぼっちで暮らす不幸なおばあさんに対して、魔女だとうわさをして喜んでいる妹の冷たい性格が許せなかったから。
エ　自分の好きな建物の住人が魔女であるといううわさを聞いて、魔女なんて本当はいないのに妹はいると信じているのが許せなかったから。
イ

65

問7　**――線をのばして、後の文章まで読むことで解ける問題**です。**――線の心情の後に解説があることに気づく**とわかりやすいでしょう。

　また、「反発」とあるので、母親に対して「怒り」の心情があることを読み取れたでしょうか。

　そこで、まず、**理由**を答えるので、答えの最後は**「～から。」**となります。そこに怒りの心情を表す言葉「腹が立った」を入れて、次のような「わく」を作ります。

「～に腹が立ったから。」

　それから、「反発」という言葉の意味に注目して、**佑真が母親の意見に反対している様子をまとめる**ようにします。

　それは、母親がおばあさんのことを不幸と決めつけていることへの反発です。本文の言葉が活用できるので試《ため》してみましょう。
● なんで**不幸って決めつける**のだろう。
● 案外、**一人で気楽に自由に、生きてきた**のかもしれないのに。
の二文をうまくまとめます。

問8　**――線をのばして後ろを読むことで解ける問題**です。**心情の細かな説明を読み取ります。**
　キーワードは、「さびしさ」や「孤独《こどく》」です。本文の47行目にある「すごくさびしいだろうな」「とてつもない孤独」などは、線を引いておくといいでしょう。

問9　**会話の部分を確認して、「岡ちゃんたち」の様子をつかむことで解ける問題**です。「岡ちゃんたち」が、**「具体例」**であることに気づきましょう。
　ここでは「岡ちゃんたち」が、**「どのような子どもの例であるか」**

問7 ――線④の理由を答えなさい。

一人で気楽に自由に生きてきたのかもしれないのに、不幸と決めつけており、腹が立ったから。〈同意可〉

問8 ――線⑤の説明として、最も適切なものを次の中から選んで、記号で答えなさい。

ア 西洋風な家を憧れの気持ちで見ていたが、ひとりで暮らすおばあさんのさびしい気持ちを思いやりながら見るようになった。

イ 西洋風な家を憧れの気持ちで見ていたが、魔女のうわさが本当かどうかを確かめる手がかりを探しながら見るようになった。

ウ 自分の家と正反対の造りに興味をもって家を見ていたが、ひとり暮らしを楽しむおばあさんの喜びを感じながら見るようになった。

エ 自分の家と正反対の造りに興味をもって家を見ていたが、自分の想像と異なる点が多いためにがっかりしながら見るようになった。

ア

問9 ――線⑥の「岡ちゃんたち」の気持ちとして、最も適切なものを次の中から選んで、記号で答えなさい。

ア だれも魔女の屋敷に忍び込んだことを信じてくれないので、証明しなければいけないとあせる気持ち。

イ 魔女の屋敷に忍び込んだことをクラスメートのみんながほめてくれるので、てれくさく思う気持ち。

ウ 魔女の屋敷に忍び込んだものの、あまりよい情報を得られなかったことをはずかしく思う気持ち。

エ みんなが気になっている魔女の屋敷に忍び込み、実際の様子を見てきたことを自慢《じまん》する気持ち。

エ

を確かめることになります。

54行目にある「好奇心《こうきしん》のかたまりの男の子たち」にたどりつくためには、本文をしっかりと分けておかなくてはいけません。

▼通読のポイント

- ●**登場人物**……佑真・妹のカナ・お母さん・岡ちゃん・クニヤン（おばあさん）
- ●**いちばん変わった人**……佑真
- ●**主題**……「魔女の屋敷」と呼ばれている家に憧れていた佑真が、屋敷の噂《うわさ》を聞いて、そこにひとりぼっちで住んでいるらしいおばあさんに興味を持ち、どんな人が住んでいるのか確かめたいと思う話。

▼さいごに

ここまで、「読解テクニック」と「時間管理テクニック」として、いろいろな勉強法を紹介《しょうかい》してきました。国語の長文は日々新しいものが創作され、その長文ごとに設問が作られる「終わりのない」世界です。

しかし、この本を通じて基本を学び「自分なりの読み方、解き方」を身につけてください。どんな文章もまず、自分なりの読み方をあてはめて、そこで「おや？」と思うことが読解の本当の姿です。

正解を覚えることよりも、まちがいをくり返していくことの方が思考力をきたえます。

⑤